V&R

WALTER KLAIBER

Gerecht vor Gott

Rechtfertigung in der Bibel und heute

VANDENHOECK & RUPRECHT
IN GÖTTINGEN

Biblisch-theologische Schwerpunkte

BAND 20

Die Deutsche Bibliothek – CIP-Einheitsaufnahme

Klaiber, Walter:
Gerecht vor Gott: Rechtfertigung in der Bibel
und heute / Walter Klaiber. –
Göttingen: Vandenhoeck und Ruprecht, 2000
(Biblisch-theologische Schwerpunkte; Bd. 20)
ISBN 3-525-61386-5

Umschlagabbildung:
Kirchenfenster der St. Ludwig-Kirche in Ibbenbüren.
Der verlorene Sohn – Der gute Vater.
Entfremdung und Versöhnung
von Bodo Schramm

Gesetzt aus Sabon
Umschlag: Michael Rechl, Wanfried
Satz: Schwarz auf Weiß, Hannover
Druck und Bindearbeiten: Hubert & Co., Göttingen

Vorwort

Die Frage nach der Rechtfertigung begleitet mich seit vielen Jahren. Seit ich versuche, meinen Glauben theologisch zu reflektieren – und das ist im Grunde seit meinem 16. Lebensjahr der Fall –, hat mich die paulinische Rechtfertigungslehre fasziniert. Durch die Begegnung mit meinem Lehrer Ernst Käsemann hat sich diese Faszination entscheidend vertieft. Rechtfertigung war ein Leitthema meiner Auslegung des Neuen Testaments – in meiner Verkündigung in der Gemeinde ebenso wie in der Lehre am Theologischen Seminar. Die Diskussion über eine mögliche Einigung zwischen Römisch-Katholischer und Evangelisch-Lutherischer Kirche in den Fragen der Rechtfertigungslehre ist deshalb bei mir auf engagiertes Interesse gestoßen.

Mein Eindruck war allerdings, daß in der heftigen Debatte über die *Gemeinsame Erklärung zur Rechtfertigungslehre* die Ergebnisse der exegetischen Arbeit wenig gefragt waren. Bibelstellen wurden reichlich zitiert, aber der Konsens, der in den letzten 40 Jahren in der Auslegung der paulinischen Rechtfertigungslehre zwischen evangelischer und katholischer Exegese erreicht worden ist, wurde selten erwähnt. Dabei hätte er helfen können, manche strittige Frage zu klären. In der weiterführenden Diskussion sollte die Rückfrage nach dem biblischen Befund das entscheidende Kriterium für die Beurteilung der Gesprächsergebnisse darstellen. Von ihr können auch wichtige Impulse für die Weitergabe der Rechtfertigungsbotschaft an die Menschen heute ausgehen.

Dieses Buch will ein Beitrag zu diesem Gespräch sein. Es soll Pfarrern und Pfarrerinnen, Religionslehrerinnen und -lehrern, aber auch anderen theologisch Interessierten helfen, die Weite und Tiefe der biblischen Rechtfertigungsbotschaft zu verstehen und sich ein Urteil im gegenwärtigen Streit um die Rechtfertigungslehre zu bilden. Vor allem aber hoffe ich, daß es etwas von der schöpferischen und kritischen Kraft der

Rechtfertigungsbotschaft vermitteln und für die heutige Weitergabe des Evangeliums fruchtbar machen kann.

Die Literatur zum Thema ist unübersehbar. Deshalb kann in dieser Arbeit nur eine Auswahl genannt und diskutiert werden. In den Anmerkungen weisen Verfassername und Stichwort auf die bibliographischen Angaben im Literaturverzeichnis hin. An einigen Stellen habe ich Teile aus meinen Veröffentlichungen der letzten Jahre verwendet; darauf ist an den betreffenden Orten verwiesen. Bei den biblischen Zitaten habe ich mich im Alten Testament meist an die revidierte Lutherübersetzung von 1964 gehalten, mußte aber an einigen Stellen um der Genauigkeit willen selber revidierend eingreifen. Gelegentlich zitiere ich auch nach der Einheitsübersetzung. Im Neuen Testament habe ich meist eigene Übersetzungen verwendet.

Eine Reihe von Menschen haben bei dem Zustandekommen dieses Buches mitgeholfen. Meine Sekräterin, Frau Barbara Schieker, hat das Manuskript in bewährter Zuverlässigkeit am Computer geschrieben. Meine ehemaligen Kollegen am Theologischen Seminar der Evangelisch-methodistischen Kirche in Reutlingen, Gerhard Burck und Dr. Manfred Marquardt, haben den alttestamentlichen bzw. systematischen Teil gegengelesen und hilfreiche Vorschläge gemacht. Meine Frau hat durch ihre kritische Durchsicht versucht, die Allgemeinverständlichkeit zu fördern, und mein Sohn Christoph hat das Register crstellt. Frau Diplom-Theologin Heike Löhr hat als Redakteurin im Verlag wertvolle Hinweise zu formalen und inhaltlichen Verbesserungen gegeben. Ihnen allen danke ich herzlich.

Darüber hinaus soll das Buch ein Dank für all das sein, was Gottes heilvolle Gerechtigkeit in meinem Leben bewirkt hat. „Mein Mund soll verkündigen deine Gerechtigkeit, täglich deine Wohltaten, die ich nicht zählen kann“ (Psalm 71,15).

Frankfurt, den 10. März 2000 Walter Klaiber

Inhalt

I. Die aktuelle Fragestellung

Wer ist Gott und wie verhält er sich zu mir? Wer bin ich und was ist mein Leben wert? Diese Fragen sind in der Geschichte der Menschheit immer wieder gestellt worden. Sie sind auch heute noch aktuell, auch wenn sie in unterschiedlichen religiösen Kulturen mit ganz unterschiedlicher Priorität gestellt werden. Für die Bibel ist es eine grundlegende Erkenntnis, daß diese Fragen untrennbar zusammengehören. Die Antwort auf die eine Frage bedingt auch die Antwort auf die andere.

Innerhalb der biblischen Botschaft finden diese Fragen ihre eindeutigste Antwort in der paulinischen Rechtfertigungslehre. Wer Gott ist und wie er sich zu uns verhält, wer wir sind und was unser Leben gilt, das erfahren Menschen durch die Offenbarung von Gottes Gerechtigkeit und durch die Rechtfertigung ihres Lebens. Trotz ihres einzigartigen Profils steht diese Lehre innerhalb der biblischen Theologie nicht isoliert da. Sie wurzelt in einer breiten biblischen Überlieferung vom rechtfertigenden Handeln Gottes und der Offenbarung seiner Gerechtigkeit.

Was aber heißt Rechtfertigung und was versteht die Bibel unter Gerechtigkeit Gottes? Und was haben diese Begriffe mit der Antwort auf die oben gestellten Fragen zu tun? Ist die Frage, auf die die Rechtfertigungslehre antwortet, insbesondere auch in ihrer reformatorischen Ausprägung, nicht viel eher Ausdruck einer spätmittelalterlichen Gewissensnot als der Fragen, die Menschen auch heute noch existentiell umtreiben? Es ist immer noch eindrücklich zu lesen, wie dies Problem im Grußwort der 4. Vollversammlung des Lutherischen Weltbundes 1963 in Helsinki formuliert wurde: „Der Mensch von heute fragt nicht mehr: Wie kriege ich einen gnädigen Gott? Er fragt radikaler, elementarer, er fragt nach Gott schlechthin: Wo bist Du, Gott? Er leidet nicht mehr unter dem Zorn Gottes, sondern unter dem Eindruck von Gottes Abwesenheit. Er leidet nicht mehr unter seiner Sünde, sondern unter der Sinnlosigkeit seines Daseins, er fragt nicht mehr nach dem gnädigen Gott, sondern ob Gott wirklich ist."[1]

Wenn aber die Frage, „ob Gott wirklich ist", nicht distanziert als die philosophische Frage nach einem höchsten Wesen, das wir traditionellerweise Gott nennen, aufgefaßt wird, sondern wenn damit existentiell danach gefragt wird, wie sich der Ursprung und tragende Grund allen Seins zu mir persönlich verhält und für mich wirklich wird und ob mein Leben in ihm geborgen ist und ihm von Person zu Person begegnen kann, dann ist diese Frage mit der recht verstandenen Frage nach dem gnädigen Gott letztlich identisch.

Wer die biblische Rechtfertigungsbotschaft als ganze studiert, wird merken, daß sie gerade auch von Menschen formuliert wird, die durch die Erfahrung der Abwesenheit Gottes hindurchgegangen sind und in ihr auf neue Weise Gott begegnet sind. Der Zuspruch der Rechtfertigung antwortet nicht nur auf eine sehr spezielle, an eine bestimmte religiöse Bewußtseinslage gebundene Fragestellung. Er stellt in die Begegnung mit dem rettenden Gott. Das sagt Paulus in Röm 1,16f und das ist auch der Kern der reformatorischen Rechtfertigungslehre.

Angesichts der Einigung zwischen der Römisch-katholischen Kirche und dem Lutherischen Weltbund über einen „Konsens in Grundwahrheiten der Rechtfertigungslehre" in der *Gemeinsamen Erklärung zur Rechtfertigungslehre* (GE), in deren Vollzug es noch einmal zu einer intensiven Diskussion über die unterschiedlichen „Profile" reformatorischer und katholischer Rechtfertigungslehre gekommen ist, scheint es mir wichtig, daß wir die Beschäftigung mit der Frage der Rechtfertigung nicht auf die Seite legen, erleichtert darüber, daß die nun überwundenen Streitigkeiten der Reformationszeit auf sich beruhen können, sondern daß wir die Kraft der Rechtfertigungsbotschaft auch für unsere Zeit neu entdecken und entfalten.

---

1 In: E. Wilkens (Hg.), Helsinki 1963, 456.

Am Ende der *Gemeinsamen offiziellen Feststellung des Lutherischen Weltbundes und der Katholischen Kirche* (GOF) verpflichten sich die Dialogpartner, „das Studium der biblischen Grundlagen von der Rechtfertigung fortzuführen und zu vertiefen".[2] Sie versprechen weiter: „Lutheraner und Katholiken werden ihre Bemühungen ökumenisch fortsetzen, um in ihrem gemeinsamen Zeugnis die Rechtfertigungslehre in einer für den Menschen unserer Zeit relevanten Sprache auszulegen, unter Berücksichtigung der individuellen und sozialen Anliegen unserer Zeit." Ich bin überzeugt, daß zwischen beiden Anliegen ein tiefer Zusammenhang besteht. Ein neues Verstehen der biblischen Grundlagen der Rechtfertigungsbotschaft hilft auch zur Aktualität ihrer Verkündigung.

In der exegetischen Arbeit stehen wir allerdings vor der merkwürdigen Situation, daß zwischen evangelischen und katholischen Exegeten weitgehend Konsens erreicht schien, neuerdings aber, insbesondere im angelsächsischen Bereich, wieder ganz neue Anfragen an die Rechtfertigungslehre aufgebrochen sind.[3] Hier möchte dieses Buch einen klärenden Überblick verschaffen. Es fragt nach dem gesamtbiblischen Horizont der Rechtfertigungslehre: Was heißt Rechtfertigung im Alten Testament und in welchem Verhältnis steht das Rechtfertigungsgeschehen zu den grundlegenden Aussagen über die Gerechtigkeit Gottes und der Menschen? Worum ging es Paulus bei seiner Rechtfertigungslehre und in welchem Verhältnis steht sie zu seiner gesamten Theologie und der Botschaft des übrigen Neuen Testaments, insbesondere der Verkündigung Jesu? Was sagt die Rechtfertigungsbotschaft der Sache nach über Gottes Handeln am Menschen und wird das u.U. auch in anderer Begrifflichkeit ausgedrückt?

---

2 GOF 3. Die „Antwort der Katholischen Kirche auf die Gemeinsame Erklärung [...]" vom 25.6.1998 mahnt sogar an: „Besagte Vertiefung sollte dem ganzen Neuen Testament und nicht nur den paulinischen Schriften gelten" (7), in: epd-Dokumentation 27a/98 (30.6.1998), 3.

3 Vgl. J. Reumann, „Righteousness"; M. Seifrid, Justification, 6–76; K. Kertelge, Art. Rechtfertigung II, TRE 28, 1997, 299–305; C. Strecker, Paulus aus einer „neuen Perspektive"; Th. Söding, Art. Rechtfertigung, NBL 3, 1998, 288–298; und K.W. Niebuhr, Rechtfertigungslehre.

Ein knapper Überblick über unterschiedliche theologiegeschichtliche Akzentuierungen führt zu den heutigen Fragen im Blick auf einen erreichten ökumenischen Konsens in der Rechtfertigungslehre. In einer Reihe von Schlußthesen soll die Bedeutung der Rechtfertigungsbotschaft für die Weitergabe des Evangeliums heute aufgezeigt werden.

II. Gerechtigkeit ist Leben – das Alte Testament

Bis heute ist der Begriff „Gerechtigkeit“ ein wichtiges Signal für das, was Menschen in einer Gemeinschaft erhoffen und für ihr Leben brauchen. Das Schlagwort: „Kein Friede ohne Gerechtigkeit“, das dem Kampf gegen die Apartheid entstammt, zeigt die tiefe Überzeugung, daß es für eine Gesellschaft lebensnotwendig ist, daß alle Menschen in ihr die gleichen Möglichkeiten zur persönlichen Entfaltung und zum Schutz ihrer Rechte haben.

Was aber ist Gerechtigkeit? Für die biblische Antwort auf diese Frage ist der alttestamentliche Befund grundlegend. Ein erster Blick auf ihn zeigt freilich sehr unterschiedliche Nuancen des Begriffs. Manches klingt uns vertraut. Wenn in Lev 19,15 eingeschärft wird: „Ihr sollt beim Gericht nicht Unrecht tun; du sollst die Person des Geringen nicht bevorzugen und nicht für die Person des Großen Partei nehmen; in Gerechtigkeit sollst du deinen Nächsten richten“, dann entspricht dies in etwa auch unserem Verständnis von Gerechtigkeit.

Sehr viel fremder hört sich Ps 24,4f an: „Wer unschuldige Hände hat und reinen Herzens ist, wer seine Seele nicht nach Eitlem richtet und nicht falsche Eide schwört: Der wird den Segen vom HERRN empfangen und Gerechtigkeit von dem Gott seines Heils.“ Hier ist Gerechtigkeit nicht die Eigenschaft derer, die sich im Gerichtsverfahren korrekt verhalten, sondern eine segensmächtige Gabe von Gott. Heil und Gerechtigkeit können parallel gesehen werden: „Der HERR hat sein Heil kund getan, vor den Völkern hat er seine Gerechtigkeit offenbart“ (Ps 98,2).

Welche Seite des Begriffs ist der Schlüssel zu seinem Gesamtverständnis? Während Josef Scharbert betont, „daß das Reden von der ‚Gerechtigkeit‘ seinen ursprünglichen Sitz im

Leben in der Rechtspflege hat", stellt Friedrich Horst fest: „Das AT bestimmt die Gerechtigkeit von der Gerechtigkeit Gottes her. Diese aber ist wie Name, Heiligkeit, Glanz und Majestät Gottes ein aus Gottes Sphäre hervorgehendes und sich wirkend der Welt zuwendendes Handeln Gottes."[1] Wer die alttestamentlichen Texte genauer studiert, stellt fest, daß beide Zugangswege ihre Berechtigung haben. Wir fragen zunächst nach dem Sprachgebrauch in der Rechtspflege.

1. Gerechtigkeit – Lebenselement der Gesellschaft

Die Mahnung, im Gerichtsverfahren gerecht[2] zu urteilen, findet sich in fast allen Traditionsschichten des Alten Testaments. Sie gehört zum Grundbestand des Bundesbuches (Ex 23,7), findet sich im Heiligkeitsgesetz (Lev 19,15), im Deuteronomium (Dtn 25,1) und in der Spruchweisheit (Spr 17,15; vgl. 18,5; 24,24).

Gerecht zu richten ist insbesondere die Aufgabe des Königs: „Er soll den Elenden im Volk Recht schaffen und den Armen helfen und die Bedränger zermalmen" (Ps 72,4). Ihm wird gesagt: „Tu deinen Mund auf für die Stummen und für die Sache aller, die dahinschwinden. Tu deinen Mund auf und richte in Gerechtigkeit und schaffe Recht dem Elenden und Armen" (Spr 31,8f). Konkret heißt das: „Schaffet Recht und Gerechtigkeit und errettet den Bedrückten von des Frevlers Hand und bedränget nicht die Fremdlinge, Waisen und Wit-

1 J. Scharbert, Art. Gerechtigkeit I, TRE 12, 1984, 405; F. Horst, Art. Gerechtigkeit Gottes II, RGG^3 II, 1958, 1403.

2 Lev 19,15 wörtlich: „in Gerechtigkeit" (hebr.: b^{e}şædæq; vgl. auch Jes 11,4; Ps 9,9; 72,2; 96,13; 98,9). Dem deutschen Wort „Gerechtigkeit" entsprechen im Hebräischen zwei verwandte, in ihrer Bedeutung sehr ähnliche, aber doch zu unterscheidende Begriffe: şædæq (m.) ist ein Abstraktum und bezeichnet eher die Qualität und das Prinzip einer Handlung und wird gebraucht, wo es um „Richtigkeit oder Ordnung geht" (also „in şædæq richten"); ş^{e}daqah (f.) ist dagegen Nomen actionis und bezeichnet eher das Tun und die „Handlungen, in denen sich die Gerechtigkeit manifestiert" (vgl. B. Johnson, Art. şāḏaq ThWAT 6, 1989, 912; F. Crüsemann, Jahwes Gerechtigkeit, 431f). Noch deutlicher möchte jetzt K. Koch in „şädäq die göttliche Vorgabe und in ş^{e}dāqâ die Folge im menschlichen Verhalten" sehen (K. Koch, Şädäq und Ma'at, 59).

wen und tut niemand Gewalt an und vergießt nicht unschuldiges Blut an dieser Stätte" (Jer 22,3).[3]

Diese Texte führen zu einer ganzen Reihe von wichtigen Beobachtungen. Merkwürdigerweise wird nirgends eine Norm genannt, nach der sich das gerechte Gericht vollziehen soll. Maßstab ist ausschließlich, daß erkannt wird, wer im Recht ist und wer nicht, und daß danach gehandelt wird. Offensichtlich ist die alttestamentliche Auffassung von Gerechtigkeit person- bzw. verhältnisbezogen. Darauf hat schon vor mehr als 100 Jahren der Neutestamentler Hermann Cremer hingewiesen und die biblische „Gerechtigkeit" als „Verhältnisbegriff" gekennzeichnet.[4] Es hat dann bis in die Mitte unseres Jahrhunderts gedauert, bis sich diese Auffassung durchgesetzt hat.[5]

In der neueren Auslegung dient oft die Geschichte von Juda und Tamar aus Gen 38 zur Veranschaulichung der alttestamentlichen Auffassung von Gerechtigkeit. Als Juda erkennt, daß die von ihm wegen Ehebruchs angeklagte Tamar ihn selbst verführt hat, um ihrem verstorbenen Mann einen legitimen Erben zu verschaffen, gesteht er ein: „Sie ist im Recht, nicht ich" (V. 26).[6] Daß ihr an und für sich sehr anstößiges Verhalten „gerecht" genannt wird, „erklärt sich nur daraus, daß sie der ehelichen Gemeinschaft entsprechend gehandelt hat, damit der Name ihres Mannes weiterlebe. [...] Indem Tamar sich über Tugend und Sitte hinweg- und nicht nur ihren guten Ruf, sondern auch ihr Leben aufs Spiel setzte, hat sie richtig und sittlich gut gehandelt. Gut und Böse wird hier nicht an einer Norm, an einem Gesetz gemessen; welches Gesetz könnte ein solches Verhalten gebieten! Vielmehr gilt es, die Gemeinschaftsbezüge zu achten, in denen man steht, und dementsprechend den Mitmenschen zu begegnen."[7] „Gerechtigkeit" nach alttestamentlichem Verständnis ist ge-

3 Vgl. auch Jes 5,23; 29,21; Ps 82,2–4.

4 H. Cremer, Wörterbuch, 309; ders., Rechtfertigungslehre, 37.

5 Vgl. K.H. Fahlgren, ṣedaka; K. Koch, ṣdq; G. v. Rad, Theologie I, 382–395.

6 So die richtige Übersetzung, vgl. H.J. Boecker, Redeformen, 127.

7 K. Koch, Wesen und Ursprung, 110.

meinschaftsgerechtes und gemeinschaftsförderndes Verhalten, „Gemeinschaftstreue".

Dazu tritt eine zweite Beobachtung. Es wird zwar grundsätzlich dazu aufgerufen, unparteiisch zu richten und ohne Ansehen der Person sowohl im Blick auf die Geringen und Armen als auch die Vornehmen und Angesehenen (vgl. Ex 23,3; Lev 19,15). Aber die Gefahr, daß die Geringen bevorzugt werden, war doch offensichtlich relativ gering, so daß gerade dort, wo es um Kritik an Mißständen geht, das mangelnde Eintreten für die Armen und Schwachen angemahnt wird.

So wird Jerusalem angeklagt: „Deine Fürsten sind Abtrünnige und Diebesgesellen, sie nehmen alle gern Geschenke an und trachten nach Gaben. Den Waisen schaffen sie nicht Recht, und der Witwen Sache kommt nicht vor sie" (Jes 1,23; vgl. 1,17). König und Adel in Jerusalem sollten sich für die einsetzen, die zu schwach sind, um selber ihre Stimme im Gericht zur Geltung zu bringen.[8] Die Rechtshilfe, die hier erwartet wird, geht über den Urteilsspruch in einem aktuellen Gerichtsverfahren weit hinaus. Recht schaffen, erretten und helfen werden zu Synonymen (vgl. Ps 72,4 mit V.12–14).

Wie sehr in der Realität Rechtsbeugung und Ausbeutung Hand in Hand gingen, zeigt die Anklage Jeremias in Jer 22,13–17, der Jojakim vorwirft, seine Prachtbauten mit unrechtmäßig abgepreßter Fronarbeit zu errichten, und ihm das positive Beispiel seines Vaters Josia vorhält: „Hat dein Vater nicht auch gegessen und getrunken, dabei aber für Recht und Gerechtigkeit gesorgt? Und es ging ihm gut. Dem Schwachen und Armen verhalf er zum Recht. Heißt nicht das, mich wirklich erkennen? – Spruch des Herrn. Doch deine Augen und dein Herz sind nur auf deinen Vorteil gerichtet, auf das Blut des Unschuldigen, das du vergießt, auf Bedrückung und Erpressung, die du verübst."

Der Ruf zu „Recht und Gerechtigkeit" schließt auch den Kampf gegen „unheilvolle Gesetze" und „unerträgliche Vor-

---

8 Vgl. Jer 22,3; Spr 31,8. Zur Funktion des Königs in der Rechtsprechung vgl. H.J. Boecker, Recht und Gesetz, 32–40; H. Niehr, Rechtsprechung, 66–83.

schriften" ein, die erlassen werden, „um die Schwachen vom Gericht fern zu halten und den Armen meines Volkes ihr Recht zu rauben, um die Witwen auszubeuten und Waisen auszuplündern" (Jes 10,1f)[9]. Den sozial Schwachen soll nicht durch juristische Finten der gerechte Lohn vorenthalten werden, sondern sie sollen das bekommen, was ihnen zusteht. „Recht" ist alttestamentlich das, was einem Menschen zukommt[10], und damit ist eben nicht nur der formal durchsetzbare Rechtsanspruch gemeint, sondern das, was Menschen zum Leben brauchen und ihnen an Zuwendung und Hilfe not tut, um ein gedeihliches Miteinander zu ermöglichen. Ohne soziale Verantwortung gibt es keinen Rechtsstaat.

Das Ineinander von sozialer Ausbeutung und offener oder versteckter Rechtsbeugung ist vielleicht nirgends so drastisch angesprochen wie in dem Weheruf des Amos über die Zustände in Israel:

„Weh denen, die das Recht in bitteren Wermut verwandeln und die Gerechtigkeit zu Boden schlagen. Bei Gericht hassen sie den, der zur Gerechtigkeit mahnt, und wer Wahres redet, den verabscheuen sie. Weil ihr von den Hilflosen Pachtgeld annehmt und ihr Getreide mit Steuern belegt, darum baut ihr Häuser aus behauenen Steinen – und wohnt nicht darin, legt ihr euch prächtige Weinberge an – und werdet den Wein nicht trinken. ... Ihr bringt den Unschuldigen in Not, ihr laßt euch bestechen und weist den Armen ab bei Gericht. ... Sucht das Gute, nicht das Böse; dann werdet ihr leben und dann wird, wie ihr sagt, der HERR, der Gott der Heere, bei euch sein. Haßt das Böse, liebt das Gute, und bringt bei Gericht das Recht zur Geltung!" (Am 5,7.10–15)[11]

---

9 So die Einheitsübersetzung; vgl. Wildberger, Jesaja I, 198f.

10 Vgl. dazu G. Liedke, Art. špṭ, THAT II, 1005. Zur häufigen Zusammenstellung Recht und Gerechtigkeit (mišpaṭ und ṣædæq/ṣᵉdaqa), die mehr als 80mal im Alten Testament vorkommt, vgl. B. Johnson, ThWAT 6, 907f; E. Otto, Art. Recht, TRE 28, 204. Es ist übrigens auffallend, wie häufig es in diesem Zusammenhang um die Fragen von Lohnauszahlung und Pfändung geht; vgl. Dtn 24,14–19; Hiob 22,6; Ez 18,7.

11 Nach der Einheitsübersetzung; zur Textgestaltung vgl. H.W. Wolff, Amos, 271. Vgl. auch Am 6,12 und Jes 5,7 („Er [JHWE] hoffte auf Rechtsspruch – doch siehe da: Rechtsbruch, und auf Gerechtigkeit – doch siehe da: Der Rechtlose schreit.") Zur Gesamtthematik vgl. K. Koch, Die Entstehung der sozialen Kritik.

Recht und Gerechtigkeit beschreiben das, was zum Leben dienlich und nötig ist und die Gemeinschaft aufbaut, das „Gute", das zum Leben führt.[12] Das ist eine Grundüberzeugung Israels, wie sie auch durch die Weisheit eingeschärft wird. „Gerechtigkeit führt zum Leben; aber dem Bösen nachjagen führt zum Tode" (Spr 11,19).[13]

Wie sehr „Recht und Gerechtigkeit" Lebensgrundlage für die gesamte Existenz des Volkes darstellen, zeigt die Entgegenstellung von eifrigem, aber oberflächlichem gottesdienstlichem Betrieb und dem, was Gott eigentlich will und wirkliches Leben ausmacht, in Am 5,21–23: „Ich hasse eure Feste, ich verabscheue sie und kann eure Feiern nicht riechen. Wenn ihr mir Brandopfer darbringt, ich habe keinen Gefallen an euren Gaben und eure fetten Heilsopfer will ich nicht sehen. Weg mit dem Lärm deiner Lieder! Dein Harfenspiel will ich nicht hören, sondern das Recht ströme wie Wasser, die Gerechtigkeit wie ein nie versiegender Bach."[14] Pervertierte Gerechtigkeit verbittert und vergiftet das Leben (Am 5,7; 6,12), gelebte Gerechtigkeit ist Lebenselement wie fließendes Wasser.

Damit ist ein drittes Merkmal angesprochen, das direkt oder indirekt diese Texte bestimmt. Hinter der Forderung nach Recht und Gerechtigkeit steht Gott und sein Handeln. Sein unbestechliches und zurechtbringendes Richten soll das Richten der Menschen bestimmen. Dtn 10,17–19 drückt das so aus: „Denn der HERR, euer Gott, ist der Gott der Götter und der Herr der Herren, der große Gott, der Mächtige und der Schreckliche, der die Person nicht ansieht und kein Geschenk nimmt und Recht schafft den Waisen und Witwen und die Fremdlinge liebhat, daß er ihnen Speise und Kleider

12 Vgl. Jes 1,17; Mi 6,8; H.J. Stoebe, Art. ṭōb, THAT I, 659–661; Koch, aaO. 163: Das „Recht" (mišpaṭ) des Volkes „ist demnach so etwas wie der auf Gemeinschaftstreue gegründete und durch gemeinschaftsgemäßes Verhalten [...] täglich neu zu bewährende *Bestand* des Volkes, seine kultische, politische und wirtschaftliche Existenz schlechthin."

13 Vgl. Spr 11,30; 12,28; 14,34 u.ö.

14 Vgl. Spr 21,3: „Recht und Gerechtigkeit tun ist dem Herrn lieber als Opfer".

gibt. Darum sollt ihr auch die Fremdlinge lieben; denn ihr seid auch Fremdlinge gewesen in Ägyptenland."

Gottes Sorge für Recht und Gerechtigkeit personifiziert sich in der Gestalt eines verheißenen davidischen Friedenskönigs, von dem gesagt wird: „Er wird nicht richten nach dem, was seine Augen sehen, noch Urteil sprechen nach dem, was seine Ohren hören, sondern wird mit Gerechtigkeit richten die Armen und rechtes Urteil sprechen den Elenden im Lande" (Jes 11,3b.4a).[15]

Und in dem spätprophetischen Text Jes 32 finden wir neben der Verheißung, daß in der künftigen Heilszeit, „ein König regieren wird, Gerechtigkeit aufzurichten, und Fürsten herrschen werden, das Recht zu handhaben" (V. 1), die Zusage, daß Gott den „Geist aus der Höhe" über das Volk ausgießen wird: „Dann wird die Wüste zum Garten, und der Garten wird zu einem Wald. In der Wüste wohnt das Recht, die Gerechtigkeit weilt in den Gärten. Das Werk der Gerechtigkeit wird der Friede sein, der Ertrag der Gerechtigkeit sind Ruhe und Sicherheit für immer" (V. 15b-17). Gerechtigkeit ist unabdingbare Voraussetzung für Frieden und gedeihliches und sicheres Zusammenleben. Solche Gerechtigkeit aber kann nur Geschenk Gottes und Wirkung seines Geistes sein.[16] Wer nach Gerechtigkeit sucht, muß nach der Gerechtigkeit Gottes fragen.

2. Gottes Gerechtigkeit und das Heil der Menschen

Es ist nicht zu übersehen: Im Alten Testament kann von „Gerechtigkeit" nicht geredet werden, ohne von der Gerechtigkeit Gottes zu sprechen. Gottes „Gerechtigkeit", d.h. seine Gemeinschaftstreue, ist Grundlage und Ermöglichung menschlichen Lebens in „Gerechtigkeit". „Der HERR schafft Gerechtigkeit und Recht allen, die Unrecht leiden" (Ps 103,6). Er „ist gerecht und hat Gerechtigkeitstaten lieb" (Ps

15 Vgl. Jes 9,6; Jer 23,5–6.
16 Vgl. Wildberger, Jesaja II, 1281; siehe auch Ps 85,10–14.

11,7).[17] Das ist der Grund für die Hoffnung auf Gerechtigkeit. Wo die irdische Rechtspflege versagt, soll Gott durch ein Gottesurteil Recht schaffen, „daß du den Frevler als Frevler erkennen und seine Tat auf sein Haupt kommen läßt, den aber, der im Recht ist, gerecht sprichst und ihm nach seiner Gerechtigkeit gibst“ (1. Kön 8,32). Und für den König wird erbeten: „Gott gib deine Rechtssprüche dem König und deine Gerechtigkeit dem Königssohn, daß er dein Volk richte mit Gerechtigkeit und deine Elenden rette“ (Ps 72,1f).

Aber der Wirkungsbereich von Gottes Gerechtigkeit beschränkt sich nicht auf das Rechtsleben. Der älteste Beleg im Alten Testament stammt aus dem Deboralied: „Horch, sie jubeln zwischen den Tränken: Dort besingt man die rettenden Taten [wörtl.: „Gerechtigkeiten = Gerechtigkeitserweise“] des HERRN, seine hilfreiche Tat [wörtl.: „Gerechtigkeit“] an den Bauern in Israel“ (Ri 5,11). Der Erweis der Gerechtigkeit Gottes ist Rettung aus der Not, befreiender Sieg über Feinde und Unterdrücker.[18]

Das Erscheinen der Gerechtigkeit Gottes bedeutet also seine rettende Gegenwart in seinem Volk und auf dieser Erde. Vor allem der Zion, Berg Gottes und Ort des Tempels, wo Gott wohnt, ist Zentrum der Offenbarung der Gerechtigkeit Gottes: „Der HERR ist erhaben, denn er wohnt in der Höhe. Er hat Zion mit Recht und Gerechtigkeit erfüllt. Und du wirst sichere Zeiten haben: Reichtum an Heil, Weisheit und Klugheit“ (Jes 33,5f; vgl. Ps 48,11). Gerechtigkeit und Recht sind Bestandteil der Theophanie, des Erscheinens Gottes in Macht und Herrlichkeit; so besonders eindrücklich in Ps 97,1–6: „Der HERR ist König; des freue sich das Erdreich und seien fröhlich die Inseln, soviel ihrer sind. Wolken und Dunkel sind um ihn her, Gerechtigkeit und Gericht sind seines Thrones Stütze. Feuer geht vor ihm her und verzehrt ringsum

17 Vgl. auch Ps 33,5; 99,4.

18 Vgl. Mi 6,5 (E) „und erkennen die rettenden Taten des HERRN“, 1. Sam 12,7: „daß ich mit euch rechte wegen aller Wohltaten des HERRN“ [beide Male „Gerechtigkeit“ im Plural!], wohl auch Dtn 33,21: Gad „vollstreckte die Gerechtigkeit des HERRN und seine Gerichte zusammen mit Israel“ (anders Einheitsübersetzung).

seine Feinde. ... Die Himmel verkündigen seine Gerechtigkeit, und seine Herrlichkeit sehen alle Völker."[19]

Auch daß Gott die Welt schafft und erhält, ist Ausdruck seiner Gerechtigkeit. Was der Gemeinschaft der Menschen Ordnung und Halt gibt, das verleiht auch der Welt der Natur Beständigkeit und Gedeihen. So begründet Ps 33,4–6 die Aufforderung zum Lob Gottes: „Denn des HERRN Wort ist wahrhaftig, und verläßlich sind alle seine Taten. Er liebt Gerechtigkeit und Recht; die Erde ist voll der Güte des HERRN. Der Himmel ist durch das Wort des Herrn gemacht und all sein Heer durch den Hauch seines Mundes."

„Gerechtigkeit" bezeichnet also auch die heilvolle „Weltordnung", die „kosmische, politische, religiöse, soziale und ethische Aspekte vereint."[20] Dieser Sprachgebrauch nimmt Elemente altorientalischer Vorstellungen, insbesondere Charakteristika der „Ma'at", der ägyptischen Göttin der Weisheit und der Ordnung, auf, prägt sie aber vom biblischen Gottesglauben her neu. Hier erscheint „Gerechtigkeit, ähnlich wie Friede oder Treue und Gnade, fast als gesonderte Wesenheit und ist doch ganz in das Bild des einen Gottes Israels integriert".[21]

Das schönste Beispiel dafür ist Ps 85,10–14:

„Doch ist ja seine Hilfe nahe denen, die ihn fürchten, daß in unserm Lande Ehre wohne; daß Güte und Treue einander begegnen, Gerechtigkeit und Friede sich küssen; daß Treue auf der Erde wachse und Gerechtigkeit vom Himmel schaue; daß uns auch der HERR

---

19 Gerechtigkeit und Recht als Stützen des Thrones und der Herrschaft Gottes auch Ps 89,15; 103,17–19 (vom König: Spr 16,12; 25,5).

20 So H.H. Schmid, Gerechtigkeit als Weltordnung, 166. Zur Auseinandersetzung mit Schmids These vgl. Crüsemann, Jahwes Gerechtigkeit, 428f, und J. Assmann, Ma'at, 31–35, der von den ägyptischen Voraussetzungen die Formel „Gerechtigkeit als Weltordnung" durch „Weltordnung als Gerechtigkeit" (34) ersetzen möchte und die Ma'at ausdrücklich als „konnektive Gerechtigkeit" bezeichnet, als „Mitmenschlichkeit (...), die die Menschen miteinander verbindet, indem sie Verantwortlichkeit und Vertrauen stiftet" (91; vgl. auch 163).

21 Zu Überlegungen, daß hinter diesem Sprachgebrauch die (entmythologisierte) Vorstellung einer kanaäischen Gottheit ṣædæq stehen könnte, vgl. Schmid, aaO. 75, und insbesondere K. Koch, Die hebräische Sprache, 44–50.

Gutes tue, und unser Land seine Frucht gebe; daß Gerechtigkeit vor ihm her gehe und seinen Schritten folge."

Hier ist nicht nur die Erschaffung der Welt und ihre Erhaltung Ausdruck des Gerechtigkeitshandelns Gottes, sondern auch Fruchtbarkeit und Gedeihen (vgl. auch Ps 65,6–14; 72,4ff; Hosea 2,20–24). Die Verläßlichkeit von Gottes Gerechtigkeit und Recht und der Reichtum seiner Güte und Wahrheit sind Grundlage und Erfüllung menschlichen Lebens:

„Herr, deine Güte reicht, so weit der Himmel ist, und deine Wahrheit, so weit die Wolken gehen. Deine Gerechtigkeit steht wie die Berge Gottes und dein Recht wie die große Tiefe. Herr, du hilfst Menschen und Tieren. Wie köstlich ist deine Güte, Gott, daß Menschenkinder unter dem Schatten deiner Flügel Zuflucht haben! Sie werden satt von den reichen Gütern deines Hauses, und du tränkst sie mit Wonne wie mit einem Strom. Denn bei dir ist die Quelle des Lebens, und in deinem Lichte sehen wir das Licht. Breite deine Güte über die, die dich kennen, und deine Gerechtigkeit über die Frommen" (Ps 36,6–11).

Die Berufung auf Gottes Gerechtigkeit

Dieses Vertrauen auf Gottes Gerechtigkeit findet nicht nur im Dank des Volkes seinen Ausdruck. In den „Klageliedern eines Einzelnen" sind es gerade einzelne, in Bedrängnis befindliche Menschen, die sich auf sie berufen. Immer wieder wird in den Psalmen der Ruf laut: „Herr, auf dich traue ich, laß mich nimmermehr zuschanden werden, errette mich durch deine Gerechtigkeit!" (Ps 31,2) oder noch prägnanter: „Wache auf, werde wach, mir Recht zu schaffen und meine Sache zu führen, mein Gott und Herr! Herr, mein Gott, verhilf mir zum Recht nach deiner Gerechtigkeit, daß sie sich nicht über mich freuen" (35,23f).[22] Dem entspricht in vielen dieser Psalmen das Lobgelübde für den Fall der erhofften Hilfe: „Meine Zunge soll reden von deiner Gerechtigkeit und dich täglich preisen" (35,28).[23] Offensichtlich wird Gott hier

---

22 Vgl. 65,6; 71,2; 143,1.11; weiter 69,14.17.

23 Vgl. Ps 71,15f.19.24, aber auch 22,32; 14,11; 51,16f; zum ganzen Traditionskomplex Crüsemann 440–443, und Schmid 144ff.

als Wahrer des Rechts angerufen und gepriesen, und daher verwundert es nicht, daß diese Motive vor allem in der Klage derer vorkommt, die sich unschuldig verfolgt fühlen.[24]

Aber das Merkwürdige ist, daß die Berufung auf Gottes Gerechtigkeit auch in Psalmen erfolgt, in denen Beter ihre Verfehlung bekennen und um Vergebung ihrer Sünden bitten.[25] Die Anrufung der Gerechtigkeit Gottes ist nicht an die Frage von Schuld und Unschuld gebunden – obwohl sie als Bedrohung der Existenz eine wichtige Rolle spielt –, sondern ist auf die Not des Beters als ganze bezogen. Von Gottes Gerechtigkeit wird Hilfe erwartet, wo es um Krankheit, Bedrohung durch Feinde oder durch eine (unberechtigte) Anklage geht.[26] Das Lebensrecht, das Gottes Eingreifen neu begründen und sichern soll, umfaßt mehr als den Freispruch von konkreter Schuld; Gottes Gerechtigkeit ist Ausdruck seiner heilvollen Bejahung der bedrohten Existenz des Beters. Jahwes ṣᵉdaqa (Gerechtigkeit) ist „in den Psalmen Bezeichnung für die Rettung des einzelnen Israeliten aus der Not, die ihn von Jahwe und den Menschen trennt, und damit für seine Wiedereingliederung in diese Gemeinschaft." Durch sie wird „der durch Leiden, Verfehlungen, Anschuldigungen von seiner Umgebung isolierte und entfremdete Mensch wieder restituiert und in sie eingegliedert [...]. Zuspruch, Heilung und Wiederanerkennung sind ein im Kern zusammenhängender Vorgang, der ganzheitlich, leiblich und eminent gesellschaftsbezogen ist."[27] All das aber ist „Rechtfertigung" im Sinne des Alten Testaments, durch die ein angefochtener und in seiner Existenz bedrohter Mensch neu seine Würde und sein Lebensrecht von Gott zugesprochen bekommt.[28]

---

24 Vgl. Ps 31,14.19; 35,1.11; 71,10f, ein Psalm, der zeigt, wie die Schwäche des Alters auch in die gesellschaftliche Hilf- und Rechtlosigkeit führt.

25 Ps 40,13; 51,3–16; 143,1f (vgl. auch Ps 103).

26 Crüsemann, Jahwes Gerechtigkeit, 442

27 Crüsemann 443

28 Crüsemann aaO. möchte – in Auseinandersetzung mit H. Graf Reventlow, Rechtfertigung, – gerade den Begriff Rechtfertigung meiden, weil er „eher verwirrend als klärend" wirkt. Mir aber scheint es fast zwingend zu sein, ihn zu verwenden, weil er den Vorgang auf den „Begriff" bringt, und der Begriff dadurch seinerseits biblische Weite gewinnt.

Von daher ist auch die zunächst erstaunliche Tatsache zu erklären, daß gerade in diesem Zusammenhang der Verweis auf Gottes Gerechtigkeit mit der Berufung auf seine Güte und Treue, Gnade und Barmherzigkeit parallel geht.[29]

Verwirrend ist aber freilich für den heutigen Leser, daß sich der Beter eines solchen Psalms im gleichen Zusammenhang auch auf seine eigene Gerechtigkeit berufen kann, so in Ps 7,9: „Schaffe mir Recht, HERR, nach meiner Gerechtigkeit und Unschuld!“, in dem es dann am Ende heißt: „Ich danke dem HERRN um seiner Gerechtigkeit willen und will loben den Namen des HERRN, des Allerhöchsten“ (V. 18).[30] Wir haben hier offensichtlich einen ähnlich komplexen Sachverhalt vor uns wie den soeben beobachteten: So wenig das Bekenntnis des Sünders die Berufung auf Gottes Gerechtigkeit ausschließt, so wenig wird die Berufung auf sie durch die Beteuerung der eigenen Unschuld überflüssig. Auch wer mit „unschuldigen Händen und reinen Herzens“ in das Tor des Tempels tritt, ist darauf angewiesen, „Segen von dem HERRN und Gerechtigkeit von dem Gott seines Heils“ zu empfangen (Ps 24,4f). „Positiven Gehalt gewinnt“ die Unschuldsbeteuerung „erst durch das rechtfertigende Eingreifen Jahwes. Erst durch die Zuwendung seines ‚Angesichts‘, die dem Beter an der göttlichen ‚Gerechtigkeit‘ Anteil gibt, wird dieser im Vollsinne ein Gerechtfertigter.“[31] Die „Rechtfertigung des Ge-

29 Vgl. Ps 69,14: „Gott nach deiner großen Güte erhöre mich mit deiner treuen Hilfe.“ V.17: „Erhöre mich, HERR, denn deine Güte ist tröstlich. Wende dich zu mir nach deiner großen Barmherzigkeit.“ Ps 40,11f: „Deine Gerechtigkeit verberge ich nicht in meinem Herzen; von deiner Wahrheit und deinem Heil rede ich. Ich verhehle deine Güte und Treue nicht vor der großen Gemeinde. Du aber, HERR, wollest deine Barmherzigkeit nicht von mir wenden; laß deine Güte und Treue allewege mich behüten.“ Weiter Ps 51,3; Ps 103,6–8 und vor allem Dan 9,16–18!

30 Vgl. Ps 4,2; 18,2–25; mit anderer Akzentuierung auch Hiob 27,5f; 35,1. Zu Psalm 7 vgl. B. Janowski, JHWH der Richter.

31 H. Graf Reventlow, Rechtfertigung, 92. Vgl. jetzt die Zusammenschau von Ps 24–26 bei G. Barbiero, Psalmbuch: Die Bedingungen von Ps 24 kann der Beter nicht erfüllen; darum bekennt er in Ps 25: „Nur wenn JHWH ihm die Sünde vergibt, kann er gerecht sein. Seine ‚Gerechtigkeit‘, könnte man mit Paulus sagen, kommt aus seinem ‚Glauben‘, d.h. aus dem ‚Vertrauen‘ auf Gottes Barmherzigkeit (25,21).“ Auf diesem

rechten“ ist ein tiefes und ernstes Anliegen der Psalmen, gerade weil sie nicht selbstverständlich ist. Es geht nicht um Selbstrechtfertigung, sondern darum, „daß Gott die Gerechtigkeit des Gerechten gegen alle Infragestellung und Anfechtung ans Licht bringt“.[32] Ps 37, der im Stil der Weisheit den Unterschied zwischen „Gerechten“ und „Gottlosen“ einschärft, bringt diesen Zusammenhang auf den Punkt: „Befiehl dem HERRN deine Wege und hoffe auf ihn, er wird handeln und wird deine Gerechtigkeit heraufführen wie das Licht und dein Recht wie den Mittag“ (V.5f).

Auch die „Gerechtigkeit“ der Menschen, die sie in ihrem Verhalten und Tun bewähren, ist nie ihre „eigene“, sondern bleibt Teil dessen, was Gottes Gerechtigkeit im Menschen wirkt. „ Der sittlich guten menschlichen Tat mangelt deshalb letztlich der Charakter von Eigenleistung und Werkgerechtigkeit.“[33] So nachdrücklich im Alten Testament nach einem Verhalten gefragt wird, das dem Willen Gottes und seiner Gerechtigkeit entspricht, gilt doch: „Das Gottesverhältnis wird nicht durch das Tun des Menschen konstituiert“.[34]

Heil für das Volk – Heil für den Erdkreis

Ob das Volk seine Sünden bekennt, ob es dankbar Gottes heilvolle Hilfe rühmt, immer sieht es in Gottes verläßlicher Gemeinschaftstreue die Grundlage seines Heilshandelns (vgl. Ps 65,2–6). Ihre Wirkung beschränkt sich nicht auf das Volk, das sich im Tempel auf dem Zion zum Gottesdienst versammelt. Gott ist „die Zuversicht aller Enden der Erde und der fernsten Gestade“ (V. 6b). Denn er hat diese Erde erschaffen und erhält sie und schenkt ihr überfließende Fruchtbarkeit

---

Hintergrund ist die Unschuldsaussage von Ps 26,1 zu betrachten: „Es handelt sich um jemanden, der durch die Vergebung der Sünden gerecht geworden ist“ (360).

32 H.J. Kraus, Psalmen I, 198. Reventlow, aaO. 91: Bei der „Gerechtigkeit der Gerechten“ handelt es sich „keineswegs um eine dem Menschen von sich aus eignende Qualität, sondern um eine Gabe, die er als Glied der Gemeinde nur durch die Zuwendung Jahwes als Anteilhabe an dessen ‚Gerechtigkeit‘ erhält“ (zu Ps 5,9.12); vgl. auch Ps 89,16f.

33 K. Koch, Hebräische Sprache, 50

34 W.H. Schmidt, Werk Gottes, 27.

(V. 7–9). Sündenvergebung und gottesdienstliche Gemeinschaft mit Gott, Gottes Heilshandeln in der Geschichte und seine Gegenwart in Schöpfung und Gedeihen der Erde werden als Wirken Gottes „in Gerechtigkeit“ zusammengefaßt.

Dieser universale Horizont des Handelns Gottes, für das „Gerechtigkeit“ und „Heil“ fast synonyme Kennzeichen sind, findet sich auch in einer Reihe von Psalmen, die Jahwe als König preisen.[35] Für unsere Fragestellung am eindrücklichsten formuliert Ps 98,1–3: „Singet dem HERRN ein neues Lied, denn er hat Wunder getan. Er schuf Heil mit seiner Rechten und mit seinem heiligen Arm. Der HERR hat sein Heil kundgetan; vor den Völkern hat er seine Gerechtigkeit geoffenbart. Er gedachte an seine Gnade und Treue für das Haus Israel, aller Welt Enden sahen das Heil unsres Gottes.“

Die Offenbarung der Gerechtigkeit Gottes macht sein Heilshandeln an Israel sichtbar und ist Ausdruck seiner Treue zu seinem Volk. Scheint die Völkerwelt zunächst nur als zuschauendes Publikum für diesen Vorgang in Betracht zu kommen, zeigt der Fortgang des Psalms, daß die ganze Welt in dieses Geschehen einbezogen ist und darüber vor Jahwes Angesicht jauchzen soll: „Denn er kommt, das Erdreich zu richten. Er wird den Erdkreis richten mit Gerechtigkeit und die Völker, wie es recht ist“ (V.9). Mit diesem „richten“ ist offensichtlich kein Strafgericht über die böse Welt gemeint, sondern das hilfreiche Zurechtbringen der Welt nach dem Maßstab und der Ordnung seiner heilvollen Gerechtigkeit.[36]

Es ist lange erkannt, daß die Botschaft dieser Psalmen in Verbindung mit Verkündigung und Theologie des *Deuterojesaja* steht. Dieser Prophet durfte dem Volk im Exil, das seine Gottesferne und Gottesverlassenheit beklagte, sagen: „Siehe, da ist euer Gott; siehe, da ist Gott der HERR! Er kommt gewaltig, und sein Arm wird herrschen“ (Jes 40,9b.10a). Daß Gott seine Herrschaft ganz neu sichtbar machen wird, das wird Friede und Heil für Gottes Volk bedeuten (Jes 52,7–10).

Gottes Herrschaft wird das Volk in einem neuen Exodus

---

35 Die sogenannten Jahwe-Königs-Psalmen: 47, 93, 96–99.

36 Vgl. Ps 82,8; 96,13; weiter G. Liedke, Art. špṭ, THAT II, 1002f, und H. Niehr, Art. šapaṭ, ThWAT 8, 425.

aus dem Exil führen.[37] In die Offenbarung von Gottes heilvoller Gerechtigkeit wird die ganze Schöpfung mit einbezogen: „Träufelt, ihr Himmel, von oben, und ihr Wolken, regnet Gerechtigkeit! Die Erde tue sich auf und bringe Heil, und Gerechtigkeit wachse mit auf! Ich, der HERR, habe es geschaffen" (45,8). Hier geht es nicht nur um die Fruchtbarkeit der Natur; „das eindrucksvolle Bild von der Vermittlung des kommenden Heils durch Himmel und Erde zeigt, daß das Heil die Welt im ganzen und in allen ihren Bereichen erfassen soll: Hier ist nicht ‚ein neuer Himmel und eine neue Erde', wohl aber eine geheilte Welt."[38] Gerechtigkeit und Heil sind hier offensichtlich fast Synonyme (und werden in vielen Übersetzungen auch austauschbar wiedergegeben[39]). Dem zweifelnden Volk, das von vorwurfsvoller Resignation bestimmt ist, wird gesagt: „Hört mir zu, ihr trotzigen Herzen, die ihr ferne seid von Gerechtigkeit! Ich habe meine Gerechtigkeit nahe gebracht; sie ist nicht ferne und mein Heil säumt nicht. Ich will zu Zion das Heil geben und in Israel meine Herrlichkeit" (46,12f). Und den „Entronnen der Völker" wird zugerufen: „Wendet euch zu mir, so werdet ihr gerettet, aller Welt Enden; denn ich bin Gott, und sonst keiner mehr. Ich habe mir selbst geschworen und Gerechtigkeit ist ausgegangen aus meinem Munde, ein Wort, bei dem es bleiben soll: Mir sollen sich alle Knie beugen und alle Zungen schwören und sagen: Im HERRN habe ich Gerechtigkeit und Stärke" (45,22–24a).[40]

„Gerechtigkeit" und „Heil" sind Begriffe, die sich gegenseitig interpretieren (vgl. 51,6.8b). „Gemeint ist das durch Gottes Recht verbürgte Heil – Befreiung und Rettung nicht nur, sondern umfassender neuer Zustand aller Dinge, in dem Gerechtigkeit regiert."[41]

Die Zusammenschau von Heilsverheißung und Verhalten des Volkes bestimmt dann die Botschaft von *Tritojesaja*.[42] Er

37 Jes 43,14–21; 48,20f; 49,8–12; 51,9–11; 52,1–6.
38 H.J. Hermisson, Deuterojesaja, 7.
39 So besonders die Einheitsübersetzung
40 Vgl. Jes 51,1–8 (bes. 4–6); 42,4–6.
41 H.-J. Kraus, Jesaja 40–66, 131.
42 Darunter verstehe ich Jes 56–66 als Gesamtkomposition.

intensiviert die unmittelbare Heilszusage Deuterojesajas, kontrastiert sie aber mit der religiösen und sozialen Situation im nachexilischen Juda. Zusammengefaßt heißt dies: „So spricht der HERR: Wahret das Recht und übt Gerechtigkeit; denn mein Heil ist nahe, daß es komme, und meine Gerechtigkeit, daß sie offenbart werde“ (56,1). Mit der Ansage der unmittelbaren Nähe von Gottes heilschaffender Gerechtigkeit wird die Forderung an Israel begründet, „Recht und Gerechtigkeit“ zu tun. „Weil Jahwes ṣᵉdāqā [Gerechtigkeit] kommt, muß jetzt ṣᵉdāqā geübt werden.“[43]

Darum wendet sich Kap 58 gegen die Selbsteinschätzung des Volkes, „als wären sie ein Volk, das die Gerechtigkeit schon getan und das Recht seines Gottes nicht verlassen hätte“ und die darauf begründete Forderung, „daß Gott sich nahe“ (V. 2). Denn das Fasten des Volkes, auf das es sich beruft, ist oberflächlich und ohne Konsequenz für das soziale Zusammenleben. Von Gott her gilt:

„Das aber ist ein Fasten, an dem ich Gefallen habe: Laß los, die du mit Unrecht gebunden hast, laß ledig, auf die du das Joch gelegt hast! Gib frei, die du bedrückst, reiß jedes Joch weg! Brich dem Hungrigen dein Brot, und die im Elend ohne Obdach sind, führe ins Haus! Wenn du einen nackt siehst, so kleide ihn, und entzieh dich nicht deinem Fleisch und Blut! Dann wird dein Licht hervorbrechen wie die Morgenröte, und deine Heilung wird schnell voranschreiten, und deine Gerechtigkeit wird vor dir hergehen, und die Herrlichkeit des HERRN wird deinen Zug beschließen. Dann wirst du rufen, und der HERR wird dir antworten. Wenn du schreist, wird er sagen: Siehe, hier bin ich“ (Jes 58,6–9a).

Auch bei Tritojesaja bleibt die Gerechtigkeit des Volkes ein Geschenk Gottes; allerdings ein Geschenk, das im tätigen und praktischen Verhalten gelebt werden muß, damit es wirksam bleibt. Jes 64,4f zeigt die tiefe Spannung, in der das

43 Crüsemann, Jahwes Gerechtigkeit, 447; dort weiter: „Traditionsgeschichtlich werden hier zwei bis dahin getrennt verlaufende Linien des Redens von ṣᵉdāqā verbunden: Die aus Weisheit und Prophetie bekannt Forderung von menschlicher ṣᵉdāqā mit der vom Einzelnen im Kult erfahrenen, von Dtjes ins Eschatologische und Universale gewendeten ṣᵉdāqā Jahwes als Heilstat.“

Volk lebt: „Du begegnetest denen, die Gerechtigkeit übten und auf deinen Wegen deiner gedachten. ... Aber nun sind wir alle wie die Unreinen und alle unsere Gerechtigkeit ist wie ein beflecktes Kleid. Wir sind alle verwelkt wie die Blätter und unsere Sünden tragen uns davon wie der Wind." Es bleibt nur die Zuflucht bei Gott selbst: „Aber nun, HERR, du bist doch unser Vater! Wir sind Ton, du bist unser Töpfer, und wir alle sind deiner Hände Werk. HERR, zürne nicht so sehr und gedenke nicht ewig der Sünde! Siehe doch an, daß wir alle dein Volk sind!" (V. 7f).

Gottes Gerechtigkeit muß zur Gerechtigkeit des Volkes werden; dessen „Rechtfertigung" liegt allein darin, daß Gott sein heilvolles Ja zu ihm spricht. Daß es von diesem Ja lebt und sein Tun von ihm gestalten läßt, das vergegenwärtigt Gottes Ja zu dieser Welt vor allen Völkern.[44]

3. Rechtfertigung – Freispruch und Anerkennung

Daß Gott seine Gerechtigkeit erweist, ist gleichermaßen die Hoffnung Israels in heilloser Situation wie die vieler Menschen, die sich im Gebet zu Gott wenden, um bei ihm Rechtshilfe zu suchen. Daß Gott in seiner Gerechtigkeit den Bedrängten Recht schafft, das ist ihre „Rechtfertigung", die Neubegründung ihrer Existenz vor Gott und den Menschen. Um zu verstehen, was Altes und Neues Testament mit „Rechtfertigung" meinen, ist es wichtig zu wissen, wie in Israel Gerichtsverfahren durchgeführt und Urteile gefällt wurden.[45]

Das alte Israel kennt kein Justizsystem, durch das Vergehen in der Gesellschaft verfolgt und zur Anklage gebracht wurden. Wo durch das Verhalten eines Mitbürgers das Zusammenleben der Gemeinschaft verletzt war, mußte einer der Mitbürger Anklage erheben. Entschieden wurde der Streitfall durch ein ad-hoc zusammengerufenes Gericht von rechtsfä-

---

44 Vgl. Jes 61,10f; 62,1f und als parallele Tradition Hos 2,20–22.

45 Vgl. L. Köhler, Rechtsgemeinde, 143–172; H.J. Boecker, Redeformen; ders., Recht und Gesetz, 20–43; H. Niehr, Rechtsprechung.

higen Bürgern des Ortes „im Tor".[46] Gegenstand der Entscheidung war nicht nur der Tatbestand der Anklage. Der Streitfall als solcher belastete die Gemeinschaft. Entweder hatte der Angeklagte durch sein falsches Verhalten die Gemeinschaft geschädigt oder der Ankläger durch eine falsche Anklage. Das alttestamentliche Gerichtsverfahren dient nicht dazu, die an einer vorgegeben Norm gemessene Gerechtigkeit durchzusetzen; sie schlichtet vielmehr zwischen Ankläger und Angeklagtem. Es muß öffentlich festgestellt werden, wer im Recht ist und wer nicht.[47] Dtn 25,1 beschreibt das Verfahren kurz und bündig so: „Wenn eine Streitsache zwischen Männern ist und sie vor Gericht kommen und man sie richtet, so soll man den, der im Recht ist, gerecht sprechen und den Schuldigen schuldig sprechen."

Der positive Urteilsspruch lautete: „Du bist gerecht" oder besser übersetzt: „Du bist im Recht. Du hast dich richtig verhalten" (Spr 24,24). Dieses Urteil wurde entweder von den Richtern oder von einem der Prozeßbeteiligten gesprochen, bei dem es zwangsläufig mit dem Eingeständnis verbunden ist, selber im Unrecht zu sein. „Sie ist im Recht, nicht ich", sagt Juda über Tamar (Gen 38,26), und Saul, durch den Großmut Davids überführt, sagt: „Du bist im Recht, nicht ich" (1. Sam 24,18).

Für den Angeklagten bedeutete dies zunächst, „in aller Form, vor aller Augen und Ohren von dem Makel der auf ihm lastenden Anklage befreit" zu sein.[48] Damit ist die Unschuld erwiesen, und an manchen Stellen, wie z.B. in 1. Kön 10,9, kann die entsprechende Formel auch nur mit „ihr seid unschuldig" übersetzt werden. Aber das ist die Ausnahme, und grundsätzlich bedeutet das Urteil „du bist gerecht" mehr als nur Freispruch. Nicht die doppelte Negation („du bist nicht schuldig") bestimmt das Urteil, sondern die positive

46 Vgl. Ruth 4,1–12; dabei gab es keinen grundlegenden Unterschied zwischen Zivil- und Strafprozeß, vgl. Jer 26,10–19.

47 Vgl. Boecker, Redeformen, 122ff, und das oft zitierte Diktum von Köhler: „Richten heißt für sie [die hebräische Rechtsgemeinde] Schlichten" (aaO. 150).

48 H.J. Boecker, Redeformen, 124.

Feststellung: „Du hast dich richtig verhalten. Du bist im Recht.“ Der Freispruch ist zugleich Rechtfertigung des Angeklagten und mehr als das: „Der Angeklagte ist damit als vollgültiges Glied der Gemeinschaft anerkannt.“[49] Für den altorientalischen Menschen „ist die öffentliche Anerkennung der ihm zukommenden Stellung in der Gesellschaft lebensnotwendig“.[50] Wer in ein Gerichtsverfahren verwickelt wird, ist damit in seiner Existenz bedroht. Aufgabe der Richter ist es, „denjenigen, der sich keines Gemeinschaftsbruches schuldig gemacht hat, als gemeinschaftstreu herauszustellen und ihm seinen gebührenden Platz in der Gemeinschaft wieder öffentlich zuzuerkennen“.[51]

Das ist auch der Grund, warum die Gesellschaft so gefährdet ist, wenn ein Schuldiger Recht bekommen sollte. Denn damit hat man nicht nur aus Versehen einen Übeltäter laufen lassen, sondern jemand in die Gemeinschaft integriert, der sie zugleich durch sein gemeinschaftswidriges Verhalten im Kern gefährdet. Umgekehrt gilt: Wer nicht Recht erhält, hat nicht nur einen Prozeß verloren, sondern steht außerhalb der Rechtsgemeinschaft, der Basis jeder sozialen Existenz. Nicht rechtsfähige Personen, für die niemand eintrat (z.B. Witwen, Waisen und Fremde), und Leute mit geringem Ansehen waren sehr leicht in dieser Gefahr.

Da das Gerichtsverfahren relativ formlos vonstatten ging, werden oft auch andere Auseinandersetzungen zwischen Konfliktparteien in den Kategorien der Rechtssprechung beschrieben. Das Beispiel Sauls in 1. Sam 24,18 wurde schon genannt. Aber auch in der Auseinandersetzung zwischen Gott und dem Pharao in Ex 9 bekennt sich der König nach der siebten Plage mit der exakten Formulierung des überwundenen Prozeßgegners als geschlagen: „Diesmal habe ich mich versündigt; der HERR ist im Recht, ich aber und mein Volk sind schuldig“ (V. 27).

Im Rückblick auf die Zerstörung Jerusalems und die Deportation seiner Oberschicht nach Babylonien ringt auch die

49 H.J. Boecker, Redeformen, 132.
50 K. Koch, Wesen und Ursprung, 113.
51 Koch, aaO.

exilische und nachexilische Gemeinde mit der Frage, ob Jahwe sich gemeinschaftsgerecht verhalten hat, als er zuließ, daß Jerusalem zerstört wurde. Die Antwort, die in den Klageliedern gegeben wird, lautet: „Jerusalem hat sich versündigt" (1,8) und deshalb bekennt Zion: „Der HERR ist gerecht, denn ich bin seinen Worten ungehorsam gewesen" (1,18).[52]

Diese Situation ist auch der Hintergrund, auf dem man im Alten Testament damit beginnt, nach der Rechtfertigung des einzelnen zu fragen. Die Vorstellung, daß sich alle vor Gott in einem letzten Gericht zu verantworten haben werden, ist ja dem AT an sich fremd.[53] Es gibt aber eine Stelle, an der sich ein Israelit immer wieder vor Gott zu prüfen hatte, ob er Gott gegenüber „gemeinschaftsfähig" war. Schon lange haben die Ausleger erkannt, daß Psalm 15 eine Art „Tempeleinlaßliturgie" darstellt.[54] Die Pilger kommen zum Tempel und fragen vor dem Tor: „HERR, wer darf weilen in deinem Zelt? Wer darf wohnen auf deinem heiligen Berge?" Darauf antwortet der Priester: „Wer untadelig lebt und Gerechtigkeit übt, und die Wahrheit redet von Herzen, der mit seiner Zunge nicht verleumdet, wer seinem Nächsten nichts Arges tut und seinen Nachbarn nicht schmäht; wer die Verworfenen für Nichts achtet, aber ehrt die Gottesfürchtigen; wer seinen Eid hält, auch wenn es ihm schadet; wer sein Geld nicht auf Zinsen gibt und nimmt nicht Geschenke wider den Unschuldigen. Wer das tut, wird nimmermehr wanken."[55] Oder – wie Ps 24,5 die Folge formuliert: Wer das tut, „der wird den Segen vom HERRN empfangen und Gerechtigkeit von dem Gott seines Heils".[56]

52 Vgl. Neh 9,33: „Du bist gerecht in allem, was über uns gekommen ist, denn du hast Recht getan, wir aber sind gottlos gewesen." Ähnlich Dan 9,14.

53 Vielleicht angedeutet in Dan 12,2.

54 Vgl. G. v. Rad, „Gerechtigkeit" und „Leben", 225–247; K. Koch, Tempeleinlaßliturgien, 169–183. Skeptisch gegenüber dieser Gattungsbestimmung ist H. Spieckermann, Heilsgegenwart, 201f, A. 13.

55 Vgl. Ps 24,3–5; Dtn 26,12–15; Jes 33,15f; Ez 18,2–9. Alle diese Texte bezeugen sehr eindrucksvoll, daß es in Israel grundsätzlich keinen Bruch zwischen kultischer Reinheit und sozialer Rechtschaffenheit gibt.

56 Spieckermann, aaO. 204, übersetzt ṣᵉdaqa hier mit „Rechtfertigung".

Eine individuelle Prüfung, ob diese Bedingungen erfüllt sind, scheint es nicht gegeben zu haben. Frage und Antwort waren zur Selbstprüfung gedacht, also eine Art „Beichtspiegel". Grundsätzlich setzte die Einlaßliturgie die „unfragliche Rechtschaffenheit" der Pilger voraus.[57] Diese kollektive Gewißheit war durch die Schriftpropheten in Frage gestellt und durch das Geschehen der Zerstörung des Tempels und des Exils zerbrochen worden. Und gerade auf dem Hintergrund des Verständnisses einer kollektiven Verantwortung bricht nun die Frage auf, ob Gott mit seinem Gericht den einzelnen wirklich gerecht wird. Diese Frage wird programmatisch in Ez 18 und 33 aufgegriffen. Der Prophet zitiert Schlagworte, die im Volk umlaufen. Da gibt es Leute, die sagen: „Der Herr handelt nicht recht" (18,25.29; 33,17.20). Andere sagen: „Die Väter essen saure Trauben, aber den Kindern werden die Zähne davon stumpf" (18,2). Und wieder andere klagen: „Unsere Sünden und Missetaten liegen auf uns, daß wir darunter vergehen; wie können wir denn leben?" (33,10). Auflehnung und Resignation gehen offensichtlich ineinander über.

Die Antwort, die der Prophet darauf im Auftrag Gottes gibt, ist ein leidenschaftliches Plädoyer für das Leben: „So wahr ich lebe, spricht Gott der HERR: Ich habe keine Gefallen am Tod des Gottlosen, sondern daß der Gottlose umkehre von seinem Wege und lebe. So kehrt nun um von euren bösen Wegen. Warum wollt ihr sterben, ihr vom Hause Israel?" (33,11; vgl. 18,23.31).[58]

Zugleich aber wird eingeschärft, daß das Tun von „Recht und Gerechtigkeit" und die Lebenszusage aufs engste miteinander verbunden sind. Nach der Aufzählung einer Reihe grundlegender sozialer und kultischer Gebote, vergleichbar

57 So Koch, aaO. 182.

58 Ich habe hier ausnahmesweise Luthers Übersetzung „Gottloser" für das hebräische rš' stehen lassen, das im Rahmen des Gerichtsverfahrens den bezeichnet, der schuldig ist, und sonst – vor allem in den Psalmen – den „Frevler", der gegen Gottes Willen handelt. Hier bringt die Übersetzung Luthers, die den Sprachgebrauch der griechischen Bibel und von Röm 4,5 aufnimmt, sehr gut zum Ausdruck, daß sich der, der sich von der Gerechtigkeit abwendet, auch von Gott lossagt.

der in Ps 15, sagt der Prophet von dem, der danach tut: „Er ist gerecht, er soll leben, spricht Gott der HERR" (Ez 18,9). Darin steht jeder in eigener Verantwortung vor Gott (V. 10–18). Nicht nur die Haftung der Generationen füreinander ist als unausweichliches Verhängnis aufgehoben,[59] selbst in der eigenen Lebenszeit soll ein Mensch die Chance haben, umzukehren und den Weg zum Leben zu finden.

Eine ganze Reihe von Beobachtungen an diesem Text sind für unseren Zusammenhang wichtig. Eindrücklich ist noch einmal die Verbindung von Gerechtigkeit und Leben. Die Lebenszusage beschreibt ja nicht eine göttliche Belohnung, und die Bedrohung mit dem Tod meint nicht eine von außen kommende Vergeltung; beides entfaltet vielmehr das, was im Tun der Gerechtigkeit bzw. des Unrechts schon eingeschlossen liegt. Das ist in der Spruchweisheit immer wieder herausgestellt worden: „Gerechtigkeit führt zum Leben; aber dem Bösen nachjagen führt zum Tode" (Spr 11,19) oder „Auf dem Wege der Gerechtigkeit ist Leben, aber böser Weg führt zum Tode" (Spr 12,28).

Fragt man nach dem Inhalt dieser Lebensverheißung, ist zu bedenken, daß im Alten Testament noch nicht explizit vom ewigen Leben gesprochen wird. „Leben", das der Gerechtigkeit entspricht, ist bewahrtes und erfülltes Leben, ein Leben, das Gott schenkt, das unter seinem Segen steht und von seiner Nähe lebt.[60] Aber da Gott „die Quelle des Lebens" ist (Ps 36,10), kann für den, der sich an ihn hält, auch der Tod keine letzte Grenze mehr sein (Ps 73,26; vgl. 63,4).

Durch den „Tun-Ergehen-Zusammenhang", der im Alten Testament vorausgesetzt wird,[61] ist die Verheißung des Lebens eigentlich schon im Tun der Gerechtigkeit begründet. Und doch bleibt sie notwendigerweise Zusage, jenseits eines bloßen Automatismus. Der „Tun-Ergehen-Zusammenhang"

---

59 Vgl. den älteren Grundsatz in Ex 20,5f; 32,7.

60 Vgl. W. Zimmerli, „Leben" und „Tod", 186. Ähnlich H. Ringgren, Art. ḥājāh, ThWAT 2, 885: „ein vollwertiges, reiches und glückliches Leben führen".

61 Vgl. K. Koch, Vergeltungsdogma, und – in Zusammenfassung der Kritik – B. Janowski, Die Tat kehrt zum Täter zurück, (dazu wiederum Koch, Ṣädäq-Maʿat, 57f).

ist keine neutrale Doktrin, sondern „der Ausdruck einer Hoffnung, deren Verwirklichung an die Gerechtigkeit und die Liebe Gottes zugleich gebunden ist."[62] Auch in Ez 18 bleibt die Gerechtigkeit „zugesprochene" Gerechtigkeit. Ez 18,9 ist eine typische „deklaratorische Formel", wie sie vom Priester im Tempel ausgesprochen wurde. „Er ist gerecht, er soll leben!" Weder im Prozeß im Tor noch beim Einlaß in den Tempel kann man sich selbst für gerecht erklären. „Was Gerechtigkeit ist, und wer gerecht ist, das bestimmt allein Jahwe und vor dieser Anerkennung lebt der Mensch."[63] Die Rechtfertigung als (Wieder-)Aufnahme in die Gemeinschaft und Zulassung zum Ort der Gegenwart Gottes ist „Gnade" – nicht im abendländischen Sinn, daß Gnade vor Recht gehen mag, sondern im biblischen Sinne, daß das Lebensrecht eines Menschen in der „Zuwendung" Gottes und der Menschen seine Bestätigung und Erfüllung findet.[64] Deshalb ist im Alten Testament Gerechtigkeit zugleich Voraussetzung und Geschenk in der Begegnung mit Gott.[65]

Gerechtigkeit wird also „zugerechnet" (Gen 15,6). Dieses Wort stammt nicht aus der Sprache des Verrechnungswesens, sondern aus dem Bereich des Kultes und beschreibt den Vorgang, daß ein Priester ein Opfertier als kultfähig deklariert.[66] Gerade weil die „Kultfähigkeit" des Volkes, und damit auch ihre Gemeinschaftsfähigkeit für Gott, nicht nur von der Erfüllung einzelner Gebote, sondern von der feierlichen „Gerechtsprechung" am Eingang zum Tempel abhing, kann dieses Wort der priesterlichen Deklaration dann auch verwendet werden, wo ausdrücklich ein bestimmtes Verhalten als „Gerechtigkeit" vor Gott deklariert wird. So zum Beispiel im Blick auf das Gericht, das Pinhas vollzog (Ps 106,30f), vor allen Dingen aber im Blick auf Abraham in Gen 15,6 mit dem

62 J. Ebach, Art. Hiob, TRE 15, 367.

63 G.v. Rad, Theologie I, 391. Kritisch zur Annahme einer deklaratorischen Formel J. Schreiner, „Deklaratorische Formel" (bes. 285).

64 Zu dieser Bedeutung von hebr. ḥæsæd vgl. H.-J. Stoebe, Art. ḥæsæd, THAT I, 600–621; H.-J. Zobel, Art. ḥæsæd, ThWAT 3, 48–71 (bes. 56f).

65 Vgl. Hos 10,12; Ps 24,5; Spr 21,21.

66 Vgl. G. v. Rad, Anrechnung; W. Schottroff, Art. ḥšb, THAT I, 645.

berühmten Wort: „Abram glaubte dem HERRN, und das rechnete er ihm zur Gerechtigkeit." Hier scheint nun freilich ein Schritt in eine ganz neue Richtung vollzogen: Obwohl auch der Glaube Abrahams als ein menschliches Verhalten beschrieben werden könnte, das bei Gott Anerkennung findet, liegt doch „alles Gewicht [...] auf Gott und seiner Verheißung. Das einzig mögliche Verhalten des Menschen gegenüber der Verheißung ist das des Glaubens, des Entgegennehmens, des sich Einlassens auf die Verheißung."[67] So wird hier der Glaube Abrahams nicht als „Leistung" verstanden. Der Text geht innerhalb der israelitischen Glaubensgeschichte gerade von der Einsicht aus, „daß jede Basierung von Gerechtigkeit auf dem menschlichen Verhalten sich als unmöglich erwiesen hat. Darum wird Abraham die Gerechtigkeit in einem unvermittelten deklaratorischen Akt durch Gott zugesprochen."[68]

Dieser deklaratorische Akt bedeutet gerade nicht die Feststellung, „daß Abraham sich wegen seiner sittlichen Rechtlichkeit im Zustand der Gerechtigkeit befindet" und er, weil seine Beziehung „zu Jahwe nach jeder Hinsicht in Ordnung ist [...,] im Zustand göttlichen Heils lebt".[69] Gerade der Vergleich mit Ez 18,9 zeigt, daß die Anrechnung des *Glaubens* als Gerechtigkeit die göttliche Lebenszusage in eine neue Dimension stellt und allein mit der Beziehung zu Gott begründet.[70] Es ergibt sich die für den ganzen alten Orient einzigartige Erkenntnis, „daß Gerechtigkeit und das durch sie ermöglichte Leben als Gabe Gottes entgegenzunehmen ist, und daß nicht das menschliche Verhalten, sondern die göttliche Gabe der Gerechtigkeit zur Grundlage des Lebens wird."[71]

---

67 H.H. Schmid, Gerechtigkeit und Glaube, 408.

68 Aao.; ähnlich D. Michel, Ansehen des Gaubens, 113; eine ganz andere Deutung bei M. Oeming, Genesis 15,6,182–197; R. Mosis, „Glauben" und „Gerechtigkeit", 225–257; H.D. Preuß, Theologie des AT II, 172f.

69 Gegen H. Groß, „Rechtfertigung", 20.

70 Vgl. R. Stahl, Die glaubenden Gerechten, 250: Im Glauben „wird der Grund für die Gerechtigkeit gesehen. Seine Identität als ‚Volk' gewinnt Israel aus der Rechtfertigung, die ihm von Gott in Korrelation zur sich an Gott festmachenden Lebensexistenz zuerkannt wird."

71 Schmid, aaO. 408.

„Rechtfertigung“ in diesem Sinne bedeutet also nicht die Feststellung, daß jemand im Recht ist und darum zur Gemeinschaft gehört, sondern die frei gewährte Zusage der Gemeinschaft mit Gott, durch die einem Menschen von Gott gesagt wird: „Du bist mir recht“ und die diese Gemeinschaft erst begründet.

4. Rechtfertigung Gottes und Rechtfertigung des Sünders

Um zu verstehen, was im Alten Testament Rechtfertigung bedeutet, müssen wir noch eine andere Dimension dieser Frage bedenken. Wo Menschen in Israel nach der Geltung ihres Lebens vor Gott fragen, wo sie angesichts von Anfechtung, Leiden oder Unglück mit der Frage ringen, ob Gott sie als ihm zugehörig anerkennt, da bricht auch die Frage nach Gott und seiner Rechtfertigung auf. Die Infragestellung des Menschen ist auch die Infragestellung seines Gottes und der Beziehung zu ihm. „Wo ist nun dein Gott?“ fragen seine Widersacher (Ps 42,4.11).[72] Die Rechtfertigung des Beters ist darum auch die Rechtfertigung des Gottes, zu dem er sich bekennt. Der Bitte um Vergeltung an den Feinden entspricht nicht nur der Wunsch nach persönlicher Genugtuung, sondern auch die Notwendigkeit, daß geklärt wird, auf welcher Seite Gott steht und ob er die Macht hat, sein Recht durchzusetzen.[73]

Die Frage nach der Schuld

Diese Frage stellt sich in aller Schärfe nach der Zerstörung Jerusalems und im Exil. Zwar gab die Gerichtsbotschaft der vorexilischen Propheten einen Schlüssel, um die Katastrophe zu erklären und die „Erfahrung des Untergangs gültig zu deuten“: „Nicht der Gott hatte versagt, sondern im Gegenteil hatte er sich als Herr der Geschichte erwiesen, indem er sel-

---

72 Vgl. auch Ps 79,10; 115,2; Jl 2,17 als Anfrage der Heiden.

73 Vgl. Ps 79,10–12 (und Offb 6,10!); dazu Reventlow, Rechtfertigung, 101f.

ber gegen die Treulosigkeit seines Volkes eingeschritten war."[74]

Aber diese Erkenntnis war nicht unangefochten. Denn die Katastrophe traf ja nicht nur das Volk; der Tempel war zerstört, viele waren in ein Land verbannt, dessen Götter mächtiger schienen, und dies, obwohl sich gerade kurz vor der Katastrophe im Volk die Erkenntnis durchzusetzen begann, daß Jahwe der einzige Gott sei und ausschließlich in Jerusalem verehrt werden sollte. So stellte sich die Frage nach der „Gerechtigkeit" Gottes, nach seiner Treue zu sich selbst und zu seinem Volk in doppelter Schärfe.[75]

Das spiegelt sich besonders in der Verkündigung der exilischen Propheten wider. Bei den Exilspropheten tauchen Redeformen auf, in denen der Prophet im Volk umlaufende Schlagworte aufgreift und widerlegt.[76] Da wird der Vorwurf zitiert: „Der HERR handelt nicht recht"[77], oder das Schlagwort: „Die Väter essen saure Trauben, und den Kindern werden die Zähne stumpf"[78], oder als Klage Israels: „Mein Weg ist dem HERRN verborgen, und mein Recht geht vor meinem Gott vorüber",[79] oder „Der HERR hat mich verlassen, der HERR hat meiner vergessen" (Jes 49,14).

Die Antworten auf dies Anfragen und Klagen sind vielgestaltig. Ez 18 und 33 haben wir schon oben besprochen. Bei Deuterojesaja liegt aller Nachdruck auf dem Zuspruch der unbegrenzten Schöpfermacht Gottes, die sich gerade den Müden und Ohnmächtigen zuwendet (40,28–31). Gott gibt

---

74 Ch. Levin, Altes Testament und Rechtfertigung, 168f.

75 Dazu L. Perlitt, Anklage und Freispruch Gottes; und Ch. Levin, aaO., der schreibt: „Die spätalttestamentliche Theologie kann man cum grano salis als eine Rechtfertigungslehre verstehen; mit dem Unterschied, daß im Neuen Testament die Rechtfertigung des *Menschen* im Vordergrund steht, im Alten Testament die Rechtfertigung *Gottes*" (169).

76 Zur unterschiedlichen Beurteilung dieser Redeform vgl. H.-J. Hermisson, Diskussionsworte.

77 Wörtl.: „Der Weg des Herrn ist nicht recht" (Ez 18,25; 33,17).

78 Jer 31,29; Ez 18,2; vgl. Klgl 5,7: „Unsere Väter haben gesündigt und leben nicht mehr. Wir aber müssen ihre Schuld tragen."

79 Jes 40,27; „Weg" ist hier das Geschick des Volkes (vgl. 48,17) und „Recht" sein „Lebensrecht" – nicht im Sinne eines Anspruchs, wohl aber als von Gott selbst „zugesprochener Willensentscheid, wie es weitergehen soll", K. Elliger, Dtjes, 97.

sein Volk nicht auf, sowenig eine Mutter ihr Kind vergißt (49,15–17). Die Zusage der unverbrüchlichen Treue Gottes soll alle Resignation überwinden.

Wo diese Treue bestritten wird, greift der Prophet auch Formen der Gerichtsrede auf, in denen sich Gott mit Anklagen und Vorwürfen des Volkes auseinandersetzt (vgl. 42,18–25; 43,22–28; 50,1–3) und die Macht fremder Götter bestreitet (41,1–5.21–29; 43,8–13; 44,6–8). In diesem Zusammenhang ist noch einmal Jes 45,18–25 zu erwähnen, das zu diesen Gerichtsreden gehört. Die „Entronnenen der Völker" werden aufgerufen, zu erkennen, daß Jahwe „ein gerechter [=heilvoller] und rettender Gott ist", wie es keinen anderen gibt. Darum werden sie in großer Dringlichkeit aufgefordert, sich diesem Gott zuzuwenden und sich retten zu lassen, ihn offen als Gott anzuerkennen und dabei zu bekennen: „Nur bei Jahwe sind Gerechtigkeit [wörtl. Plural = Heilstaten] und Macht." Indem die Völker so Gott recht geben, kommt auch Israel zu seinem Recht.[80] Die Rechtfertigung Gottes ist auch die Rechtfertigung seines Volkes – aber dies geschieht gerade unter der Voraussetzung, daß Gottes Heilshandeln allen gilt.[81]

In diesem Prozeß der Neuformulierung der Botschaft wird auch die Frage nach der Schuld laut, die das Volk von seinem Gott trennt und aus der Gemeinschaft mit ihm ausschließt. In einem „normalen" Gerichtsverfahren würde ja der Unschuldige freigesprochen und der Schuldige verurteilt werden. Das wird auch von Gott erwartet (1. Kön 8,33). Und obwohl das Verurteilen nicht das Hauptziel des alttestamentlichen Gerichtsverfahren ist, sondern das „ins Recht setzen",[82] gehört doch zum „Richten" Gottes auch das „Strafen". Indem Gott zwischen Recht und Unrecht, Gerechten und Frevlern unterscheidet, bringt er die wahre Gerechtigkeit ans Licht (Jer 51,9f; Ps 37,6). Dennoch kennt das Alte Testament keine

---

80 Vgl. zu V.25 Crüsemann, Jahwes Gerechtigkeit, 445f.

81 In diesem Sinne wird V.23 in Röm 14,11 und Phil 2,10f wieder aufgenommen.

82 Vgl. Niehr, ThWAT 8,417, und die Beobachtung von Boecker, Redeformen, 135, daß keine „der positiven Urteilsformulierung entsprechende Anrede an den Schuldigen" [„du bist schuldig"] im AT überliefert ist.

strafende Gerechtigkeit oder höchstens am Rande.[83] Gegen Unrecht und Schuld wendet sich Gottes Zorn, seine innerste Abwehr gegen alles, was seinem Wesen nicht entspricht.[84] Denen aber, die sich seinem Reden und Handeln öffnen, gilt seine Gerechtigkeit. Was aber geschieht dann mit der Schuld, deren unverarbeitete Wirklichkeit für die Menschen eine tödliche Gefährdung darstellt?[85]

Auf diese Frage gibt es unterschiedliche Antworten – auch innerhalb der Prophetie Deuterojesajas. So soll in dem großen einleitenden Trostwort der Stadt Jerusalem gesagt werden, „daß ihre Knechtschaft ein Ende hat, daß ihre Schuld vergeben ist; denn sie hat doppelte Strafe empfangen von der Hand des HERRN für alle ihre Sünde" (40,2).[86] Das Volk hat im Exil den „Kelch des Zornes geleert" (51,17.22) – aber nicht „um einer höheren Gerechtigkeit zu genügen"[87], sondern, weil es sich ihn sich selber eingeschenkt hat. Aber all das soll jetzt ein Ende haben, weil Gott sagt: Es ist genug!

Zugleich aber wendet sich der Prophet in Jes 43,22–28 im Namen Jahwes gegen den Vorwurf, das Volk habe sich so viel Mühe und Arbeit mit seinen Schuldopfern und Opfergaben

---

83 Dieser Punkt gehört zu den ungeklärten Streitfragen unseres Themas. Während v. Rad (Theologie AT I, 389) und K. Koch (THAT II, 518) erklären, eine „strafende Gerechtigkeit" wäre ein Widerspruch in sich selbst, möchten andere diese Dimension nicht völlig ausschließen (Reventlow, Rechtfertigung, 36; J. Scharbert, TRE 12, 409). Allerdings sind es nur drei bis vier Stellen, wo ṣdq möglicherweise als Ausdruck für eine strafende Gerechtigkeit steht: Jes 5,16; 10,22; (28,17); Zef 3,22. šft für verurteilendes Richten ist häufiger, vgl. H. Niehr, ThWAT 8, 426f; Liedke, THAT II, 1002, 1006.

84 In diesem Sinne ist Gottes Zorn „etwas schlechthin Notwendiges" (C. Westermann, Boten des Zornes, 153), und gewissermaßen der negative Komplementärbegriff zu Gerechtigkeit Gottes (Ps 103,6.9). Gottes Zorn kann Ausdruck des „Richtens" Gottes sein, aber nicht seiner Gerechtigkeit, vgl. Dan 9,16: „Um all deiner Gerechtigkeit willen wende ab deinen Zorn und Grimm."

85 Vgl. zu dieser Grundfrage H. Gese, Sühne.

86 „Doppelte Strafe" bedeutet „den vollen Betrag, d.h. das Zwiefache ihrer Schuld, nämlich erstens die Schuld selbst und zweitens den rechtsüblichen Schadenersatz, zahlt Jahwe heim". Jahwe hat Israel seine Schulden „nach Gesetz und Recht voll decken lassen" (Elliger, Dtjes, 16).

87 So wieder K. Seybold, Art. Gericht Gottes I, TRE 12, 1984, 462f.

gemacht, er aber habe dies nicht honoriert. Das weist Jahwe zurück: „Ich habe dir nicht Arbeit gemacht mit Opfergaben ... aber mir hast du Arbeit gemacht mit deinen Sünden und hast mir Mühe gemacht mit deinen Missetaten. Ich tilge deine Übertretungen um meinetwillen und gedenke deiner Sünden nicht“ (V. 23b.24b.25). Zu dieser „Verarbeitung“ der Sünden Israels gehört auch der Vollzug des Gerichts über dem Volk (V. 28).[88]

Eine ganz neue Perspektive taucht auf, wenn Jes 43,3b.4 davon spricht, daß Gott in seiner Liebe zu seinem Volk andere Länder als Lösegeld gibt, um Israel aus Schuldgefangenschaft und Todesverfallenheit herauszulösen.[89] Kann Schuld dadurch verarbeitet werden, daß sie stellvertretend übernommen wird? Das ist die Botschaft im vierten Gottesknechtslied in Jes 52,13–53,12. Das zunächst unverständliche Geschick des Knechts Gottes wird angesichts seiner Deutung durch das prophetische Wort als stellvertretendes Leiden für das Volk erkannt: „Fürwahr, er trug unsere Krankheit und lud auf sich unsere Schmerzen. Wir aber hielten ihn für den, der geplagt und von Gott geschlagen und gemartert wäre. Aber er ist um unserer Missetat willen verwundet und um unserer Sünde willen zerschlagen. Die Strafe liegt auf ihm, auf daß wir Frieden hätten, und durch seine Wunden sind wir geheilt“ (53,4f).

V. 10–12 erläutern Sinn und Ziel dieses Geschehens: Weil der Knecht sein Leben als „Schuldtilgung“[90] eingesetzt hat, kann der „Plan Jahwes“ gelingen, den er mit seinem Knecht zum Heil Israels und der Völker hatte. Denn weil der Knecht die Sünden vieler trug, sein Leben in den Tod gab und sich unter die Frevler, die von Gott abgefallen sind, rechnen ließ, darum „macht er die vielen gerecht“ (V. 11f). Nicht „um einer höheren Gerechtigkeit zu genügen“ ist sein Lebenseinsatz

88 Zu diesem Zusammenhang zwischen V. 25 und 28 vgl. Elliger z.St.

89 Dazu B. Janowski, Auslösung des verwirkten Lebens.

90 Der Begriff „Schuldopfer“ führt irre: Es geht bei dem Wort 'ašam nicht um ein kultisches Opfer, sondern um eine „Schuldverpflichtung“, vgl. R. Knierim, Art. āšām, THAT I, 251–257; B. Janowski, Er trug unsere Sünden.

nötig. Es geht um das Durchbrechen des immer wieder neu wirksamen Zirkels von Schuldverleugnung, Schuldverschiebung und unbewältigter Schuldverhaftung. Indem der Knecht die Schuld der vielen auf sich nimmt, leistet er das, was sonst im Prozeß die Verurteilung des Schuldigen bewirkt: Das Kenntlichmachen und Unschädlichmachen von Unrecht.[91] Darum ist beides wichtig: Die tatsächliche Aus-Wirkung geschehener Schuld im Leiden des *einen* und das Erkennen der eigenen Schuld aus der Distanz ihres Getragenseins bei den vielen.[92] Dadurch daß er ihre Schuld (und Strafe – im Hebräischen das gleiche Wort!) übernimmt, setzt der Knecht „die vielen" wieder ins Recht und entläßt sie aus der Schuldverhaftung in eine erneuerte, heilvolle Gemeinschaft mit Gott.[93]

Keine eigene Gerechtigkeit

Das nachexilische Judentum hat diese Konzeption der Schuldverarbeitung nicht weiter verfolgt.[94] Hier suchte man den Weg zu einer erneuerten Gemeinschaft mit Gott im Bekenntnis der eigenen Schuld und der Anerkenntnis, daß Gott

---

91 B. Janowski, aaO. 19f beschreibt den Vorgang so: Jahwe „läßt einen *fremden Tun-Ergehen-Zusammenhang so am Gottesknecht zur Auswirkung* kommen, daß der eigentlich Schuldige, nämlich Israel, in die Position des Erretteten gelangt – während der Unschuldige daran zerbricht".

92 Dazu Janowski, aaO. 20. Auf der theologischen Ebene berührt sich das Ineinander von Distanz und Annahme der eigenen Schuld dann doch mit dem „Sündenbockmotiv", mit dem Jes 53 traditionsgeschichtlich nichts zu tun hat.

93 Der Begriff „die vielen" scheint bewußt offen zu sein. Man wird ihn in einem doppelten Horizont sehen müssen: „Weil Israel durch den Knecht zu Jahwe zurückkehrt, darum wird der Plan Jahwes durch ihn gelingen, dann kommen auch die Völker zum Heil" (H.-J. Hermisson, Der Lohn des Knechts, 287). Merkwürdigerweise versucht kaum eine der vielen Auslegungen zu Jes 53, die genaue Bedeutung der im AT ganz einzigartigen Verbindung von Stellvertretung und Gerechtsprechung zu erläutern (vgl. aber J. Blank, Gottesknecht, 72–74; B. Johnson, ThWAT 6, 921f).

94 Dan 12,3, „die viele zur Gerechtigkeit weisen", ist keine inhaltliche Parallele zu Jes 53,11b. Vgl. W. Zimmerli, Alttestamentliche Prophetie, 590.

auch im Gericht an seinem Volk recht gehandelt hat. In einer sog. „Gerichtsdoxologie“[95] bekennt das Volk: „Der HERR ist gerecht, denn ich bin seinem Wort ungehorsam gewesen“ (Klgl 1,18). Gerade aus diesem Bekenntnis erwächst dann die Zuversicht, sich auch angesichts des Gerichts der unverbrüchlichen Treue Gottes und seinem unerschöpflichen Erbarmen anvertrauen zu dürfen (vgl. Klgl 3,22). Dieses Motiv findet sich immer wieder in den großen Bußgebeten der nachexilischen Schriften, wo im Rückblick auf die Geschichte des Volkes gesagt wird: „Du bist gerecht in allem, was du über uns gebracht hast; denn du hast Recht getan, wir aber sind gottlos gewesen“ (Neh 9,33; vgl. Esra 9,15). Das schließt aber nicht das gleichzeitige Bekenntnis aus: „Aber nach deiner großen Barmherzigkeit hast du mit ihnen nicht ein Ende gemacht, noch sie verlassen; denn du bist ein gnädiger und barmherziger Gott“ (Neh 9,31). Mit am eindrücklichsten sind diese Motive in Dan 9 miteinander verwoben:

„Und nun, HERR, unser Gott, der du dein Volk aus Ägyptenland geführt hast mit starker Hand und hast dir einen Namen gemacht, so wie es heute ist: wir haben gesündigt, wir sind gottlos gewesen. Ach HERR, um aller deiner Gerechtigkeit willen wende ab deinen Zorn und Grimm von deiner Stadt Jerusalem und deinem heiligen Berg. Denn wegen unserer Sünden und wegen der Missetaten unserer Väter trägt Jerusalem und dein Volk Schmach bei allen, die um uns her wohnen. Und nun, unser Gott, höre das Gebet deines Knechtes und sein Flehen. Laß leuchten dein Antlitz über dein zerstörtes Heiligtum um deinetwillen, HERR! Neige dein Ohr, mein Gott, und höre, tu deine Augen auf und sieh an unsere Trümmer und die Stadt, die nach deinem Namen genannt ist. Denn wir liegen vor dir mit unserm Gebet und vertrauen nicht auf unsre Gerechtigkeit, sondern auf deine große Barmherzigkeit“ (V. 15–18).[96]

Aus der Rechtfertigung Gottes und dem Verzicht auf jeden Anspruch auf eigene Gerechtigkeit erwächst die Hoffnung

---

95 Das Urbild einer „Gerichtsdoxologie“ im Gerichtsverfahren steht in Jos 7,19, wo Josua zu Achan sagt: „Mein Sohn, gib dem HERRN, dem Gott Israels, die Ehre und bekenne es ihm und sage mir, was du getan hast.“ Vgl. dazu G.v. Rad, Theologie AT I, 369.

96 Vgl. W. Zimmerli, Atl. Prophetie, 585ff; R. Stahl, Die glaubenden Gerechten, 247f.

darauf, daß auch das sündige Volk wieder an Gottes Gerechtigkeit Anteil bekommt. Die Berufung auf die Gerechtigkeit Gottes und auf seine Barmherzigkeit stehen nicht nur nicht im Widerspruch; sie gehören zusammen, weil sie die Hoffnung auf Gottes bleibende und gnädige Zuwendung ausdrükken.

Diese Entwicklung läßt sich auch in den späteren Schichten des Deuteronomiums verfolgen. Während noch 6,25 nach der Einschärfung der Grundgebote Jahwes gesagt werden kann: „Und das wird unsere Gerechtigkeit sein, daß wir alle diese Gebote tun und halten vor dem HERRN, unserem Gott, wie er geboten hat," wird in 9,4–6 angesichts der Vertreibung der anderen Völker aus dem verheißenen Land gemahnt, nicht zu sagen: „Der HERR hat mich hereingeführt, dies Land einzunehmen, um meiner Gerechtigkeit willen."[97] In der Verwerfung jeder Berufung auf die „eigene" Gerechtigkeit in einem Buch, das mit so viel Nachdruck die Bedeutung der Gebote Gottes und ihre Befolgung für den Bund Gottes mit Israel hervorhebt, kündigen sich Motive der paulinischen Rechtfertigungslehre an.[98]

Die positive Entsprechung der Ablehnung einer Berufung auf die „eigene" Gerechtigkeit findet sich in Jer 33,14–18, wo der Messiasname „Jahwe ist unsere Gerechtigkeit" (Jer 23,6) auf Juda und Jerusalem übertragen wird und damit deutlich gemacht wird, daß allein Gott und sein Handeln Grund des Heils für sein Volk sein kann.

Ähnliche Gedanken finden sich auch dort, wo einzelne um das rechte Verhältnis zu Gott ringen. Der Beter, der Gott in Ps 143 um Erhörung und Errettung aus der Not „um deiner

---

97 Der Entwicklung zu einer „Rechtfertigungslehre" im Dtn ist G. Braulik nachgegangen: Gesetz als Evangelium; ders., Entstehung der Rechtfertigungslehre.

98 Allerdings herrscht in 9,4–6, einer Stelle, die Braulik mit N. Lohfink als „die engste terminologische und sachliche Parallele zu den paulinischen Rechtfertigungstexten" im AT bezeichnet (Gesetz, 147), zunächst die Negation vor: „Nicht um unserer Gerechtigkeit willen." Der positive Verweis auf die Gerechtigkeit Gottes fehlt, er findet sich der Sache nach in Dtn 7,7f: „Nicht hat euch der HERR angenommen und euch erwählt, weil ihr größer wäret als andere Völker ..., sondern weil er euch geliebt hat."

Gerechtigkeit willen" bittet (V. 1 u. 11), fügt zugleich an: „Und gehe nicht ins Gericht mit deinem Knecht; denn vor dir ist kein Lebendiger gerecht" (V. 2).[99] Das Wissen um das eigene Sündersein schließt freilich nicht aus, daß der Beter sein Gottesverhältnis deutlich von dem seiner Feinde unterscheidet (vgl. V.11f). Rechtfertigung des Sünders heißt noch nicht Rechtfertigung des Gottlosen – es gibt offensichtlich im Alten Testament eine ganz spezielle Variante des *simul iustus et peccator* ![100]

Radikaler scheint hier Psalm 51 zu sein. Auch hier kann der Beter Hilfe nur von Gottes gnädiger Zuwendung erwarten: „Gott sei mir gnädig nach deiner Güte und tilge meine Sünden nach deiner großen Barmherzigkeit" (V. 3). Aber er weiß zugleich, daß sein ganzes Wesen von der Sünde durchtränkt und von Beginn seiner Existenz an von ihr bestimmt ist.[101] V. 12 macht deutlich: „Nur Gottes freie, schöpferische Tat kann das Innere des Menschen erneuern."[102] Für sich selbst kann sich der Beter nur mit seiner Schulderklärung ganz dem gerechten Gericht Gottes unterwerfen und ihm recht geben.

Die Radikalität der Sündenerkenntnis und das Wissen um die totale Abhängigkeit von Gottes Hilfe führt diesen Psalm in die unmittelbare Nähe dessen, was im Neuen Testament „Rechtfertigung des Gottlosen" heißt.[103] Aber diese Hoffnung so zu benennen, würde auch für den Beter von Ps 51 einen Schritt zu weit gehen. Seine Zuversicht beruht allein darin, daß er sich in allem dem Gott anvertraut, dem er Recht gibt und dessen Gerechtigkeit er preisen will (V. 16). Das bestimmt dann auch sein Verhältnis zu anderen: „Mache mich

---

99 Vgl. Ps 130,3: „Wenn du, HERR, Sünden anrechnen willst – wer kann bestehen!"

100 Vgl. Reventlow, Rechtfertigung, 100 f.

101 V. 7: „Siehe, in Schuld bin ich geboren, und meine Mutter hat mich in Sünden empfangen", ist kein Zeugnis für eine Art „Erbsünde", wohl aber für eine „totale, von Anfang an den Menschen bestimmende Verderbnis" (Kraus, Psalmen I, 544).

102 Kraus, aaO. 546. Es ist eindrücklich, wie auch hier für Schaffen das Wort br' verwendet wird, das nur von Gottes schöpferischem Handeln gebraucht wird.

103 H.J. Kraus, Theologie, 197: „Die *iustificatio impii* kündigt sich an."

wieder froh mit deinem Heil; mit einem willigen Geist rüste mich aus! Dann lehre ich Abtrünnige deine Wege und die Sünder kehren um zu dir" (V.14f).[104]

Diese Traditionslinie hat eine eindrückliche Weiterführung in den „Lobliedern" (1QH) und im Schlußpsalm der Gemeinderegel (1QS) der Gruppe von Qumran gefunden. Hier werden die Motive der Gerichts- und Niedrigkeitsdoxologie, das Bekenntnis zur völligen Sündhaftigkeit aller Menschen mit der Hoffnung auf die Rechtfertigung durch Gottes Gerechtigkeit verbunden.[105] So heißt es in 1 QH 4,29f: Alles Fleisch „ist in Sünde von Mutterleib an und bis zum Alter in der Schuld der Treulosigkeit. Ich erkannte, daß beim Menschen keine Gerechtigkeit ist und nicht beim Menschen vollkommener Wandel." Dem wird das Bekenntnis entgegengesetzt: „Bei dir, du Gott der Erkenntnisse, sind alle Werke der Gerechtigkeit und der Rat der Weisheit, aber bei den Menschenkindern sind Dienst der Sünde und Taten des Trugs" (1 QH I, 26f).[106] Gerade darauf setzt der Beter seine Hoffnung: „Denn du sühnst Sünde und reinigst den Menschen von Verschuldung durch deine Gerechtigkeit" (1 QH 4,37). Er kann schon bekennen: „Den verkehrten Geist hast du gereinigt von großer Missetat" (1 QH 3,21).

All diese Motive werden dann im Schlußpsalm der Gemeinderegel eindrücklich verbunden: „Was mich betrifft, so steht meine Rechtfertigung[107] bei Gott und in seiner Hand die Vollkommenheit meines Wandels mitsamt der Geradheit meines Herzens, und durch seine Gerechtigkeit wird meine Sünde getilgt" (1 QS 11,2f). Der Beter rühmt dann die Teilnahme der Erwählten Gottes an der himmlischen Ratsver-

---

104 Ein Beispiel für ein solches Bekenntnis zeigt Ps 32. Vgl. dazu jetzt Barbiero, Psalmbuch, 435, der für Ps 32 *und* 33 feststellt, „daß die ‚Gerechten' genau die sind, denen die Sünden vergeben wurden. Es handelt sich um geschenkte Gerechtigkeit."

105 Vgl. dazu J. Becker, Heil Gottes; O. Betz, Rechtfertigung in Qumran.

106 Vgl. auch 1 QH 11,17f: „Und ich erkannte, daß bei dir die Gerechtigkeit ist"; 1 QH 12,38: „Du bist im Recht und niemand besteht vor dir." Übersetzung der Qumrantexte nach E. Lohse, Texte.

107 Zur Übersetzung von mišpat (Recht) vgl. J. Becker, aaO. 122f, der statt „Rechtfertigung" eher „Heilshilfe" oder „Heilsstand" sagen möchte.

sammlung und setzt dem entgegen: „Doch ich gehöre zur ruchlosen Menschheit, zur Menge des frevelnden Fleisches. Meine Sünden, meine Übertretungen, meine Verfehlungen samt der Verderbtheit meines Herzens gehören zur Menge des Gewürms und derer, die in Finsternis wandeln" (11, 9f). Und doch setzt er seine Hoffnung ganz auf Gott und seine Gerechtigkeit: „Ich aber, wenn ich wanke, so sind Gottes Gnadenerweise meine Hilfe auf ewig. Und wenn ich strauchle durch die Bosheit des Fleisches, so steht meine Rechtfertigung bei der Gerechtigkeit Gottes in Ewigkeit. Und wenn er meine Bedrängnisse löst, so wird er meine Seele aus der Grube ziehen und meine Schritte auf den Weg lenken. Durch sein Erbarmen hat er mich nahegebracht, und durch seine Gnadenerweise kommt meine Rechtfertigung. Mit der Gerechtigkeit seiner Wahrheit hat er mich gerichtet, und mit dem Reichtum seiner Güte sühnt er alle meine Sünden, und durch seine Gerechtigkeit reinigt er mich von aller Unreinheit des Menschen und von der Sünde der Menschenkinder, Gott zu loben für seine Gerechtigkeit und den Höchsten für seine Majestät" (11,12–15). Man hat in diesem Gedanken zurecht den Ausdruck einer tiefen Überzeugung vom Heil *sola gratia* gefunden, einer Gnade, die freilich im System der Gruppe von Qumran dann doch wieder ganz in die eschatologische Erwählung dieser Gemeinde und den Gehorsam gegenüber ihrer Gesetzesinterpretation eingebunden ist.[108]

Die Frage nach der Rechtfertigung Gottes

So beeindruckend diese ganze Traditionslinie ist, so unterschiedlich fällt das Urteil der theologischen Ausleger über sie aus. Während manche in Ps 51 schon die neutestamentliche Erkenntnis „von der *totalen* und *radikalen* Sündenverfallenheit *aller Menschen*" und damit den Ansatz zu einer Rechtfertigung als Neuschöpfung aufleuchten sehen[109], erkennen andere darin einen problematischen Versuch der Rechtferti-

108 Vgl. J. Becker 277f.

109 O. Hofius, Das vierte Gottesknechtslied, 421; H. Groß, Rechtfertigung, 27.

gung Gottes. Man „nimmt selber in Not und Trübsal alle Schuld auf sich, um Gott keine Torheit beizumessen und seine Gerechtigkeit anzuerkennen; man übertreibt die allgemeine Sündhaftigkeit des Menschen, um das Prinzip zu retten.“[110] Ist die völlige Erniedrigung im Schuldbekenntnis letztlich ein frommer Trick, um wenigstens Gottes Gerechtigkeit zu retten und sich in ihr bergen zu können, ein Versuch der Rechtfertigung Gottes durch die eigene Selbstverleugnung?

Daß diese Fragen nicht nur neuzeitliche Skeptiker bewegt, zeigt das Buch Hiob. Am Beispiel Hiobs, des Gerechten (vgl. Hiob 1,1; Ez 14,14), wird gegen Ende der alttestamentlichen Traditionsgeschichte noch einmal die ganze Problematik des Zusammenhangs von Leiden, Schuld, Rechtfertigung des Menschen und Rechtfertigung Gottes entfaltet. Die Hiobfrage ist nicht die nach dem Sinn des Leidens oder die Frage der Theodizee, der Rechtfertigung Gottes angesichts des Leidens in der Welt. Es ist die Frage nach dem Sinn des Lebens eines Menschen, der von Krankheit gezeichnet aus der Gemeinschaft der Menschen ausgeschlossen und von der Verbindung mit Gott abgeschnitten scheint, eines Menschen, „dessen Weg verborgen ist, dem Gott den Pfad ringsum verzäunt hat“ (Hiob 3,23).[111] Ein solches Leben scheint so sinnlos, daß Hiob sich nicht nur den Tod wünscht, sondern den Tag seiner Geburt verflucht (3,1–19). Daß es Hiob in seiner Verzweiflung nicht um seinen verlorenen Reichtum oder seine Gesundheit geht, zeigen die Gespräche mit seinen Freunden. Argumente, die von ihnen zunächst als Ermutigung gedacht waren: „Ist nicht deine Gottesfurcht dein Trost, und die Unsträflichkeit deiner Wege deine Hoffnung? Bedenke doch: Wo ist ein Unschuldiger umgekommen? Oder wo wurden die Gerechten je vertilgt?“ (4,6f), oder grundsätzliche Erwägungen wie diese: „Wie kann ein Mensch gerecht sein gegenüber Gott oder ein Mann rein sein gegenüber dem, der ihn ge-

110 J. Wellhausen, Israelitische und jüdische Geschichte, 204; ähnlich Ch. Levin, Altes Testament und Rechtfertigung, 172f; differenzierter Perlitt, Anklage und Freispruch Gottes, 300.

111 Vgl. Jes 40,27 die Klage des Volkes: „Mein Weg ist dem HERRN verborgen und mein Recht geht vor meinem Gott vorüber.“

macht hat?“ (4,17), bohren sich wie Haken in das Herz Hiobs und fördern in von tiefem Schmerz gekennzeichneten Ausbrüchen seine eigentliche Not zutage, die Frage nach der Anerkennung und Annahme seines Lebens durch Gott, die Sehnsucht nach einem geheilten Verhältnis zu ihm.

Die Freunde bleiben dem alten Paradigma des Tun-Ergehens-Zusammenhangs verhaftet. „Gott tut niemals Unrecht, und der Allmächtige beugt das Recht nicht ... Er vergilt dem Menschen, wie er verdient hat, und trifft einen jedem nach seinem Tun.“[112]

Zugleich aber gilt, daß letztlich vor Gott kein Mensch gerecht ist und deshalb auch nicht sein Recht von Gott einfordern kann.[113] Gerade deshalb wird von den Freunden auf die erzieherische Kraft des Leidens hingewiesen und darauf, daß Gott dort, wo er verletzt, auch verbindet und heilt (5,17f). Vor allem aber wird immer wieder auf die Möglichkeit verwiesen, sich an Gott zu wenden und ihm die Sache darzulegen (5,8–16; 8,5–7), sich mit Gott auszusöhnen und zu ihm umzukehren (22,21–23). In Kap. 33 beschreibt Elihu, wie Gott gerade durch schwere Krankheit zu einem Menschen spricht, so daß er sich nicht mehr wie Hiob darauf beruft, vor Gott unschuldig und ohne Sünde zu sein. Wen Gott so führt, der „wird Gott bitten, und der wird ihm Gnade erweisen und wird ihn sein Antlitz sehen lassen mit Freuden und wird dem Menschen seine Gerechtigkeit zurückgeben. Er wird vor den Leuten lobsingen und sagen: ‚Ich hatte gesündigt und das Recht verkehrt, aber es ist mir nicht vergolten worden. Gott hat mich erlöst, daß ich nicht hinfahre zu den Toten, sondern mein Leben das Licht sieht‘“ (33,26–28).

Es ist also keine kalte Vergeltungssystematik, die Hiobs Freunde lehren; es gibt sehr viel Richtiges und seelsorgerlich Beachtliches in ihren Reden. Aber für Hiob ist es nicht die

---

112 34,12.11; vgl. 8,3, und die Schilderung des Geschicks der Frevler (15,20ff; 18,5ff; 20,4ff). Auch Hiob denkt so, nur mit umgekehrter Schlußfolgerung.

113 Vgl. 4,17; 15,14; 25,4 (und dazu Ps 143,2). Hiob kann dieses Argument teilweise teilen – allerdings mit ironischem Unterton! Der Mensch kann gegen Gott nicht Recht behalten, denn „er kann ihm auf Tausend nicht Eins antworten“ (9,2f).

Wahrheit, die ihn trifft und ihm hilft.[114] Er ringt um die gültige Anerkennung seines Lebens durch Gott, eine Begegnung mit ihm, die nicht gefiltert ist durch bestimmte dogmatische Prämissen. Wenn irgendwo im Alten Testament um Rechtfertigung gerungen wird, dann im Buch Hiob.[115] Immer ungestümer pocht Hiob auf eine wirkliche gerichtliche Auseinandersetzung mit Gott und meint doch zu erkennen, daß er Gott gegenüber keine Chance auf einen fairen Prozeß hat.[116] Könnte er nur Gehör finden oder wenigstens eine Anklageschrift bekommen, hätte er schon halb gewonnen (31,35–37).

Es ist nicht so, daß Hiob die Möglichkeit, gesündigt zu haben, völlig ableugnet.[117] Aber er kann nicht zugeben, daß er der Gemeinschaft mit Gott in Tat oder Gesinnung abgesagt hätte.[118] Und darum sagt er zu seinen Freunden, die seine Gegner geworden sind: „Fern sei es von mir, euch Recht zu geben; ich gebe, bis ich sterbe, meine Rechtschaffenheit [wörtl. „Ganzheit, Vollkommenheit"] nicht preis. An meiner Gerechtigkeit halte ich fest und lasse sie nicht" (27,5f).[119]

---

114 Dazu J. Ebach, Streiten mit Gott, XIII: „Es kommt nämlich nicht nur darauf an, *was* gesagt wird, sondern auch, *wer* etwas sagt, *in welcher Lage* er es sagt, zu *wem* in welcher Lage er es sagt und *wann* er es sagt. Wenn Hiob und die Freunde das gleiche sagen, muß es nicht das gleiche bedeuten, und wenn die Freunde *Richtiges* sagen und vorhersagen, muß es für den Leidenden in seiner Lage nicht *wahr* sein." Oder ders., Art. Hiob/Hiobbuch, TRE 15, 1986, 368: Was die Freunde sagen „bleiben *Wahrheiten* von *Nichtbetroffenen* und damit eben nur *Richtigkeiten*."

115 Vgl. H. Gese, Lebenssinn, 168–172; G. v. Rad, Theologie I, 427.

116 Vgl. 9,14–20.31–35; 13,14–19; 16,18–22; 23,3–9.

117 Vgl. 7,21; 9,2; 14,4.

118 Vgl. die Schilderung seiner Rechtschaffenheit in 29 und 31, zusammengefaßt in der Aussage: „Gerechtigkeit war mein Kleid, das ich anzog und mein Recht war mein Mantel und Kopfbund" (29,14; vgl. Jes 11,5; 59,7; 61,10; Ps 132,9).

119 Es gehört zu den wenigen Klammern zwischen Rahmenhandlung und Hiobgedicht, daß in 2,3 Gott gegenüber Satan gerade rühmt, daß Hiob immer noch an seiner „Ganzheit", d.h. seiner Integrität Gott gegenüber festhält (vgl. 2,9); die meisten Übersetzungen zeigen diesen Zusammenhang nicht, der andeutet, daß Hiobs Urteil nicht einfach angemaßte Selbstrechtfertigung ist, sondern das Festhalten am Urteil Gottes!

Und so sehr Hiob daran verzweifelt, daß er wenigstens von Gott Recht bekommt, und dabei fast blasphemisch wird: „So wahr Gott lebt, der mir mein Recht verweigert“ (27,2), so deutlich wird für ihn, daß er letztlich nur bei Gott Recht finden kann. Und so sagt er trotz allem: „Mein Zeuge ist im Himmel, und mein Fürsprecher in der Höhe ... Unter Tränen blickt mein Auge zu Gott auf, daß er Recht schaffe dem Mann bei Gott, dem Menschen vor seinem Freund“ (16,19–21). Niemand kann vor Gott für Hiob Zeuge sein, niemand gegen Gott für Hiob bürgen, niemand zwischen ihm und Gott entscheiden als Gott allein.[120] Und in dieser Kühnheit des Glaubens, Gott gegen Gott zur Rechtfertigung anzurufen, beruht auch Hiobs Hoffnung auf Gott als seinem „Löser“, dem Anwalt und Rechtsbeistand, der für ihn eintritt wie ein „Löser“ für einen verarmten Verwandten (Ruth 3,12; 4,1ff) und den er „sehen“ wird, um damit wieder in eine geheilte Gemeinschaft mit Gott zu finden.[121]

Hiob sucht also nicht einen „gnädigen“ Gott im landläufigen Sinne – den lehnt er fast trotzig ab.[122] Er sucht den Gott, der ihm gerecht wird.

Ihm begegnet er – allerdings in völlig unerwarteter Weise – in den beiden Reden des HERRN aus dem Wettersturm. Diese „Reden zeigen weder den Grund noch den Zweck noch die Notwendigkeit von Hiobs Leiden auf. Wohl aber stellen sie Hiobs Geschick in eine neue Perspektive, die die Grenze der Frage nach Grund und Zweck und Notwendigkeit bezeichnet.“[123] Es ist eine Perspektive, die über die anthropozentrische Fragestellung des Hiob hinausführt und Gottes Walten in der Welt der Geschöpfe und im Kampf mit den Chaosmächten staunend einbezieht. Für unser Thema ist eine Frage am Beginn der zweiten Gottesrede wichtig, wo Jahwe Hiob fragt: „Willst du mein Urteil zunichte machen und mich

120 J. Ebach, Streiten mit Gott, 142.

121 Vgl. R. Kessler, „Ich weiß, daß mein Erlöser lebet“.

122 Vgl. 9,14 (nach Ebach z.St.): „Doch wie könnte ich ihm entgegnen, meine Worte gegen ihn wählen, da ich ihm, wenn ich auch im Recht wäre, nicht entgegnen könnte, um mein Recht müßte ich um Gnade flehen.“

123 Ebach, TRE 15, 370.

schuldig sprechen, daß du recht behältst [wörtl. „gerecht dastehst“]?“ (40,8). Die Frage ist fast spiegelbildlich zu dem Bekenntnis zu Gott in Ps 51,6: „Gegen dich allein habe ich gesündigt ..., daß du recht behältst in deinen Worten.“ Hiob hatte sich geweigert, sich unbesehen in die Logik eines Systems der Rechtfertigung Gottes durch das Bekenntnis der eigenen Schuld zwingen zu lassen. Nun warnt ihn Gott davor, diese Logik einfach umzudrehen und sich selbst durch die Schulderklärung Gottes zu rechtfertigen. Die Wahrheit der Rechtfertigung Gottes und der Rechtfertigung Hiobs liegt jenseits solcher theologischer Mechanismen (dies gilt natürlich auch für ein ursprüngliches Verständnis von Ps 51!). Wenn Hiob nach seinem Bekenntnis „vom Hörensagen hatte ich von dir vernommen, nun aber hat mein Auge dich gesehen“ (42,5) sein Angriffe gegen Gott „widerruft“ (V.6 nach Fohrer und Ebach) und bereut und dann verstummt, „handelt es sich nicht mehr nur um das Schweigen eines Menschen, der sich vor Gott seiner eigenen Nichtigkeit bewußt geworden ist, sondern zugleich um das Schweigen des zu Gott umgekehrten Menschen, der sich ihm ganz und allein hingibt und in der Gemeinschaft mit ihm zur Ruhe kommt.“[124]

Die „Rechtfertigung“, die Hiob erfährt, überschreitet daher die juristischen Kategorien, in denen er bisher argumentiert hat. Sie vollzieht sich in der „anerkennenden Annahme durch Gott“ und begründet „ein persönliches Gottesverhältnis [...], das den unendlichen Gott mit dem nichtigen Menschen durch den Gedanken der Rechtfertigung verbinden kann [...] unabhängig von aller äußeren Lebenswirklichkeit“, vielleicht sogar über den Tod hinaus.[125] Daß die Hioberzählung diese Rechtfertigung Hiobs dann doch sehr irdisch erzählt, in der Anerkennung durch Gott vor den Freunden (42,7–10a) und der Wiederherstellung seines irdischen

124 G. Fohrer, Hiob, 536.

125 Gese, Lebenssinn, 168f; vgl. auch W. Zimmerli, Grundriß, 144, zu 19,25: „So steht Hiob hier als der Todverfallene, aber er weiß von einem, der über den Tod hinaus für ihn einstehen und sein Lebensrecht einfordern wird.“

Glücks – bemerkenswerterweise beginnend mit seiner sozialen Wiedereingliederung (42,10b-17) – gehört zu der bleibend bedeutsamen „Weltlichkeit“ des Alten Testaments.[126]

Die Rechtfertigung Hiobs ist nicht „Rechtfertigung des Gottlosen“, sie ist aber auch nicht „Rechtfertigung des Gerechten“, wie sie Hiob zu erwarten schien; sie ist die Annahme und Anerkennung eines Menschen, der sich in all seinen Gaben und Möglichkeiten, aber auch in seiner letzten Verzweiflung an Gott hielt.[127] Jenseits irgendwelcher Formeln begegnet ein Mensch Gott und erfährt, daß sein Leben und Leiden nicht „umsonst“[128] ist, sondern in Gott geborgen ist – selbst wo dieser sich zu verbergen scheint – und daß es darin Sinn und Perspektive gewinnt.

Was hier geschieht, faßt Hab 2,4 prägnant in einem knappen Satz zusammen: „Der Gerechte wird aufgrund seines Glaubens leben“. Auch hinter dieser Aussage steht die Frage, warum die Frevler Erfolg haben und die Gerechten leiden müssen. Die Antwort des Propheten lautet: „Die Person, die die Ordnung Gottes mißachtet und übertritt, wird jetzt vielleicht Erfolg haben, letztlich und eigentlich aber wird sie ihr Leben verlieren. Die gerechte Person dagegen – die schon gerecht ist, weil sie im Sinn der gerechten Ordnung lebt! – wird aufgrund ihres Glaubens trotz Unterdrückung und Leid ihr Leben behalten.“[129] Damit wird zugleich beschrieben, was im Alten Testament unter Glauben verstanden wird: „Glauben ist also das Vertrauen in die lebensspendende Güte Gottes angesichts des Gegenteils, angesichts des Eindrucks seiner Abwesenheit. Glauben und Vertrauen sind etwas aktives; sie sind eine Lebenshaltung. Sie sind das Durchhalten der von Gott gewollten Lebensform auch dann, wenn der tägliche

---

126 Ebach, TRE 15, 364, gegen eine allzu steile Betonung der Transzendenz der Gottesgemeinschaft bei Gese aaO.

127 R. Kessler verweist in diesem Zusammenhang auf die sozialen Implikationen der „Löser“-Institution. Wer einen „Löser“ in Anspruch nimmt, „gesteht damit ein, daß er selbst am Ende ist“. Wenn Hiob Gott seinen „Löser“ nennt, „gesteht er sich und Gott ein, daß er mit leeren Händen dasteht“ (aaO. 151).

128 Vgl. Hiob 1,9; dazu Ebach, Streiten, 13; Kessler, aaO. 146ff.

129 R. Stahl, Die glaubenden Gerechten, 246.

Lebensertrag dieser Lebensform hohnspricht, sie infrage stellt, sie anficht. Leben liegt im Glauben, im Vertrauen, im Durchhalten der Gottesbeziehung."[130]

5. Gottes Ja zur Schöpfung und zu Israel – die Rechtfertigungsbotschaft der hebräischen Bibel

Es sind vielfältige Bereiche und Dimensionen des Miteinanders von Mensch und Gott, die mit dem Wort „Gerechtigkeit" in der hebräischen Bibel[131] angesprochen werden. Aber immer liegt in diesem Wort der Ausdruck von Bejahung, Zuwendung, Treue und Fürsorge. Gottes Gerechtigkeit ist sein unverbrüchliches Ja zu seinem Gegenüber. In diesem Ja liegt der Grund für die Erschaffung der Welt und ihrer Erhaltung angesichts drohender Zerstörung; in diesem Ja liegt die Begründung für sein Festhalten an seinem Volk trotz dessen Untreue und Ungehorsam; in diesem Ja gründet seine Zuwendung zu jedem Menschen, der Hilfe für sein Leben braucht. Dieses Ja Gottes fragt nach dem Ja der Menschen; Gerechtigkeit sucht nach Gerechtigkeit. Sie schafft ein lebensdienliches und lebensbejahendes Miteinander der Menschen, in dem gerade die Schwachen geschützt sind und den Raum gewährt bekommen, den sie zur Entfaltung ihres Lebens brauchen. Darum ist Gerechtigkeit das Lebenselement der Gesellschaft, das Ferment, durch das Frieden, Lebensglück und gemeinsamer Wohlstand gedeihen. Gerade in ihrer sozialen Dimension verbindet sie Gott und Mensch, und wo sie fehlt oder vergällt wird, zerbricht die Gemeinschaft zwischen Gott und seinem Volk.

Damit steht dem grundsätzlichen Ja Gottes das Nein gegenüber, das sein Volk durch sein Verhalten über sich selbst aufrichtet. Daß Gott diesem Nein seinen Lauf läßt und es

130 AaO. 246f.

131 Von der hebräischen Bibel spreche ich nicht deshalb, weil mir der Ausdruck „Altes Testament" problematisch scheint, sondern weil vieles von dem, was hier gesagt wird, zunächst nur auf den hebräischen Urtext des Alten Testaments, nicht aber auf seine griechische Übersetzung, die Septuaginta, zutrifft.

zugleich in seiner Lebensfeindlichkeit bekämpft, hat Israel exemplarisch und schmerzlich in der Zerstörung Jerusalems und der Wegführung ins Exil erlebt. Aber es durfte in dieser Situation den erneuten Zuspruch hören, daß Gottes Ja stärker ist als das selbstverschuldete Nein. Daraus erwuchs die Zuversicht, daß Gott in seiner Gerechtigkeit seinem Volk neu begegnen will. Gottes Gerechtigkeit bedeutet Heil für sein Volk. Sie ist Ausdruck der bedingungslosen Annahme durch Gott, Ausdruck seines Willens, seine Gemeinschaft mit Israel neu zu schaffen und zu gestalten. Gerade aus der Neubegründung des Verhältnisses zu Gott durch Gottes eigene Gerechtigkeit soll in der Gemeinschaft des Volkes ein Miteinander in „Gerechtigkeit" erwachsen, in dem Ausbeutung und Unterdrückung keine Platz mehr haben. Gerechtigkeit ist die alles durchdringende Lebensqualität, die Freiheit und Lebensraum schenkt – von Gott her und zu ihm hin und darum auch zwischen den Menschen.

Auf diesem Hintergrund ist zu verstehen, was im Alten Testament „Rechtfertigung" heißt. Die Grundstruktur dieses Geschehens ist vorgegeben durch das positive Urteil in einem Gerichtsverfahren. Der oder die Unschuldige wird nicht nur von der Anklage freigesprochen, ihnen wird auch Recht gegeben und sie werden wieder in die Gemeinschaft aufgenommen und integriert.

Darum geschieht „Rechtfertigung" im weitesten Sinne zunächst auf der sozialen Ebene, wo Menschen in der Gesellschaft ihr Recht erhalten sollen. Das aber bezieht sich im Alten Testament nicht nur auf die formale Seite eines korrekten Prozeßverlaufes. Es bedeutet, daß denen, die leicht ihrer Lebensmöglichkeiten beraubt werden, also den Armen, den Witwen und Waisen oder den Fremden, im gesellschaftlichen Zusammenleben so begegnet wird, daß sie in Würde leben können. Den anderen im Wert und der Würde seines Lebens anzuerkennen, das heißt, einander in Gerechtigkeit zu begegnen.

„Rechtfertigung" geschieht im Tempel, wo Menschen, die die Gemeinschaft mit Gott suchen, aufgrund ihres gemeinschaftsgemäßen Verhaltens gesagt wird: Du bist gerecht, du gehörst zu denen, die Gott in seine Gemeinschaft aufnimmt.

Hier war allerdings ein Prozeß der Vertiefung im Verständnis nötig. Die Propheten drängen darauf, diese „Einlaßbedingungen“ nicht nur als Formalitäten der Liturgie aufzufassen, sondern sie in persönlicher Verantwortung zu übernehmen und das Leben untereinander und mit Gott darauf auszurichten. Zugleich wird im Verlauf der alttestamentlichen Glaubensgeschichte immer deutlicher, daß die letzte Entscheidung über die Gerechtigkeit eines Menschen und damit über seine Rechtfertigung bei Gott liegt, der zuerst und zuletzt nach der Offenheit eines jeden für seine Verheißung fragt, d.h. nach seinem glaubenden Vertrauen.

Am deutlichsten ist die Frage nach der Rechtfertigung in ihrer ganzen Tiefe und Komplexität in den Klageliedern eines Einzelnen zu hören. Menschen, die durch Krankheit oder Anfeindung und der damit verbundenen sozialen Ächtung in ihrer Existenz bedroht sind, rufen zu Gott, um ihr Lebensrecht von ihm zugesprochen zu bekommen. Manche rufen zu ihm im ehrlichen Bewußtsein der eigenen Unschuld, andere aber auch im Wissen darum, daß sie gerade vor Gott nicht bestehen können. In jedem Fall wissen sie, daß sie von seinem Urteil abhängig sind und erwarten sein gnädiges, ihnen zugewandtes Ja. Darum ist solch ein „Urteil“ kein distanzierter „Rechtsspruch“, sondern persönliche Anerkennung und Aufnahme in die Gemeinschaft mit Gott. Von Gott aufgerichtet zu werden und „sein Angesicht zu schauen“, ist der tiefste Ausdruck von Rechtfertigung und Annahme durch Gott. Auch Hiob, der den Prozeß, den er so dringend mit Gott führen zu müssen meint, nicht zugestanden bekommt, findet darin zum Sinn seines Lebens zurück, daß er die Augen geöffnet bekommt für die alles überspannende Macht und Weisheit Gottes, die ihn aber nicht im Rechtsstreit erschlägt, wie er befürchtet hatte, sondern in der er sich auch mit seinem Geschick geborgen wissen kann.

Die Rechtfertigung Gottes ist nicht der demütig listige Umweg, auf dem der Mensch doch noch zur eigenen Rechtfertigung kommt, sondern das Tor in ein Verhältnis zu Gott, in dem sich ein Mensch ganz Gott anvertraut und sich bei ihm in seinen Stärken ebenso geborgen weiß wie in seinen Schwächen, in seiner Schuld in gleicher Weise wie in seinem verantwortlichen und gemeinschaftstreuen Verhalten. Gerade in den Situationen im Leben der einzelnen oder der Geschichte des Volkes, wo angesichts schuldhaften Versagens auf nichts mehr Anspruch besteht und Menschen mit leeren Händen dastehen, ist die Berufung auf Gottes Gerechtigkeit Ausdruck eines letzten Vertrauens auf sein Gottsein, in dem seine Treue zu sich selbst und sein Ja zu denen, die sich ihm entfremdet haben, nicht im Widerspruch stehen.

Da das Alte Testament eine Hoffnung auf ein Leben mit Gott jenseits der Todesgrenze nur an ganz wenigen Stellen artikuliert, wird das, was von der Rechtfertigung durch Gott erhofft wird, meist durchaus innerweltlich gedacht.[132] Gerechtigkeit und Leben gehören aufs engste zusammen. Durch Gott von Vorwürfen und tödlichen Anfeindungen freigesprochen und neu in die Gemeinschaft aufgenommen zu werden, kann bedeuten, von tödlicher Krankheit zu genesen und das Leben neu geschenkt zu erhalten, es kann heißen, dem sozialen Tod zu entrinnen und ein befreites Leben führen zu können. Es eröffnet aber auch eine Lebensqualität, die mit den Maßstäben des irdischen Wohlergehens nur noch bedingt gemessen werden kann, eine Lebensqualität, die durch die Gewißheit, von Gott angenommen zu sein und unverbrüchlich zu ihm zu gehören, bestimmt und getragen ist. Hier erwachsen in der Geschichte des alttestamentlichen Gottesglaubens Perspektiven einer Transzendenz, die den Blick für ein Leben mit Gott öffnen, für das auch der Tod keine Grenze mehr sein kann (Ps 73,24–26).

Gerade an dieser Stelle zeigt sich, daß „Rechtfertigung" und die damit verbundenen Begriffe immer Verhältnisbegriffe bleiben und ein Geschehen bezeichnen, das auf Gemeinschaft bezogen ist. Wenn auch „Gerechtigkeit" an vielen Stellen fast eine naturhafte Größe zu sein scheint, eine „Sphäre" oder ein Zustand heilvollen Ergehens, so bleibt die Verbin-

---

132 Vgl. demgegenüber die ägyptische Vorstellung vom Totengericht. Rechtfertigung bedeutet hier sowohl Freispruch als auch Verwandlung in einen „lebendigen Gott" und Aufnahme in eine jenseitige Welt „ohne Schrecken und Aufruhr" (J. Assmann, Ma'at, 130, 135f; vgl. auch die Nähe zwischen den Unschuldsbeteuerungen des Totenbuches und Ez 18 bzw. den Tempeleinlaßliturgien; aaO. 146f).

dung mit dem Bereich des Rechts und der Gestaltung von Gemeinschaft doch konstitutiv. Obwohl die Propheten durchaus davon sprechen können, daß „Gerechtigkeit“ regnet oder sproßt (Hos 10,12; Jes 45,8), kommt sie nicht über die Menschen wie ein unausweichliches Naturereignis. Sie fragt nach Antwort und Verantwortung, indem sie entsprechendes Verhalten und Tun der Menschen begründen und gestalten will.[133] Dies gilt für die Begegnung des einzelnen mit Gott, aber auch für die heilvolle Offenbarung der Gerechtigkeit Gottes seinem Volk gegenüber. Gerade dort, wo Gottes Gerechtigkeit nichts anderes meint als das Heil, das Gott seinem Volk bedingungslos zusagt, liegt in der Begegnung mit diesem Heil die Ermöglichung und die Verpflichtung, miteinander heilvoll zu leben.[134]

So sehr auch in der alttestamentlichen Verkündigung an vielen Stellen deutlich wird, daß dieses Heil Gottes nichts als ein Geschenk ist, das der Mensch nur dankbar empfangen kann, im Wissen darum, daß die eigenen Hände leer sind, so schwierig wäre es wohl für einen im alttestamentlichen Glauben lebenden Menschen, das Anliegen zu verstehen, daß das Heil nur völlig passiv angenommen werden könne. Zu sehr ist er davon überzeugt, daß Gottes Gerechtigkeit und Heil den Menschen dazu motiviert und befähigt, Gottes Willen zu tun. Vielleicht würde ihm die ganze Frage, ob der Mensch an seinem Heil mitwirken könne, zu individualistisch und analytisch vorkommen. Der Mensch, der sich Gottes Gnade öffnet, wird hineingenommen in das Wirken Gottes in seinem Leben und in der Gemeinschaft, und was dabei an „Gerechtigkeit“ bewirkt wird, ist nie nur seine eigene Gerechtigkeit, sondern die Wirklichkeit eines heilvollen und lebensdienlichen Miteinanders vor Gott. Die Konkretion dessen, was Gerechtigkeit ist, bleibt darum im Alten Testament immer mit dem verbunden, was Gottes Gebot sagt und im Gesetz

---

133 Ich möchte damit versuchen, die Perspektiven von K. Koch (z.B. ThAT II, 516f) und J. Scharbert (TRE 12, 404–411) zusammenzusehen.

134 Vgl. Jes 56,1 als Verknüpfung der Botschaft von Deutero- und Tritojesaja.

vorgegeben ist; aber sie ist deshalb nicht „Gesetzesgerechtigkeit“. Konstitutiv für „Gerechtigkeit“ ist die gnädige Vorgabe Gottes, die sich sowohl in seiner Verheißung als auch in seinem Gebot konkretisiert.

Allerdings wird das im Alten Testament als ganzem nirgends systematisch sortiert und steht teilweise in den gleichen Schriften ganz unverbunden dicht beieinander. Der Zuspruch in Dtn 6,25 „das wird unsere Gerechtigkeit sein, daß wir alle diese Gebote tun“, wird nicht zurückgenommen, auch wenn dann (wohl in einer späteren Schicht) das Volk gemahnt wird, nicht die eigene Gerechtigkeit als den Grund für Gottes heilvolles Handeln in der Landnahme zu sehen (Dtn 9). Während in Psalm 111 Gottes wunderbare Taten und sein Erlösungshandeln an seinem Volk gepriesen wird, steht in Psalm 112 daneben das Lob des Gerechten, seiner Frömmigkeit und seiner Barmherzigkeit, und von beiden, von Gott und von dem Frommen, wird gesagt: „Und seine Gerechtigkeit bleibt ewiglich“ (Ps 111,3; 112,9).[135]

Das mag einer der Gründe sein, warum die Tragweite der alttestamentlichen Rechtfertigungsaussagen in der Auslegung strittig ist. Während K. Koch mehrfach betont hat, daß „im Alten Testament nur der Gemeinschaftstreue, nie der Gottlose [...] gerechtfertigt wird“ und daß „das rechtfertigende Handeln Jahwes von seinem voraussetzungslosen – gnadenhaften Taten [...] klar geschieden“ wird,[136] halten andere diese scharfe Trennung nicht für sachgemäß.[137] Das mag zunächst ein terminologisches Problem sein, weil im Alten Testament die „Rechtfertigung des Frevlers“ im Gerichtsprozeß mehrfach verboten wird.[138] Richtig ist allerdings, daß

135 Zur Zusammenschau solcher Aussagen in Ps 24–26; 32f unter dem Vorzeichen der Vergebung und geschenkten Gerechtigkeit vgl. jetzt Barbiero, Psalmbuch, 360, 435f.

136 K. Koch, Art. Rechtfertigung I, EKL III, 1959, 472; vgl. ders., THAT II, 520: „Eine ṣᵉdāqā-Begabung eines rāšā‘, also eine ‚Rechtfertigung des Gottlosen‘, ist nicht nur in den Psalmen, sondern im gesamten AT undenkbar.“

137 Vgl. Braulik, Gesetz, 151; O. Hofius, Rechtfertigung, 132.

138 Vgl. Ex 23,7; Spr 17,15; 24,24; Jes 5,23. Hofius (aaO. A. 56) argumentiert dagegen, daß diese Stellen nur vom „menschlichen Rechtswesen“ handeln.

auch dort, wo etwa in Psalm 51 oder 143 die Rechtfertigung des Sünders erhofft und erbeten wird, der Sünder doch nicht mit dem Frevler gleichgesetzt wird, also mit dem „Gottlosen“, der sich ganz von Gott losgesagt hat, sondern auch der zutiefst angefochtene Beter sich noch auf eine letzte Verbindung zu Gott beruft. Er ist so Sünder und Gerechter zugleich.[139]

So ist es nicht verwunderlich, daß die Arbeiten, die von einer „Rechtfertigung des Gottlosen“ im Alten Testament sprechen, gerade nicht bei den alttestamentlichen Begriffen von Gerechtigkeit und Rechtfertigung einsetzen, sondern bei dem, was sie als die „Sache“ der gesamtbiblischen Botschaft von der Rechtfertigung ansehen.[140]

Vor allem Hosea 11,1–9, wird in diesem Zusammenhang immer wieder genannt. Nach einem knappen Rückblick über die Geschichte Israels, die unausweichlich im Gericht enden müßte (V. 1–7), wird plötzlich und mit ungeahnter Kühnheit ein neues Wort Jahwes laut: „Wie kann ich dich preisgeben, Ephraim, und dich ausliefern, Israel? Wie kann ich dich preisgeben gleich Adma und dich zurichten wie Zebojim? Mein Herz ist andern Sinnes, alle meine Barmherzigkeit ist entbrannt. Ich will nicht tun nach meinem grimmigen Zorn noch Ephraim wieder verderben. Denn ich bin Gott und nicht ein Mensch und bin der Heilige unter dir und will nicht kommen, zu verheeren“ (V. 8f).

Das bedeutet eine tiefe Wende im Verhältnis Gottes zu Israel: „Jahwe selbst überwindet den Abfall seines Volkes und die aus ihm resultierende Verfallenheit an das selbsterwählte Böse, indem er aus freier Gnade schenkt, was Israel von sich aus schlechterdings nicht zu gewinnen vermag: Einen Neuanfang, ja, ein völliges Neu-Werden durch die neuschaffende Tat der ‚Heilung‘, die die Vergebung der Schuld einschließt.“[141] Was kein Rechtsverfahren und keine

139 H. Graf Reventlow, Rechtfertigung, 100f. Vgl. Ps 25,8: „Der Herr ist gut und gerecht, darum weist er den Sündern den Weg.“

140 So programmatisch W.H. Schmidt, Rechtfertigung, 157; O. Hofius, aaO. 132; Reventlow, Rechtfertigung. Vgl. auch Preuß, Theologie des AT II, 198, und der Überblick bei F.L. Hossfeld, Gedanken.

141 Hofius, aaO. 136.

Gerichtsdrohung bewirkte, wird durch die unauslöschliche Liebe Gottes möglich gemacht. Daß Gott trotz allem seinen Sinn ändert, das wird gerade mit seinem Gottsein und seiner Heiligkeit begründet, so wie an anderer Stelle Menschen, die nur noch auf Gott hoffen können, sich auf seine Gerechtigkeit berufen. Es ist wichtig zu sehen, daß dieser Grundzug alttestamentlicher Theologie nicht erst nach der Katastrophe des Exils entwickelt wird, sondern schon mitten in der Gerichtsansage eines vorexilischen Schriftpropheten aufbricht. Sie findet dann ihren Widerhall bei Jeremia (vgl. 31,20) und wird zum Zentrum der Verkündigung Deuterojesajas.

In die gleiche Linie gehört auch, wenn in der Prophetie Ezechiels sich die Überzeugung entwickelt, daß nur eine völlig Neuschöpfung des Volkes auch eine neue Gemeinschaft mit Gott begründen kann. Wird Ez 18,31 noch gefordert: „Werft von euch alle eure Übertretungen, die ihr begangen habt, und macht euch ein neues Herz und einen neuen Geist", sagt Ez 36,26f (vgl. 11,19) gerade angesichts der Unheilsgeschichte des Volkes: „Und ich will euch ein neues Herz und einen neuen Geist in euch geben und will das steinerne Herz aus eurem Fleisch wegnehmen und euch ein fleischenes Herz geben. Ich will meinen Geist in euch geben und will solche Leute aus euch machen, die in meinen Geboten wandeln und meine Rechte halten und danach tun." Nur wo Gott ganz Neues schafft, ist neues Leben mit Gott möglich. Das wird dann in aller Eindrücklichkeit in der Vision Ez 37,1–14 dargestellt, um den Menschen Israels, die sagen: „Unsere Gebeine sind verdorrt, und unsere Hoffnung ist verloren, und es ist aus mit uns" (V. 11), deutlich zu machen, daß Gottes Kraft auch ein totes Volk wieder zum Leben erwecken kann. Gerade weil es hier noch nicht um die „physische Auferweckung von leiblichen Toten geht", „sondern um ein Bild für einen Neubeginn der Existenz des Gottesvolkes", wird deutlich, daß Gott die Existenz und das Heil seines Volkes ohne jede Vorbedingung und ohne jede Voraussetzung auf seiner Seite neu schaffen muß und kann.[142] „Eine Kontinuität des Existierens ist für

142 Vgl. Reventlow, Rechtfertigung, 60f.

das Volk nicht vorhanden; eine solche Kontinuität gilt allein für Gott, der sich selbst treu bleibt."[143] Die paulinische Gleichsetzung der „Rechtfertigung des Gottlosen" mit der Macht Gottes, die Toten lebendig zu machen (Röm 4,5.17), findet hier eine eindrückliche alttestamentliche Vorwegnahme.

Das Bekenntnis, daß Gott „seine Gerechtigkeit vor den Völkern offenbart hat", begründet die Hoffnung auf die eschatologische Durchsetzung der Heilsmacht Gottes. Dabei bleibt offen, was dies für die Gottlosen und für die Heiden bedeuten wird. Wird es so sein, daß an jenem Tag, die „Verächter und Gottlosen" Stroh sein werden, das im Ofen des Gerichtes verbrennt, während den Gerechten gesagt wird: „Euch aber, die ihr meinen Namen fürchtet, soll die Sonne der Gerechtigkeit aufgehen, und Heilung ist unter ihren Flügeln" (Mal 3,19f)? Werden die Heiden die Zuschauer sein, die über das staunen, was Gott an Israel tut, wie das in den Psalmen angedeutet zu sein scheint? Oder wird die Offenbarung der Gerechtigkeit Gottes ganz neue Heilsperspektiven erwecken, die diese alten Begrenzungen überwinden werden?[144]

Im Alten Testament bleibt diese Frage letztlich offen; sie wird eine neue Antwort erhalten dort, wo die Offenbarung der Gerechtigkeit Gottes „bezeugt durch das Gesetz und die Propheten" im Evangelium von Jesus Christus erfahren und geglaubt wird. Deutlich erkennbar aber sind die Ausformungen der Rechtfertigungsbotschaft, die das Alte Testament als sein Erbe weitergibt:

- Es ist die Hoffnung auf die endgültige Offenbarung von Gottes Gerechtigkeit, in der sein Ja zu seinem Volk und zu dieser Welt öffentlich gemacht und in Geltung treten wird und durch die Gott diese Erde zurecht bringt.
- Es ist das Vertrauen, daß dort, wo ein Mensch Gott recht gibt, auch sein Leben zurechtkommt und Gott ihm Gemeinschaft und Leben schenkt.
- Und es ist die Gewißheit, daß Gottes Liebe so stark ist und

---

143 Reventlow, aaO. 62.

144 Das wird in Jes 45,22–24a; 51,4–6 angedeutet.

so viel schöpferische Kraft besitzt, daß sie Menschen auch aus der tiefsten Entfremdung von Gott herausholen und ihnen Leben schenken kann, wo sie dem Tode verfallen sind. Wo das geschieht, geschieht „Rechtfertigung" – ob das Wort gebraucht wird oder nicht.

6. Rechtfertigung und Gericht – der eschatologische Horizont

Das Alte Testament spricht von Rechtfertigung zunächst nicht in der Perspektive eines letzten Gerichts, in dem Gott über das Leben der Menschen sein Urteil spricht und über ewiges Leben oder ewige Verdammnis entscheidet. Diese Vorstellung taucht erstmals in Dan 12,3 auf, also in einer Schrift, die zeitlich am Ende der alttestamentlichen Traditionsgeschichte steht. Daß sich für Israel dieser neue Horizont der Begegnung mit Gott auftut, liegt nicht nur an Einflüssen aus der religiösen Umwelt, in der solche Jenseitsvorstellungen lebendig waren. Der entscheidende Grund dafür ist die neugeschenkte Überzeugung, daß die Wirklichkeit und Gültigkeit von Gottes Ja zu einem Menschen nicht an der Todesgrenze endet.[145]

Untersucht man allerdings das frühjüdische Schrifttum zu dieser Frage, erlebt man eine Überraschung. Vorherrschend ist keinesfalls die Vorstellung von einem endzeitlichen Gericht, in dem – vergleichbar mit ägyptischen Totengericht – über die einzelnen das Urteil gesprochen und festgestellt wird, ob sie gerechtfertigt sind oder nicht.[146] In der Tradition der alttestamentlichen Aussage, daß Gott seine Gerechtigkeit offenbaren und die Völker recht richten wird, schildern die Darstellungen des Weltgerichts vor allem, wie die Sünder und Gottlosen bestraft werden und die Gerechtigkeit der Gerechten ans Licht gebracht wird.[147] Diese Vorstellung findet sich

---

145 Vgl. dazu Ps 73,26 (s.o. S. 57) und H. Gese, Der Tod im AT, 38–54.
146 Zur „Rechtfertigung" im Totengericht vgl. J. Assmann, Ma'at, 130ff.
147 Vgl. P. Stuhlmacher, Gerechtigkeit Gottes, 145–184; K. Kertelge, Rechtfertigung, 15–32.

sowohl in der Beschreibung des Endgerichts in dem hellenistisch beeinflußten Buch der Weisheit (4,20–5,23) als auch durchgehend in der frühen Apokalyptik. So heißt es in der wohl ältesten Apokalypse, der Zehnwochenapokalypse: „Und danach wird eine andere (Woche) sein, die achte Woche, die der Gerechtigkeit, und ein Schwert wird ihr gegeben werden, damit ein gerechtes Gericht an denen vollzogen werde, die Unrecht verüben, und die Sünder werden in die Hände der Gerechten ausgeliefert werden."[148] Ähnlich in Jub 23,30: „Und die Gerechten werden schauen und Dank sagen und sich freuen bis in die Ewigkeit der Ewigkeit in Freude. Und sie werden an ihren Feinden all deren Gericht sehen und all ihre Verfluchung."[149]

Es ist offensichtlich, daß nicht zufällig „Gerechte und Erwählte" in der frühen Apokalyptik fast Synonyme sind. Es geht nicht um die Lebensbilanz der einzelnen, sondern um die Zugehörigkeit zum wahren Israel. Dennoch geht es nicht nur um Erwählung; denn Gerechtigkeit schließt immer auch den Gehorsam gegen das Gesetz ein.[150]

Einen tiefen Einblick in Theologie und Frömmigkeit einer solchen Sondergruppe, die sich als die Heiligen und Erwählten und Repräsentanten des wahren Israels verstand, geben die Texte von Qumran. In einem der Loblieder heißt es: „Du wirst ausrotten im Gericht alle Männer des Trugs, und Seher des Irrtums werden nicht mehr gefunden werden ... Und die nach deiner Seele sind, werden vor dir stehen auf ewig; und die auf dem Wege deines Herzens wandeln, werden feststehen für immer" (1 QH 4,20f). Von denen, die sich im Bund des Lehrers der Gerechtigkeit zusammengefunden haben, gilt: „Sie rüsteten sich für dich im Kreis der Heiligen, und du bringst auf immer ihr Recht hervor und zur Richtigkeit die

148 Äth Hen 91,12 (nach S. Uhlig, JSHRZ V, 6,713); vgl. 51,2: „Er wird die Gerechten und Heiligen von ihnen auswählen, denn der Tag ist herangerückt, daß sie gerettet werden"; weiter 61f und 100, 4f.

149 Nach K. Berger, JSHRZ II, 3, 446. Differenzierter beschreibt 5,13–18 das Gericht.

150 Vgl. Äth Hen 93,4f; 99,2 (dazu Ziesler, Righteousness, 95f). Eine ähnliche Zusammenschau von Erwählung und Gesetzesgehorsam kennt auch die Theologie der Gruppe von Qumran; vgl. Becker, Heil, 125.

Wahrheit ... du legst Furcht vor ihnen auf dein Volk und Zerschmetterung auf alle Völker der Länder, um auszurotten im Gericht alle, die dein Wort übertreten" (1 QH IV, 24–27).

Es ist aber außerordentlich bewegend, dann im nächsten Lied der Loblieder die Sätze zu lesen:

„Und ich erkannte, daß beim Menschen keine Gerechtigkeit ist und nicht beim Menschenkind vollkommener Wandel. Beim höchsten Gott sind alle Werke der Gerechtigkeit, aber der Wandel des Menschen steht nicht fest, es sei denn durch den Geist, den Gott ihm schuf, um den Wandel der Menschenkinder vollkommen zu machen, damit sie alle seine Werke erkennen in der Kraft seiner Stärke und die Fülle seines Erbarmens über alle Söhne seines Wohlgefallens ... Ich sprach: In meiner Sünde bin ich verloren für deinen Bund. Als ich der Kraft deiner Hand gedachte mit der Fülle deines Erbarmens, da richtete ich mich auf und erhob mich und mein Geist gewann wieder Festigkeit gegenüber der Plage; denn ich stütze mich auf deine Barmherzigkeit und Fülle deines Erbarmens. Denn du sühnst Sünde und reinigst den Menschen von Verschuldung durch deine Gerechtigkeit" (1 QH 4,30–38).

Hier begegnen wir einer Rechtfertigungstheologie, in der Sündenerkenntnis des einzelnen und Erwählungsbewußtsein einer Gruppe, Gesetzesgehorsam und das Wissen um ein *simul iustus et peccator* Hand in Hand gehen. Was jetzt in der Rechtfertigung geschieht, das wird im Gericht öffentlich gemacht werden.[151]

Eine ganz andere Linie begegnet uns dann gegen Ende des ersten Jahrhunderts n.Chr. im 4. Esra. Zwar heißt es auch hier: „Das Gericht wird nach dem Tod kommen, wenn wir zum Leben gelangen. Dann werden die Namen des Gerechten offenbar und die Taten der Sünder sichtbar werden." Aber die Frage, wer die Gerechten und wer die Sünder sind, ist ganz offen. Es gibt kein Kollektiv der Erwählung und nicht die Möglichkeit füreinander einzustehen. Im Gericht wird „niemand für einen anderen bitten; denn dann trägt jeder selbst seine Ungerechtigkeit oder Gerechtigkeit" (7,104f). Der Seher versucht zwar im Gefolge alttestamentlicher Aussagen eine Theologie der Gnade zu vertreten: „Du

151 Vgl. Klaiber, Rechtfertigung und Gemeinde, 258–264.

aber wirst wegen uns Sündern der Barmherzige genannt. Denn wenn du dich unser, die wir ja keine Werke der Gerechtigkeit haben, erbarmen willst, wirst du der Erbarmer genannt ..., denn dadurch wird deine Gerechtigkeit und deine Güte offenbar, Herr, daß du dich derer erbarmt hast, die keinen Bestand an guten Werken haben" (8,31f. 36). Aber das wird von dem Engel, der in Gottes Auftrag spricht, als „billige Gnade" zurückgewiesen. „Mögen also eher viele der jetzt Lebenden zugrunde gehen, als daß das vorgelegte Gesetz Gottes verachtet werde" (7,20). Wie bei der Läuterung von Erz die wertvollsten Metalle am seltensten und daher besonders kostbar sind, so ist es auch im Gericht: „Ich werde mich über die wenigen freuen, die gerettet werden, weil sie es sind, die jetzt schon meinen Ruhm befestigen und durch die schon jetzt mein Name gepriesen wird. Und ich werde nicht traurig sein über die Menge derer, die verloren gehen. Denn sie sind es, die dem Dunst ähnlich sind, und der Flamme und dem Rauch gleichen" (7,60f).[152]

Hier wird der Gesetzesgehorsam der einzelnen zum alleinigen Maßstab im Gericht. Zwar kann 4. Esra davon sprechen, daß jemand „entrinnen kann durch seine Werke oder durch den Glauben, womit er geglaubt hat" (9,7f), aber er meint mit „Glauben" offensichtlich die Treue zu Gottes Weisung, gewissermaßen die „Innenseite" des Gesetzesgehorsams.[153] Aber auch bei ihm scheint die Entscheidung „Gerechter oder Sünder" schon vor dem Gericht festzustehen, in dem die „Gerechten" bzw. die „Übriggebliebenen" gerettet werden (6,25; 9,13). „Gerechtfertigt" ist der Seher schon jetzt und damit für würdig gehalten, das Ende der Tage zu schauen (12,7f).[154] Und er berichtet davon, um davor zu warnen, sich leichtsinnigerweise auf Gottes Barmherzigkeit im

152 Alle Übersetzungen nach J. Schreiner, JSHRZ V,4.

153 Stuhlmacher, Gerechtigkeit Gottes, 173 vergleicht diese Aussage mit der von Jak 2. Sanders, Paul, 409, meint, daß in 4. Esra der jüdische Glaube zu einer „religion of individual self-righteousness" und „legalistic perfection" gemacht wurde.

154 Begründet wird dies damit, daß er „Gnade gefunden" hat (12,7); aber auch damit, daß für ihn „ein Schatz von guten Werken beim Höchsten hinterlegt ist" (7,77).

Gericht zu verlassen. Die Entscheidung über Tod oder Leben fällt jetzt im Gehorsam gegenüber dem Gesetz.

Im Judentum vor und während der Zeit des NT finden wir also insbesondere bei denen, die Gottes Weisung ernst nehmen, die sehnsüchtige Erwartung, daß Gott seine Herrschaft aufrichten und seine Gerechtigkeit offenbaren möge. Dann wird sich der Unterschied zwischen den Gerechten und Sündern auch in ihrem Ergehen zeigen und es wird deutlich werden, daß Gott zu denen steht, die sich an ihn halten. Dabei geht es nicht einfach um die Aufrechnung von „Verdiensten" durch Werke, sondern um die Vollendung der Gemeinschaft mit Gott, die jetzt schon im Leben der Gerechten gelebt wird.[155] Die Rechtfertigungsbotschaft des AT wird ins Eschatologische „übersetzt", ohne ihre gegenwartsbezogene Dimension zu verlieren.

7. Von der Schwierigkeit zu übersetzen – ein Exkurs

Eine gravierende Neuakzentuierung der Bedeutung des Wortfeldes Gerechtigkeit/Recht/rechtfertigen ergab sich bei der Übersetzung der hebräischen Bibel ins Griechische. Zwar ist zu vermuten, daß die Übersetzer gerade an dieser Stelle keine großen Schwierigkeiten sahen. Die Wiedergabe von ṣædæk/ṣᵉdaqa (Gerechtigkeit) mit *dikaiosyne*, von ṣadīq (gerecht) mit *dikaios* und hīṣdīq (rechtfertigen) mit *dikaioō* schien naheliegend und wurde daher auch fast einheitlich durchgeführt.[156] Es gab sicher Begriffsfelder, bei denen das sehr viel schwieriger war.

Dennoch war gerade das Verständnis von Gerechtigkeit und Rechtfertigung durch die Übersetzung ins Griechische (und ähnlich dann auch ins Lateinische und Deutsche) erheblichen Veränderungen ausgesetzt. Manche Eigentümlichkeit im hebräischen Verständnis von Recht und Gerechtigkeit läßt sich durch die entsprechenden

155 Vgl. auch die rabbinische Auffassung vom Gehorsam gegenüber Tora als Weg zum Leben, in dem gegenwärtiges und endzeitliches Heil zusammen gesehen wird (F. Avemarie, Tora und Leben, 578–583).

156 Vgl. C.H. Dodd, Bible, 42–59; D. Hill, Greek words, 98–109; J.A. Ziesler, Righteousness, 52–69. Nach Hill übersetzt die Septuaginta in 462 von 476 möglichen Fällen Worte vom Stamm *ṣdq* mit Worten vom Stamm *dikai* – (Ziesler sieht das Verhältnis 449 zu 481).

griechischen (und deutschen!) Begriffe nur teilweise ausdrücken. Um die gemeinte Sache zu verstehen, ist oft eine umschreibende „Rückübersetzung" ins Hebräische nötig.

Ich möchte drei Aspekte hervorheben, in denen sich griechischer Sprachgebrauch (dem der deutsche oft bemerkenswert genau folgt) sich vom hebräischen unterscheidet.

1. Die Übersetzung von ṣædæk/ṣᵉdaqa (Gerechtigkeit) mit dem Wort *dikaiosynē* verdeckt die subtile Differenzierung der beiden eng verwandten hebräischen Begriffe. Sie könnte auch im Deutschen nur durch künstlich klingende Wortbildungen wiedergegeben werden. Interessanterweise hat das Englische mit den Worten *justice* und *righteousness* zwei verschiedene Begriffe für die hier gemeinte Sache zur Verfügung. Aber auch sie decken sich nicht mit den Nuancen der beiden hebräischen Begriffe, helfen aber, richterliche und rettende Gerechtigkeit zu unterscheiden.[157]

2. In der griechischen Philosophie bezeichnet der Begriff *dikaiosynē* (Gerechtigkeit) eine der vier Kardinaltugenden.[158] Er beschreibt das Verhalten, das das gedeihliche Zusammenleben vieler in einem Gemeinwesen möglich macht. Er ist der griechische „Standardbegriff" für „soziale Gerechtigkeit".[159] Für den Bereich des Rechts ist die Definition des spätrömischen Juristen Ulpian kennzeichnend: „Gerechtigkeit ist der feste und dauernde Wille, jedem sein Recht zuzuteilen" oder in der Kurzformel: *suum cuique*.[160] Weder wird das Verhältnis zu Gott noch eine göttliche Eigenschaft oder Verhaltensweise im Griechischen in der Regel durch den Begriff *dikaiosynē* beschrieben. Die Zusammenstellung von „Gerechtigkeit und Heiligkeit" kennzeichnet in der griechischen Literatur den Zusammenhang des rechten Verhaltens gegenüber Menschen und Göttern, während die biblische Tradition beide Begriffe für das Gottesverhältnis verwendet.[161]

Dem griechischen Sprachgebrauch ist also die Rede von Gottes helfender und rettender Gerechtigkeit sehr fremd. Das mag ein Grund dafür sein, daß die Septuaginta, dort wo sie ṣᵉdaqa nicht mit *dikaio-*

---

157 Vgl. z.B. „to judge with justice" (Lev 19,5) mit „to judge with righteousness" (Ps 96,13; Jes 11,4). Vgl. J. Fitzmyer, Romans, 257f.

158 Vgl. A. Dihle, Art. Gerechtigkeit, RAC 10, 1978, 248ff.

159 So Dodd, aaO. 42.

160 R. Baumann, „Gottes Gerechtigkeit", 55f; E. Jüngel, Evangelium, 48–51

161 Vgl. Dihle, aaO. 240ff, und Lk 1,75; Eph 4,24.

synē wiedergibt, gern das griechische Äquivalent für Erbarmen aufgreift.[162] Daß aber umgekehrt auch ḥæsæd (Gnade) mit *dikaiosynē* übersetzt werden kann, zeigt, daß das griechische Wort für die Übersetzer durchaus ein geeignetes Gefäß für die entsprechende alttestamentliche Vorstellung von Gerechtigkeit als gnädiger Zuwendung Gottes sein konnte.[163]

Die Plastizität des Sprachgebrauchs zeigt sehr schön der Befund in den Apokryphen. In Weish 8,7 ist Gerechtigkeit wie für die Griechen eine der Kardinaltugenden. In 5,19 aber wird von Gottes Rechtshilfe für die Gerechten gesagt, daß Gott „Gerechtigkeit als Panzer anziehen und unbestechliches Gericht als Helm aufsetzen wird", und in 12,16 wird Gottes Stärke als Ursprung seiner vergebenden und verschonenden Gerechtigkeit gesehen. In Bar 5,2 heißt es in der Tradition Tritojesajas: „Zieh den Mantel der Gerechtigkeit von Gott an und setze die Krone der Herrlichkeit des Ewigen auf dein Haupt." Klang das den Griechen auch fremd, ahnten sie doch, was gemeint war.

3. Die Wiedergabe des hebräischen „rechtfertigen" mit griechischem *dikaioō* erweist sich ebenfalls als schwierig. Das Wort bedeutet im Griechischen eigentlich „ins Recht setzen", „das Recht zuteilen" (so wie auch im Deutschen „rechtfertigen" ursprünglich meint, jemand „sein Recht ausfertigen", d.h. vollstrecken).[164] De facto heißt aber damit „den Schuldigen rechtfertigen", ihn zu bestrafen. Auf Griechisch ausgedrückt war also die Warnung, den Schuldigen nicht zu „rechtfertigen" (Ex 23,8; Jes 5,23) zunächst eher unverständlich. Warum sollte ihm nicht „Recht geschehen", indem er bestraft wurde? Die Septuaginta übersetzt daher in Spr 17,15 anders (ähnlich wie Luther: „Wer den Schuldigen gerecht spricht und den Gerechten schuldig ..."). Bei Ex 23,8 oder Jes 5,23 aber mußte der griechische Leser ohne diese Lesehilfe merken, daß offensichtlich gerade das Gegenteil von dem gemeint war, was er zunächst vermutete.[165]

---

162 *eleos* bzw. *eleēmosynē*; vgl. Ps 24,5; 33,5; 103,6.

163 Vgl. Gen 19,19; 20,13 u.ö.; Hill, aaO. 106.

164 Vgl. A. Peters, Rechtfertigung, 39, 60.

165 Die Unsicherheit der Übersetzung von Sir 42,2 weist auf diese Schwierigkeit hin. Ist gemeint: „Den Gottlosen [wenn er Recht hat] gerecht zu sprechen" (so Luther, Gute Nachricht, NRSV, nach dem zugrunde liegenden hebräischen Text) oder „den Schuldigen zu bestrafen bzw. nicht freizusprechen" (so Einheitsübersetzung, Sauer JSHRZ, nach der Bedeutung des griechischen Textes)?

Doch zeigt sich auch darin die Elastizität der Sprache, die dazu führt, daß die griechische Terminologie durch ihre kontextuelle Verwendung der Bedeutung des Hebräischen sehr nahe rückt.[166] Das ist auch die Voraussetzung für den Gebrauch im Neuen Testament. Ein griechischer Leser z.B. hat wohl sehr bald gemerkt, daß Paulus mit der „Rechtfertigung des Gottlosen" in Röm 4,5 nicht dessen Bestrafung gemeint hat, sondern die erstaunliche Tatsache, daß Gott ihn gerecht spricht.

166 Vgl. dazu Ziesler, Righteousness, 67–69.

III. Rechtfertigung ist Befreiung – das Neue Testament

Neutestamentliche Rechtfertigungsaussagen finden sich fast ausschließlich in den paulinischen Schriften. Vor allem, daß sie in der Verkündigung Jesu selten sind, hat zur kritischen Anfrage geführt, ob das Wesen des Evangeliums Jesu „in der Form einer Rechtfertigungslehre zum Ausdruck kommen" müsse und könne.[1] Es stellt sich also die Frage: Gibt es – wenn nicht in der Begrifflichkeit so doch der Sache nach – so etwas wie eine Rechtfertigungsbotschaft Jesu?

1. Gerechte und Sünder – die Rechtfertigungsbotschaft Jesu

Jesus hat selten von Gerechtigkeit und Rechtfertigung gesprochen.[2] Wo er Menschen sagt, wie Gott ihnen begegnet, spricht er davon, daß „Gottes Herrschaft" ihnen unmittelbar nahe ist.[3] Die Wurzeln dieser Aussage finden sich im Alten Testament, insbesondere in den Jahwe-Königs-Psalmen (47,93,96–99), die Jahwes königliche Herrschaft und sein gerechtes Gericht über die ganze Erde proklamieren, und bei Deuterojesaja, der verkündigt, daß Gott seine heilvolle Herr-

1 So H. Wolff, Neuer Wein – alte Schläuche, 84.

2 Alle Belege für „Gerechtigkeit (Gottes)" stehen bei Mt und erweisen sich im synoptischen Vergleich als typisch für seine theologische Interpretation (vgl. 3,15; 5,6.10.20; 6,33).

3 Darin sind die Zusammenfassungen seiner Verkündigung in Mt 4,17; Mk 1,14f durchaus im Recht, auch wenn sie jeweils redaktionell formuliert sind (vgl. zum ursprünglichen Wortlaut Mt 10,7; Lk 10,9.11). Zum ganzen Thema vgl. E. Zenger/A. Lindemann, Art. Herrschaft/Reich Gottes II.IV, TRE 15, 1986, 176–189; 196–218; H. Merklein, Jesu Botschaft; J. Becker, Jesus; R. Baumann, Gottes Gerechtigkeit, 205–224; E. Jüngel, Paulus und Jesus.

schaft über sein Volk und die ganze Völkerwelt aufs neue für alle sichtbar aufrichten wird (vgl. Jes 52,7–11). Das ist der gleiche Traditionskreis, in dem auch die Hoffnung auf die Offenbarung der heilvollen Gerechtigkeit Gottes ihren Sitz hat (vgl. Ps 98,2; Jes 51,5).

Von der „Königsherrschaft Gottes" spricht man in der frühjüdischen Literatur und insbesondere in der Apokalyptik, wenn man den Glauben an Gottes gegenwärtiges Regiment ausdrücken will, vor allem aber dort, wo man die Hoffnung auf Gottes endgültigen Sieg über die gottfeindlichen Mächte und sein Gericht über alle seine Feinde beschreiben möchte. Der Begriff bezeichnet – ähnlich wie im Neuen Testament – den *Vollzug* der Herrschaft, also das Herrschen Gottes, und den *Bereich* seiner Herrschaft, also das „Reich" Gottes. Er ist aber nirgends das Leitthema der Botschaft einer Schrift.[4]

Es mußte denen, die Jesus hörten, also auffallen, wie zentral dieses Thema für Jesus war, und wohl mehr noch, wie sehr Jesus von der unmittelbaren Nähe der Gottesherrschaft durchdrungen war, aus deren Gegenwart heraus er lebte und handelte. Zugleich trat bei ihm der Gerichtsaspekt des Themas zurück, ohne allerdings ganz zu verschwinden.[5] In Jesu Wort und Werk begegnen Menschen Gott und seiner Herrschaft gerade in seiner Güte, die allen Gottesmangel und alle Gottesferne überwindet. Diese Güte ist es auch, die das Leben der Menschen für Gott in Beschlag nimmt und sie so unter Gottes Herrschaft führt. Die Zusage, daß Gott die Menschen ohne Bedingungen annimmt, und die Zumutung einer Liebe, die keine Grenzen kennt, gehören in der Verkündigung Jesu von der Gottesherrschaft untrennbar zusammen.

Eine prägnante Zusammenfassung dieser Botschaft bietet die erste Seligpreisung: „Selig ihr Armen, denn euch gehört das Reich Gottes" (Lk 6,20).[6]

---

4 O. Camponovo, Königtum, bes. 443–446.

5 Vgl. dazu J. Becker, Johannes der Täufer; ders., Jesus, 37–99.

6 Lk 6,20 hat gegenüber Mt 5,3 die ursprüngliche Form der Seligpreisung bewahrt. Das gilt m.E. auch für die Formulierung der Begründung in der zweiten Person (mit J. Becker, Jesus, 197).

Daß Jesus die Armen selig preist, scheint zunächst ein unverständliches Paradox. Denn die parallelen Aussagen in der zweiten und dritten Seligpreisung, die den Hungernden und Weinenden gelten, zeigen, daß es durchaus um materielle Armut geht. Jesus spricht Menschen in Not an: Solche, die nicht genügend haben, um ihren Lebensunterhalt zu fristen und darum Hunger leiden, solche, die am Verlust lebenswichtiger Beziehungen leiden und darum weinen, und solche, deren Leben durch den Mangel gezeichnet ist und dadurch entwertet wird. Trotz der offensichtlichen Beziehung zur alttestamentlichen Armenfrömmigkeit, darf der Heilszuspruch Jesu nicht spiritualisiert werden.[7]

Aber während Jesus den Weinenden verspricht, daß sie wieder lachen werden, und den Hungernden, daß Gott sie sättigen wird, wird den Armen nicht einfach gesagt, daß Gott sie reich machen wird. Die Begründung, daß ihnen Gottes Reich gehört, geht darüber hinaus. Ihre Zusage gilt schon für die Gegenwart und ihr Inhalt umfaßt weit mehr als die Aussicht auf künftigen Reichtum. Denen, die nichts haben, wird das zugesagt, was niemandes Besitz sein kann und doch Gottes unvergleichliches Geschenk für sie sein soll, die Fülle der alles umfassenden Königsherrschaft Gottes!

Es ist bezeichnend, in welchem Zusammenhang sich diese Zusage noch einmal im Neuen Testament findet. Jesus sagt in Mk 10,14: „Laßt die Kinder zu mir kommen und hindert sie nicht; denn Menschen wie ihnen gehört das Reich Gottes." „Menschen wie sie", das sind zunächst einmal die Kinder selber, oft auf die Seite gestellt, übersehen und nicht für voll genommen – und doch Menschen voller Sehnsucht nach Zuwendung und Annahme, abhängig von der Fürsorge anderer und zugleich immer bereit, sich beschenken zu lassen. „Menschen wie sie", sind daher auch solche, die Gottes Reich „annehmen wie ein Kind" (Mk 10,15), die wissen, daß sie von

7 Vgl. P. Stuhlmacher, Biblische Theologie, 72. Dies gilt letztlich auch für die alttestamentliche Armenfrömmigkeit selber. Mit den „Armen und Elenden" sind Menschen gemeint, „deren äußere Lage sie dahin treibt, daß sie Alles von Gott erwarten müssen, und deren innere Haltung so ist, daß sie wirklich Alles allein von Gott erwarten" (J. Schniewind, Matthäus, 41).

seinem Schenken leben und das, was er gibt, ohne sich zu zieren mit offenen Händen annehmen.

Kinder und Arme sind angewiesen auf Gottes Geben, daher gehört ihnen Gottes Reich, der Inbegriff seiner machtvollen Nähe, und das macht den Wert und den Reichtum ihres Lebens aus.[8]

Damit bekommt freilich auch hier der Begriff der „Armen" eine Bedeutung, die über die ökonomische Statistik hinausführt. Es bleibt dabei: Gemeint sind „die leibhaftig Armen, Habenichtse, Elende, Unterdrückte, Rechtlose, Abhängige".[9] Und ihnen gilt Jesu Zusage unbedingt – ohne Vorbedingungen und Nebenabreden. Zugleich aber liegt die Wirklichkeit dieser Zusage in dem durch sie eröffneten Verhältnis zu Gott. Darum scheint mir der ursprüngliche Anredecharakter der ersten Seligpreisung so wichtig zu sein; nicht eine neutrale Aussage über das Verhältnis zwischen Gott und Menschen in ökonomischer Mangelsituation ist ihr Inhalt, sondern der Zuspruch der Zuwendung Gottes an die betroffenen Menschen.[10] Sie sind „arm vor Gott".

Solches „arm Sein vor Gott" kann dann auch in einem übertragenen Sinn verstanden werden (vgl. Mt 5,3 „Arme im Geist", ähnlich dem „werden wie die Kinder"); Anknüpfungs- und Zielpunkt bleiben aber immer die, deren Leben durch Mangel und Not gezeichnet ist und die am Wert ihres Lebens zweifeln. Ihnen wird gesagt, daß Gott zu ihnen steht und ihr Leben mit seiner Gegenwart erfüllt und reich macht.

Daß die Armen in besonderer Weise von Jesu Verkündigung und Wirken angesprochen werden sollen, wird in der Evangelientradition mehrfach betont. So ist nach Lk 4,16–21 sein Auftreten die Erfüllung des in Jes 61,1f angesagten Heilshandelns des durch Gottes Geist Gesalbten, in dessen Mittelpunkt der Auftrag steht, „Armen gute Botschaft zu bringen". Und auf dem Hintergrund dieser und anderer alttestamentlicher Verheißungen faßt Jesus sein Wirken und des-

---

8 Vgl. H. Weder, Rede, 48–50, der fast als einziger Ausleger sich darum müht zu verstehen, was mit der eigentümlichen Formulierung „euer ist das Reich Gottes" gemeint ist.

9 H. Weder, aaO. 48.

10 H. Weder, aaO. 47, spricht vom „Sprechakt", der gelingen muß.

sen Bedeutung in den Worten zusammen: „Blinde sehen und Lahme gehen, Aussätzige werden rein und Taube hören, Tote stehen auf und Armen wird das Evangelium verkündigt; und selig ist, wer nicht an mir Anstoß nimmt" (Mt 11,5f = Lk 7,22f).[11]

Die Verkündigung der frohen Botschaft an die Armen ist offensichtlich Zusammenfassung und Sinndeutung des heilenden Handelns Jesu.[12] Die Wunder sind Hinweis auf die beginnende Endzeit, in der Gott seine heilvolle Herrschaft aufrichtet.[13] Wo Menschen am Ende ihrer Möglichkeiten sind, schafft Gott neues Leben. Daß dies allen gilt, die durch Mangel und soziale Ächtung vom Leben ausgeschlossen und abgeschnitten scheinen, das ist die frohe Botschaft, das Evangelium für die Armen.

Wie voraussetzungslos die heilvolle und befreiende Nähe der Gottesherrschaft denen hilft, die von Gott und ihrer Bestimmung als seine Geschöpfe entfremdet sind, zeigt sich am deutlichsten in den Geschichten von den Dämonenaustreibungen Jesu. Dort, wo Menschen ganz offensichtlich nicht mehr Herr ihrer selbst sind, sondern in einer gespaltenen Existenz sich selbst zerstören, sich von anderen isolieren, noch lebendig schon in den Gräbern hausen, da sieht Jesus mit den Menschen seiner Zeit die Herrschaft Satans und seiner Dämonen am deutlichsten am Werk. Diese Herrschaft aber ist für Jesus grundsätzlich gebrochen: „Ich sah den Satan wie einen Blitz vom Himmel fallen" (Lk 10,18). Von Gott her ist der Satan bereits grundsätzlich entmachtet[14] und dem entspricht positiv die Ansage: „Wenn ich mit dem Finger Gottes die Dämonen austreibe, dann ist die Gottesherrschaft schon

---

11 Vgl. Jes 26,19; 29,18f; 35,5f; 42,18; 61,1. Das Textfragment aus Qumran 4 Q 521,2, II zeigt, daß man dort erwartete, daß Gott in den Tagen des Messias diese Verheißungen erfüllen wird; vgl. J. Maier, Texte II, 683f.

12 Das gilt, obwohl der Begriff „Evangelium" in Jesu Verkündigung kein Leitmotiv darstellt. Mt 11,6 ist eigentlich zu übersetzen: „Den Armen wird Heil angesagt" (G. Strecker, Art. *euaggelizō*, EWNT II, 174; vgl. P. Stuhlmacher, Evangelium, 218–244).

13 Zu diesem Zusammenhang vgl. Becker, Jesus, 137f.

14 J. Becker, Jesus, 131–133.

bei euch angekommen“ (Lk 11,20; vgl. Mt 12,28). „Gottes Finger“, seine rettende und befreiende Hand, reicht bis hinein in die tiefste Entfremdung von Gott, in der sich Menschen nicht einmal mehr ihm zuwenden und sich glaubend an ihn halten können, in der aus ihnen nur noch Stimmen der Abwehr dringen und sie erst durch die Berührung mit dem vollmächtigen Wort Jesu wieder zu ihrem „Ich“ finden.[15]

Unter diesem Vorzeichen stehen auch viele der Heilungsgeschichten. Daß Jesus Aussätzige berührt (Mk 1,41), daß er die Berührung durch eine unreine Frau akzeptiert (Mk 5,24–34) und daß er sich von der mütterlichen Logik einer heidnischen Frau überreden läßt, auch ihrem Kind zu helfen (Mk 7,24–30), das zeigt die Richtung seiner Sendung. Sie gilt den Ausgeschlossenen und Unberührbaren in der Gesellschaft, die durch ihn von Gottes helfender und heilender Hand erreicht werden. Heilung zielt damit immer auch auf Integration in die Gemeinschaft.[16]

Daß dies ein wichtiges Ziel des Wirkens Jesu ist, wird immer wieder deutlich. So wie Jesus gerne das Bild von einem großen Festmahl als Gleichnis für die vollendete Gemeinschaft mit Gott verwendet (z.B. Lk 14,16–24), so hat er auch seine Gemeinschaft mit Menschen sehr unterschiedlicher Herkunft als Zeichen ihrer Annahme durch Gott verstanden. Lk 15,2 wird als Vorwurf der Pharisäer und Schriftgelehrten zitiert: „Dieser nimmt Sünder auf und ißt mit ihnen.“ Wer andere gastfreundlich aufnimmt, nimmt sie an. Darum grenzen sich diejenigen der Zeitgenossen Jesu, die es mit dem Gesetz ernst meinten, gerade im Blick auf die Tischgemeinschaft von anderen ab. Um so anstößiger war das gegenteilige Verhalten Jesu.[17] Jesus selbst zitiert ein gegen ihn umlaufendes

---

15 Vgl. als besonders sprechendes Beispiel Mk 5,1–20.

16 Daß dies auch im Blick auf die Gemeinschaft mit Gott gilt, ist exemplarisch in der Geschichte von der Heilung des Gelähmten in Mk 2,1–11 dargestellt. Ob die Verbindung von Heilung und Sündenvergebung, in der ja kein Kausalzusammenhang zwischen Schuld und Krankheit konstruiert wird, schon ursprünglich in dieser Geschichte verankert war, bleibt umstritten. Zustimmend O. Hofius, Vergebungszuspruch; ablehnend mit vielen anderen J. Becker, Jesus, 171.

17 Vgl. O. Hofius, Jesu Tischgemeinschaft; Becker, Jesus, 194–211.

Schimpfwort: „Johannes der Täufer ist gekommen und aß kein Brot und trank keinen Wein; so sagen sie: er ist besessen. Der Menschensohn ist gekommen, ißt und trinkt; so sagen sie: Siehe, dieser Mensch ist ein Fresser und Weinsäufer, ein Freund der Zöllner und Sünder!" (Mt 11,18f/Lk 7,33f).

Auch in der mit knappen Strichen erzählten Geschichte von einem Mahl Jesu mit Zöllnern und Sündern in Mk 2,15–17 werden die Schriftgelehrten der Pharisäer mit der entsetzt vorwurfsvollen Frage an Jesu Jünger zitiert: „Mit Zöllnern und Sündern ißt er?" Jesu Antwort lautet: „Die Starken brauchen keine Arzt, sondern die Kranken. Ich bin nicht gekommen, die Gerechten zu rufen, sondern die Sünder."[18]

In diesen Zitaten scheint der Begriff „Sünder" nicht nur eine theologische, sondern auch eine soziologische Bedeutung zu haben. Denn offensichtlich sind stadtbekannte, notorische Sünder gemeint, d.h. Leute, die aufgrund ihres Lebenswandels oder ihrer Zugehörigkeit zu einer bestimmten Schicht „Sünder" genannt wurden. Wie sich dieser Personenkreis in einem galiläischen Städtchen zusammensetzte, ist nicht eindeutig zu sagen. Sicher gehörten Frauen dazu, die im Ruf standen, einen unmoralischen Lebenswandel zu führen (vgl. Lk 7,37–39; Mt 21,31f), und zweifellos auch der Personenkreis, von dem sich der Pharisäer in Lk 18,11 distanziert: Räuber, Betrüger, Ehebrecher und Zöllner. Grund für diese Einordnung der Zöllner dürfte ihr häufiger Verkehr mit Heiden, vor allem aber ihr Ruf als Betrüger gewesen sein.[19] Möglicherweise war der Kreis noch größer und umfaßte „die Diffamierten, die *'amme ha-'aräç* [d.h. den „Pöbel"], die Ungebildeten, Unwissenden, denen ihre *religiöse* Unkenntnis und ihr *moralisches* Verhalten nach der Überzeugung der Zeit den Zugang zum Heil versperrten."[20]

---

18 Manche Ausleger halten den ersten Teil der Antwort Jesu für einen späteren, erläuternden Zusatz, der die Stringenz des Bildes stört und die Härte der Gegenüberstellung mildert (so Becker, aaO. 207f). Mir scheint wesentlich, daß beide Teile der Antwort nahtlos in die Verkündigung Jesu passen.

19 Vgl. O. Michel, Art. *telōnēs*, ThWNT 8, 101f.

20 J. Jeremias, Neutestamentliche Theologie I, 114.

Offensichtlich enthält der Begriff „Sünder" hier auch eine soziale Komponente. Wie in jeder Gesellschaft waren es auch im Judentum die Angehörigen der untersten Schichten, die eher in Gefahr waren, unter dem Druck der Verhältnisse deviante Verhaltensweisen anzunehmen, und dann als einmal Abgestempelte keinen Weg zurück zur sozialen Integration fanden. Während für die alttestamentliche Armenfrömmigkeit die Gleichsetzung der Armen mit den Gerechten typisch ist, nähern sich in der Jesusüberlieferung die Begriffe „Arme" und „Sünder" einander an, ohne daß es zu einer eindeutigen Parallelisierung oder gar Gleichsetzung käme.[21] Allerdings zeigt die stereotype Wendung „Zöllner und Sünder", daß die ökonomische Problematik nicht der leitende Gesichtspunkt ist. Denn finanziell gehören diese sicher eher zur gehobenen Mittel- bzw. Oberschicht.[22] Wer in Jesu Gesellschaft nur unterdrückte und ausgebeutete Unterzöllner wahrnehmen will,[23] hat nicht begriffen, wie nonkonformistisch Jesu Verhalten in Wirklichkeit war. Er wandte sich an die Deklassierten aller Art und ließ sie die Nähe der heilsamen Herrschaft Gottes erfahren. Seine Sendung zum ganzen Volk Gottes sollte keinen ausschließen (vgl. Lk 19,10).

Um Verständnis dafür, daß dies gerade das besondere Mühen um die an den Rand Gedrängten oder aus der Gemeinschaft des Gottesvolkes Herausgefallenen nötig macht, werben das Bildwort von den Kranken, die den Arzt brauchen, und vor allem die Gleichnisse vom verlorenen Schaf und verlorenem Groschen (Lk 15,4–10). Hier werden die kritischen Zuhörer mit hineingenommen in die sorgende Suche nach dem Verlorenen und die überwältigende Freude am Gefundenen. Und sie werden eingeladen, in Jesu Zusammensein mit Zöllnern und Sündern das Suchen und Finden Gottes zu entdecken und sich mit ihm daran zu freuen. So interpretiert Jesus „seine Tischgenossenschaft als Wiederfinden, was nur die Wiederherstellung der durch die Sünde verlorengegangene Gemeinschaft mit Gott meinen kann. Dies ist ein ungeheu-

---

21 Vgl. aber auch Ps 25,8f.

22 F. Herrenbrück, Wer waren die „Zöllner"?

23 Das ist die Tendenz bei L. Schottroff/W. Stegemann, Jesus, 18.

erlicher Anspruch. Denn Jesus behauptet damit, daß Gott hier und jetzt von sich aus zum Sünder durchgestoßen ist, ohne zu warten, bis dieser die noch nach damals üblichem Denken nötige Disposition dafür geschaffen hat."[24]

In Lk 19,1–10 findet sich eine Beispielgeschichte, die zeigt, wie dieses Gefundenwerden sich vollziehen kann und wie es ganz selbstverständlich zu entsprechenden Konsequenzen führt. Daß Jesus „bei einem Sünder eingekehrt" (V. 7), bedeutet, daß „seinem Haus Heil widerfährt" (V.9). Das Schlußwort dieser Geschichte: „Der Menschensohn ist gekommen, das Verlorene zu suchen und zu retten" (V. 10), verbindet in eindrucksvoller Weise eine bildhafte Beschreibung des Wirkens Jesu, der diejenigen sucht und rettet, die sich im Leben verirrt und verloren haben,[25] mit seiner theologischen Deutung als Rettung derer, die von dem letzten Verlorensein ihres Lebens vor Gott bedroht sind.[26]

Was aber geschieht mit den „Gerechten"? Brauchen sie als Gesunde den Arzt nicht (Mk 2,17) und haben sie wirklich die Umkehr nicht nötig (Lk 15,7)? Die Frage bleibt in der Jesusüberlieferung zunächst durchaus offen. Obwohl Jesus wie Johannes der Täufer grundsätzlich von der Gerichtsverfallenheit ganz Israels ausgeht (vgl. Lk 13,1–5),[27] weist ihn seine Sendung zuerst zu denen, die am eindeutigsten aus der Gemeinschaft mit Gott herausgefallen sind und daher gesucht und zurückgeholt werden müssen. Die Frage nach der Ge-

---

24 H. Merklein, Umkehrpredigt, 123. Es ist in der Auslegung umstritten, ob das Motiv der „Umkehr", das sich in 15,7.10 findet, nicht den Grundgedanken Jesu verändert oder gar verfälscht, da die Gleichnisse nur von einem passiven Gefundenwerden reden und das Ärgernis des Handelns Jesu eben gerade darin lag, daß er nicht zuerst auf Zeichen der Umkehr und der Buße wartete, bevor er Sünder in seine Gemeinschaft aufnahm. Entscheidend scheint für Jesus nicht, was der Mensch tut, sondern was an ihm geschieht. Da aber der Mensch kein Schaf und keine Drachme ist, zeigt Jesus etwas vom menschlichen Vollzug der Sache, die er meint, im Gleichnis vom verlorenen Sohn. Daß Menschen sich finden lassen und von dem geschenkten Heil zu leben bereit sind, das ist Umkehr im Sinn Jesu. (Vgl. W. Klaiber, Ruf und Antwort, 168).

25 Vgl. außer Lk 15 auch Ez 34,16; Mt 10,6; 15,24.

26 vgl. Joh 3,15f; 1. Kor 1,18, aber auch Mk 10,45.

27 Dazu J. Becker, Jesus, 63f.

rechtigkeit der Gerechten entscheidet sich nicht an einer intensiveren Durchleuchtung ihres Lebens vor Gott, sondern an ihrem Verhältnis zu Gottes Erbarmen über den Sündern.

Die tiefste Auseinandersetzung über diese Frage führt Jesus in seiner Gleichniserzählung vom Vater und seinen beiden Söhnen (Lk 15,11–32). In der Gestalt des jüngeren Sohnes begegnet uns ein Mensch, der verloren geht, weil er sein Recht für sich beansprucht und verspielt, und der sich – bewegt von einem letzten Funken Hoffnung auf eine neue Existenzmöglichkeit – wieder zu seinem Vater aufmacht.[28] Und es begegnet uns ein Vater, der – bevor der Sohn zu Hause ankommt und irgend etwas zu seinem Verhalten sagen kann – ihm aus seinem tiefen Erbarmen heraus entgegeneilt, so daß dieser sein Schuldbekenntnis in den Armen des Vaters ausspricht. Was dann in der Erzählung geschieht, ist „Rechtfertigung" im eigentlichen Sinn: Der, der sein Sohnesrecht verspielt hat und deshalb beteuert: „Vater, ich habe gesündigt gegen den Himmel und vor dir; ich bin hinfort nicht mehr wert, daß ich dein Sohn heiße" (V. 21), wird als Sohn angenommen und – ausgestattet mit Festgewand, Siegelring und den Schuhen des freien Mannes – wieder in die Rechtsstellung des mündigen Sohnes eingesetzt.[29] Und in tiefem Einklang zwischen erzählter und gedeuteter Welt heißt es von dem, der wieder heimgefunden hat: „Dieser mein Sohn war tot und ist wieder lebendig geworden."

Daneben steht der ältere Sohn, der sich angesichts der bedingungslosen Annahme seines Bruders und der Freude über dessen Rückkehr plötzlich benachteiligt und vernachlässigt vorkommt. Auch ihm kommt der Vater entgegen und lädt ihn ein, die vermeintlich verpaßte Chance des Fremdgehens nicht durch die Forderung nach Sanktionen für den Bruder kompensieren zu wollen, sondern die Freiheit zu entdecken,

---

28 Dieser Zug der Erzählung könnte Jesus den Tadel lutherischer Theologen einbringen. Er könnte vorzüglich illustrieren, was das Konzil von Trient mit „vorlaufender Gnade" meint. Der Entschluß des Sohnes ist sicher kein „Werk" (Weder, Gleichnisse, 258 A. 69). Aber er beschreibt auf der Bildebene, daß der Mensch im Heilsgeschehen nicht passiv bleibt.

29 Vgl. J. Jeremias, Gleichnisse, 130; R. Pesch, Zur Exegese Gottes, 163.

die in der gelebten Gemeinschaft mit seinem Vater liegt, und sich mit ihm über den wiedergefundenen Bruder zu freuen.

Die Erzählung differenziert sehr sorgfältig zwischen den beiden Brüdern. Und doch ergeben sich bedrängende Parallelen. Auch der, der zu Hause geblieben ist, lebt nicht wirklich „die Gemeinschaft mit dem Vater als Vater, er lebt als Knecht, nicht als Sohn."[30] Und gerade das Entgegenkommen des Vaters zeigt, daß auch der ältere Bruder am falschen Ort ist, „draußen, nicht beim Fest, in der Verweigerung. Die Güte des Vaters macht das Leben des Sohnes als entfremdete Existenz sichtbar – und zwar am Verhalten des Bruders zum Bruder."[31] So führt Jesus in den beiden Söhnen „zwei Spielarten entfremdeter Existenz vor, ohne sie zu karikieren; der eine Sohn wird in der Erzählung versöhnt, dem anderen wird versöhnte, neue Existenz angeboten."[32]

Der Ausgang der Geschichte ist offen, und dieser offene Ausgang ist zugleich die Einladung an die Hörer, sich zu fragen, wo sie selbst stehen. Wer auf der Seite Gottes steht und in seiner Gemeinschaft lebt, das entscheidet sich nicht an äußeren Merkmalen der Ferne und Nähe zu Gott, sondern daran, ob man Gottes Liebe teilt. Der Weg der Umkehr mag für die beiden Brüder sehr unterschiedlich aussehen, der entscheidende Schritt aber ist der gleiche: Die Einkehr beim Vater, der von sich aus den wichtigen Schritt seinen Söhnen entgegen schon getan hat. Und für beide gleich ist die Erfahrung der erneuten Annahme, der Eröffnung von Freiheit und Vollmacht in der Gemeinschaft mit dem Vater.

Bleibt in diesem Gleichnis die Frage nach der Rechtfertigung der „Gerechten" noch offen, scheint sie in einer anderen Beispielgeschichte schon entschieden zu sein. An Leute gewandt, die voller Selbstvertrauen meinten, gerecht zu sein und deshalb andere verachteten, erzählt Jesus die Geschichte von einem Pharisäer und einem Zöllner, die beide im Tempel beten (Lk 18,9–14). Während der Pharisäer voller Stolz betet: „Ich danke dir, Gott, daß ich nicht bin wie die anderen

30 Pesch, aaO. 167.
31 Pesch, aaO. 173.
32 Pesch, aaO. 167.

Leute, Räuber, Betrüger, Ehebrecher oder auch wie dieser Zöllner", steht der Zöllner weit abseits, wagt nicht, zum Himmel zu blicken, sondern schlägt an seine Brust und sagt nur: „Gott sei mir Sünder gnädig."[33] Und Jesus kommentiert: „Ich sage euch, dieser ging als Gerechtfertigter hinab in sein Haus, nicht jener."[34] Offensichtlich gilt die Kritik am Pharisäer nicht dem, was er tut, sondern der Tatsache, daß er seinen Stand vor Gott aus dem Vergleich mit anderen gewinnen zu können meint. Dem Zöllner aber geht es nur noch um seine Beziehung zu Gott; er weiß, daß er Hilfe und Annahme für sein Leben nur von der gnädigen Versöhnungsbereitschaft Gottes erwarten kann. Gerade das aber ist die Haltung, die der Gemeinschaft mit Gott entspricht, und darum kann Jesus von ihm sagen: Er ging aus dem Tempel als Gerechtfertigter; Gott hat ihn von seiner Schuld freigesprochen und in seine Gemeinschaft aufgenommen.[35]

Dazu noch eine weiterführende Beobachtung: Anders als in vergleichbaren Bitten in den Psalmen (vgl. 41,5; 79,9; 143,2) hatte sich der Zöllner ausdrücklich als „Sünder" bezeichnet. „Sünder" *(hamartōlōs)* ist aber neben „Gottloser" *(asebēs)* einer der Begriffe, mit denen die Septuaginta das hebräische *rš*ʿ „Frevler" übersetzt. Wenn Jesus dem Sünder die Rechtfertigung durch Gott zuspricht, wagt er es, von der Rechtfertigung des „Gottlosen" zu reden. Es ist zugleich die Rechtfertigung dessen, der sich bedingungslos Gott anvertraut. Dagegen erweist sich das Gottesverhältnis des Pharisäers als nicht tragfähig. Das liegt primär nicht daran, daß auch er nicht frei von Sünde ist. Jesus späht nicht sein Leben aus, um ihm nachzuweisen, daß auch er nicht besser als der Zöllner sei, so wenig dies der Vater im Gleichnis in der Begegnung mit seinen beiden Söhnen tut. Das Problem liegt in der

33 Wörtl.: „Gott, laß dich mit mir, obwohl ich Sünder bin, versöhnen."

34 Zur Übersetzung vgl. Jeremias, Gleichnisse, 141 (s.o. S. 15).

35 Mit der passivischen Wendung „als Gerechtfertigter" wird das Handeln Gottes umschrieben. Vielleicht steckt in dieser Geschichte noch die Erinnerung an den Zuspruch der Rechtfertigung im Tempel durch den Priester, wie wir sie aus Ez 18,9; Ps 24,4f erschlossen haben. Ein spezieller paulinischer Einfluß liegt nicht vor, sondern allgemein jüdischer Sprachgebrauch; vgl. 4. Esra 12,7.

falschen Grundeinstellung zu Gott. Statt sich ganz auf Gottes Barmherzigkeit und Treue zu verlassen, setzt er sein Vertrauen auf sich selbst und das Abschneiden im Vergleich mit anderen.

Die Aussage: „Vor Gott sind alle Menschen Sünder", die Pesch im Anschluß an das Gleichnis von den beiden Söhnen formuliert, scheint mir daher für die Verkündigung Jesu zu nivellierend zu sein. Richtig aber ist, daß für alle Menschen gilt, daß sie nur dann in Gottes Gemeinschaft leben können (und somit „gerecht" sind), wenn sie „umkehren und Gott wirklich als Gott, als den barmherzigen, gütigen, vergebenden, zuvorkommenden Vater anerkennen, praktisch anerkennen in der Annahme des Bruders, in der Freude über sein neues Leben, über neues gemeinsames Leben".[36] Jesus geht nicht von einer soteriologischen Theorie über die rechte Haltung des Menschen vor Gott aus. Sein Ausgangspunkt ist das Hereinbrechen von Gottes heilvoller Herrschaft in das Leben der Menschen, das sie einbeziehen will in das Wirken seiner Liebe, wer immer sie sind und woher immer sie kommen.

Hans Weder hat das in seiner Auslegung der „Parabel vom verlorenen Sohn" treffend formuliert: „Die Liebe Gottes überholt *als Vergebung* die Vergangenheit des Menschen, und sie überholt *als Bitte* zum Mitfeiern auch die Gerechtigkeit des Menschen [...] Die Liebe Gottes ist darauf aus, *beide* Verlorenen zum Fest der Liebe zu vereinigen."[37] So wenig die „Rechtfertigung des Sünders" die Rechtfertigung seiner Sünde bedeutet, so wenig die „Rechtfertigung des Gerechten" die Rechtfertigung seiner Gerechtigkeit. Es geht in jedem Fall um die voraussetzunglose Annahme eines Menschen durch Gottes bedingungsloses Ja. Dieses „eschatologische Ja Gottes zum Menschen" kommt in der Verkündigung Jesu von der Gottesherrschaft in gleicher Weise zur Sprache wie in der paulinischen Rechtfertigungslehre.[38] Es ist ein Ja, das zugleich befreit und bevollmächtigt, Gottes Liebe zu feiern und zu leben.[39]

---

36 So Pesch, aaO. 175 in Fortsetzung des erstgenannten Zitates.

37 H. Weder, Gleichnisse, 260f.

38 E. Jüngel, Paulus und Jesus, 283.

39 Zum Zusammenhang von Annahme des Sünders und Beauftragung

Für dieses Ja Gottes hat Jesus sein Leben eingesetzt. Er sah in dem Widerstand, der sich gegen seine Botschaft erhob, den Ausdruck des grundsätzlichen Neins, das die Menschen gegen Gottes Ja sprechen. Dieses Nein wollte er auf sich nehmen und darum ist Markus 10,45 in jedem Fall die sachgerechte Zusammenfassung seines Weges.[40] Die christliche Gemeinde hat dann ihrerseits in der Auferweckung Jesu das Ja Gottes zu seinem Weg erkannt und sie als „Rechtfertigung" Jesu bezeichnet (1. Tim 3,16). In ihr liegt die Ermächtigung, die „Rechtfertigungsbotschaft" Jesu von Gottes endgültigem Ja zum Menschen weiterzugeben. Die befreiende Macht der hereinbrechenden Gottesherrschaft, die Jesus verkündigt, und die Annahme der Verlorenen, die er gelebt hat, sind die sachliche Grundlage der neutestamentlichen Rechtfertigungsverkündigung.

2. *Christus unsere Gerechtigkeit – die Grundlagen der paulinischen Rechtfertigungsbotschaft*

Wer von der Rechtfertigungslehre spricht, muß über die Theologie des Paulus sprechen. Sie allein hat bewirkt, daß die Rechtfertigungslehre zur zentralen Aussage reformatorischer Theologie geworden ist. Dafür ist Paulus viel gepriesen, aber auch kräftig gescholten worden. Gottes Heilshandeln an den Menschen als Rechtfertigung zu beschreiben, war nicht Er-

vgl. auch die exemplarische Geschichte vom Fischzug des Petrus (Lk 5,8–10). Es ist daher auch kein Widerspruch, wenn Jesus auf die Frage nach dem ewigen Leben auf das doppelte Liebesgebot verweist und einem Menschen sagt: „Tu das, so wirst du leben" (Lk 10,25–28). Denn auch dadurch wird ein Mensch eingeladen, jenseits aller Versuche, „sich selbst zu rechtfertigen" (V. 29!) und sich dadurch abzugrenzen, schlicht die erbarmende Liebe Gottes (V. 33!) zu leben.

40 Die Argumente gegen eine Herleitung dieses Wortes von Jesus finden sich bei J. Roloff, Anfänge der soteriologischen Deutung, die dafür bei P. Stuhlmacher, Existenzstellvertretung; P. Stuhlmacher, Biblische Theologie I, 130, sagt: „Man kann also an Mk 9,31 (Lk 9,44); Lk, 22,37 und Mk 10,45 Par sehen, daß die urchristlich-paulinische Rechtfertigungslehre die von Jesus selbst begründete Deutung seines Opferganges mit Hilfe von Jes 53 aufgenommen und aus nachösterlicher Perspektive weiterreflektiert hat."

findung des Paulus. Er konnte dafür auf Vorgaben des Alten Testaments und des Frühjudentums zurückgreifen, wahrscheinlich auch auf Formulierungen, die er in der christlichen Gemeinde vorfand.[41] Neu ist bei Paulus, daß das Rechtfertigungsgeschehen zur maßgeblichen Beschreibung des Heilshandelns Gottes wird.

Allerdings ist die Bedeutung der Rechtfertigungslehre auch für Paulus umstritten. Ist sie wirklich die Mitte seiner Theologie, oder nur eine situationsbedingte „Kampfeslehre", ein „Nebenkrater" seiner Christusfrömmigkeit, in ihrer Bedeutung auf die Frage der gesetzesfreien Heidenmission beschränkt?[42] Beruht nicht ihre theologische Deutung spätestens seit Augustin auf einem großen Mißverständnis der jüdischen Gesetzestheologie, mit der Paulus sich auseinandersetzt?[43]

Ein wichtiges Argument in dieser Diskussion ist der Hinweis, daß die Rechtfertigungslehre nur in den späteren Briefen des Paulus auftaucht.[44] Ist sie das Ergebnis einer Entwicklung im theologischen Denken des Paulus[45] oder das Ziel eines Weges, „der von infantiler und oedipaler Identifikation hinführt zur reifen Identität"?[46] Bringt sie zur Sprache, was Paulus grundsätzlich schon immer gedacht hat, aber aufgrund der jeweiligen Situation nicht immer formuliert?[47] Entfaltete sie neu, was in der paulinischen Kreuzestheologie schon angelegt war?[48] Oder ist sie ein Sonderthema, das nicht über die aktuelle Problemstellung hinausführt?[49]

41 Z.B. 1. Kor 1,30; 6,11; Röm 4,25; vgl. Kertelge, TRE 28, 1997, 289f.

42 W. Wrede, Paulus, 67; A. Schweitzer, Mystik, 220; K. Stendahl, Der Jude Paulus, 11f.

43 So E.P. Sanders, Paul and Palestinian Judaism; ders., Paul, the Law; und modifiziert J.D.G. Dunn, Theology, 335ff; vgl. Niebuhr, Rechtfertigungslehre.

44 Die wahrscheinliche chronologische Reihenfolge der mit Sicherheit echten Briefe ist wohl: 1. Th, 1. + 2. Kor, Gal, Phil, Röm, wobei die Abfassung des 2. Kor und des Gal sehr nahe beieinander liegen. Vgl. dazu J. Becker, Paulus, 17–33.

45 So G. Strecker, Befreiung; ders., Theologie, 147ff.

46 H.J. Thilo, Paulus – psychoanalytisch gesehen, 14.

47 So F. Hahn, Entwicklung, der auch die methodische Frage anspricht.

48 So T. Söding, Kreuzestheologie.

49 Das ist die Tendenz bei Stendahl, Der Jude Paulus.

Wir müssen also versuchen festzustellen, welche Entwicklung das theologische Denken des Paulus genommen hat und welchen Stellenwert dabei Terminologie und Sache der Rechtfertigungsbotschaft gewinnt.

Die Berufung des Paulus

Der Schlüssel zur Theologie des Paulus ist seine Berufung.[50] Mit dieser Erfahrung sind die wichtigsten Grundentscheidungen gefallen, die Paulus in seiner weiteren theologischen Arbeit entfalten wird.

Er spricht von diesem Ereignis nie, ohne zu erwähnen, daß er die christliche Gemeinde verfolgt hat. Daß der Verfolger zum Apostel berufen wurde, zeigt für Paulus beispielhaft, wie Gottes Gnade wirkt (1. Kor 15,9f). In Gal 1,13f schildert Paulus die Hintergründe dieses Ereignisses: „Ihr habt ja von meinem früheren Wandel im Judentum gehört, daß ich die Gemeinde Gottes über die Maßen verfolgte und sie zu vernichten suchte; und ich übertraf in der jüdischen Lebensweise viele meiner Altersgenossen in meinem Volk, weil ich im Übermaß ein Eiferer für die Überlieferungen meiner Väter war.“[51]

Offensichtlich hängen der Eifer für das Gesetz und die Verfolgung der christlichen Gemeinde zusammen. Dafür waren zwei Gründe maßgebend. Die Gruppe in der Urgemeinde, die aus dem hellenistischen Judentum herkam und historisch im Stephanuskreis faßbar ist, hatte wohl tempel- und gesetzeskritische Konsequenzen aus der Botschaft Jesu Christi gezogen und daraus möglicherweise auch schon früh Ansätze zu einer Mission unter den Heiden gewonnen.[52] Anstößig war für Paulus aber auch die christliche Behauptung, Gott habe einen Gekreuzigten zum Messias eingesetzt. Sagte doch Dtn 21,23 eindeutig: „Ein Gehenkter ist ein Fluch Gottes“, eine Aussage, die man nach Ausweis der Qumrantexte im Judentum gerade auf die Kreuzigung bezog.[53]

---

50 Vgl. Ch. Dietzfelbinger, Berufung; S. Kim, Origin.

51 Vgl. auch die Selbstdarstellung in Phil 3,5f.

52 Vgl. Apg 7 u. 11,20, dazu Ch. Dietzfelbinger, aaO. 15–42.

53 Dazu H. Merklein, Bedeutung des Kreuzestodes Christi, 5–7.

Eine Schlußfolgerung aus den Selbstdarstellungen des Paulus ist für unseren Zusammenhang besonders wichtig. Paulus wurde „nicht als reuiger Sünder oder verzweifelter Gottsucher ... zum Glauben an Christus bekehrt". Er wußte sich vielmehr „stark und sicher in seinem Leben, das sich ... von den Weisungen des Gesetzes leiten ließ."[54]

Auch Römer 7 darf nicht – wie das in der Geschichte der Auslegung oft geschehen ist – als Zeugnis für eine tiefe Verunsicherung des Paulus angesichts der eigenen Unfähigkeit, das Gesetz zu halten, gelesen werden.[55] Paulus war sich, bevor ihm Jesus Christus als der Auferstandene begegnete (vgl. 1. Kor 9,1; 15,8), seiner Identität und Integrität vor Gott aufgrund seiner aktiven Zugehörigkeit zum Heilsbereich des überlieferten Gesetzes gewiß (Phil 3,5f). Diese Begegnung war aber offensichtlich so eindeutig und zwingend, daß Paulus nicht mehr daran zweifeln konnte, daß Gott selber den gekreuzigten Jesus von den Toten auferweckt und ihn als seinen Sohn und Messias bestätigt hatte. Damit aber war der ausschließende Gegensatz zwischen Gesetz und gekreuzigtem Christus radikal umgewendet. Da das Gesetz nicht mehr das Bekenntnis zu Jesus als dem Messias in Frage stellen konnte, stellte die Botschaft vom Heilshandeln Gottes im Kreuz Jesu das Gesetz als Heilsweg und Heilsbereich in Frage.[56]

Diese Erfahrung ist für Paulus Bekehrung und Berufung zugleich. In Gal 1,15f berichtet er davon, wie es Gott „gefiel, der mich von meiner Mutter Leib an ausgesondert und durch seine Gnade berufen hatte, mir seinen Sohn zu offenbaren, damit ich ihn unter den Heiden als Evangelium verkündige". In der Begegnung mit dem Auferstandenen erschließt sich Paulus das Evangelium.[57] Die Erscheinung des Auferstande-

54 E. Lohse, Paulus, 58f.

55 Grundlegend für die Widerlegung einer autobiographischen Deutung von Röm 7 bleibt W.G. Kümmel, Römer 7. Ob sich in Röm 7 ein unbewußter Zwiespalt offenbart, den Paulus erst nach seiner Hinwendung zu Christus formulieren konnte, ist eine andere Frage. Vgl. dazu G. Theißen, Psychologische Aspekte, 230–251.

56 Dazu H. Merklein, aaO. 1–106.

57 T. Holtz, Art. *apokalyptō*, EWNT I, 314.

nen ist Offenbarung des „Sohnes“, weil sie klar macht, „daß in Jesus Gott selbst zu den Menschen kommt und daß der Auferstandene ganz mit Gott verbunden ist.“[58] Deshalb konnte der Fluch des Gesetzes nicht das letzte Wort über ihn sein, und die Frage, warum Gott ihn von diesem Fluch hatte treffen lassen, fand ihre Antwort in der Erkenntnis, daß Christus ihn für uns auf sich genommen habe (Gal 3,13).

Damit war für Paulus der Auftrag verbunden, den „Heiden“ Jesus Christus und Gottes Handeln in ihm als „Evangelium“ zu verkündigen, d.h. als frohe Botschaft, die sie in Gottes Gemeinschaft und sein Heil rief. Wo er bisher vom Gesetz her eine unüberwindliche Barriere sah, war eine Tür aufgegangen, durch die er selber gehen mußte. Für Paulus scheint diese Berufung von Beginn seines Christseins an klar gewesen zu sein, unbeschadet der Frage, wann er mit seiner Missionstätigkeit begonnen hatte.[59]

Paulus hat sich nicht bekehrt. Er „wurde bekehrt“, indem die Begegnung mit dem auferstandenen Christus auch sein Selbstverständnis grundlegend veränderte. Darüber gibt Phil 3,4b-11 Auskunft. Paulus war klar geworden, daß das, was er bisher als „Gewinn“ für sein Leben verbucht hatte und worin er den Wert seines Lebens vor Gott und den Menschen suchte, in Wirklichkeit „Verlust“ war, bzw. „Schaden“, der ihn hinderte, wirklich aus der Gemeinschaft mit Gott zu leben. Er erkannte, daß er – statt von der „eigenen“, am Gesetz orientierten Gerechtigkeit zu leben – sich ganz auf die Gerechtigkeit verlassen durfte, die Gott in Christus schenkte.

Selbst wenn Paulus diese Erfahrung erst nachträglich mit Begriffen der Rechtfertigungslehre formuliert haben sollte, so hat sie ihm doch von Anfang gezeigt, daß sein bisheriges Lebenskonzept nicht tragfähig war. Sein Eifer für Gott war als Eifer für sich selbst entlarvt, weil er sich gegen Gottes Heilshandeln in Jesus Christus gerichtet hatte. Aber zugleich erlebte Paulus, daß er trotz dieses verfehlten Lebenskonzep-

58 M. Hengel, Sohn Gottes, 99; vgl. auch Röm 1,3f mit 1,16f und zum Zusammenhang der Begriffe Gerechtigkeit und Gottessohn D. Lührmann, Christologie und Rechtfertigung, 356f.

59 Vgl. dazu M. Hengel – A. Schwemer, Paulus, 77ff, 153ff.

tes von Gott berufen wurde, Christus den nichtjüdischen Menschen zu verkündigen und darin Ziel und Erfüllung seines Lebens zu finden. Paulus sah in der Berufung des Verfolgers zum Apostel die ihm persönlich geltende Form der Rechtfertigung des Gottlosen. Diese Erfahrung war für ihn nicht die Antwort auf eine subjektiv gefühlte Not; er wurde vielmehr überwältigt von der Wirklichkeit des Heilshandelns Gottes in Jesus Christus. Erst darin erkannte er die Verfehltheit seines bisherigen Lebensweges. Seine persönliche Situation wurde nicht zur hermeneutischen Schablone für die Formulierung der Frage, auf die die Rechtfertigungsbotschaft die Antwort gibt. Sie bleibt aber Zeugnis für den umfassenden Ruf Gottes, der den Verfolger ebenso in seinen Dienst ruft wie die Heiden zum Heil.

Die Botschaft der frühen Briefe

Diese Überzeugung entfalten auch schon die frühen Briefe des Apostels. Der *1. Thessalonicherbrief* ist ganz der Begleitung und Beratung einer jungen Gemeinde gewidmet. Der Dank für die Wirkung der Botschaft des Apostels durchzieht die ersten beiden Kapitel. Die Kraft des Evangeliums, auch unter widrigen Verhältnissen und Verfolgung Menschen zum Heil zu führen, wird von Paulus immer wieder hervorgehoben, und das Wunder, daß das Wort eines von Mißhandlungen gezeichneten Boten als Gottes wirksames Wort aufgenommen worden ist, läßt ihn immer noch dankbar staunen (vgl. 1,6f; 2,1ff).

Tragender Grund für die Ermutigung und die Ermahnung der Gemeinde ist ihre Berufung zum Heil durch den Tod und die Auferweckung Jesu (vgl. 1,9f; 5,9f.23f). Dies gilt auch für das Leben in der Heiligung, die als Konsequenz der Berufung und nicht als Bedingung für das Heil beschrieben wird.[60] Vom Gesetz ist nicht die Rede; Paulus verkündet ein „gesetzesfreies“ Evangelium für die Heiden.[61] Und wenn er vom „Werk des Glaubens, der Mühe der Liebe und der Geduld der

60 Vgl. W. Schrage, Heiligung als Prozeß.
61 Vgl. Th. Söding, Der Erste Thessalonicherbrief.

Hoffnung“ der Christen in Thessalonich (1,3–5) spricht, dann liegt darin kein Widerspruch zur Rechtfertigungsbotschaft. Denn daß die Gemeinde ihren Glauben, ihre Liebe und ihre Hoffnung im Alltag lebt, ist Wirkung des Heiligen Geistes, der den menschlichen Worten der Botschaft Kraft verleiht.

In ähnlichen Bahnen scheint zunächst auch die briefliche Konversation im *1. Korintherbrief* zu verlaufen. Auch hier dankt Paulus für die Gnade Gottes, durch die die Gemeinde reich beschenkt worden ist, und für die Kräftigung und Festigung des Christuszeugnisses in ihr. Auch hier ist Gottes Ruf Grundlage der Gewißheit der Bewahrung: „Denn treu ist Gott, durch den ihr in die Gemeinschaft mit seinem Sohn Jesus Christus, unserem Herrn, berufen wurdet“ (1,9).

Aber diese Gemeinschaft ist gefährdet. Es gibt Streitigkeiten in der Gemeinde, Cliquenbildungen unter Berufung auf verschiedene urchristliche Autoritäten und, damit verbunden, erhebliche theologische Meinungsverschiedenheiten, so daß Paulus nicht nur die Gemeinschaft untereinander, sondern auch die mit Christus gefährdet sieht. Die Hauptursache dafür sieht er im Streben nach einer „Weisheit des Wortes“, das die Verkündigung des Kreuzes seiner Bedeutung zu entleeren droht.

Um welche Art von „Weisheit“ es dabei ging, ist bis heute nicht völlig geklärt. Deutlich ist nur, daß es trotz der Anspielung auf die „Griechen“ nicht um eine Auseinandersetzung mit der griechischen Philosophie ging, sondern um Formen der religiösen Weisheit, die versprachen, durch spekulative oder rhetorische Durchdringung des Christusgeschehens Menschen in die „Tiefen der Gottheit“ (vgl. 2,10) zu führen und sich damit der Offenbarung Gottes sozusagen von innen her zu vergewissern und zu bemächtigen.[62] Hier droht für Paulus die Gefahr, daß die Botschaft vom Kreuz ihrer Kraft beraubt und ihres Sinnes entleert wird.

Paulus begründet dies in 1,18–25 mit klaren Antithesen. „Das Wort vom Kreuz ist zwar für die, die im Begriff sind,

62 Vgl. H. Weder, Das Kreuz Jesu, 126–137.

verloren zu gehen,[63] eine Torheit, aber für diejenigen, die auf dem Weg zur Rettung sind – und das heißt doch für uns – ist es Kraft Gottes." Man muß wissen, wie schändlich der Tod am Kreuz für Menschen war, die im römischen Reich lebten, um wenigstens ein wenig nachvollziehen zu können, wie anstößig und absurd den Zeitgenossen des Paulus die Behauptung vorkommen mußte, Gott wolle diese Welt durch einen Menschen zum Heil führen, der am Kreuz geendet hatte.

Aber für Paulus liegt darin gerade die tiefe Weisheit und Kraft dieser Botschaft: „Denn weil die Welt inmitten der Weisheit Gottes [wie sie z.B. in der Schöpfung abzulesen gewesen wäre] Gott nicht mit Hilfe der Weisheit erkannte, beschloß Gott, durch die Torheit der Verkündigung zu retten, die glauben" (V. 21). Das klingt nach Willkür, und ist doch die heilsame Krisis einer Weisheit, die Menschen immer wieder dazu geführt hat, sich selbst und das, was in der Reichweite des eigenen Erkennens lag, an die Stelle Gottes zu setzen.[64] Der „Welt", die in Gefahr ist, verloren zu gehen, werden die „Glaubenden" gegenübergestellt, die die Botschaft vom Kreuz zur Grundlage ihres Lebens machen. Paulus setzt dem Streben nach Weisheit ganz bewußt die Haltung des Empfangens und Vertrauens entgegen, so wie dann in Gal 3,22 die Glaubenden als Empfänger der Verheißung benannt werden, im Gegensatz zu denen, die auf die Werke des Gesetzes vertrauen. Die Glaubenden sind zugleich die „Berufenen", die Gott aus den Verachteten und Schwachen dieser Welt erwählt hat (1,24.27f), um an ihnen das Wesen seines Heilshandelns deutlich zu machen.

Paulus stellt dies in einen universalen Horizont, indem er Juden und Griechen[65] als Repräsentanten der religiösen Welt nennt und sie durch ihre religiösen Sehnsüchte und Forderungen charakterisiert.

Dabei werden die Juden nicht unter dem Merkmal des Gesetzes, sondern als Repräsentanten der Frage nach „Zei-

---

63 Zu dieser Übersetzung vgl. Ch. Wolff, 1. Kor, 35f.

64 Vgl. die ausführlichere Darstellung Röm 1,20ff.

65 Bei den *Hellēnes* geht es um griechischsprechende, in die hellenistische Kultur integrierte Menschen, die hier den Juden gegenübergestellt werden, die sich an die Überlieferung ihres Volkes halten.

chen“, d.h. eindeutigen Beweisen der Offenbarung der Macht Gottes, genannt.[66] Es geht nicht um die Zugehörigkeit zum Volk Gottes, sondern um die Offenbarung Gottes in Christus. Wird sie durch messianische Zeichen ausgewiesen – so die Forderung der „Juden“ – oder wird sie durch die Darstellung Christi als Manifestation göttlicher Weisheit einsichtig gemacht – so das Streben der „Griechen“. Daß diese Charakteristika nicht an die religionsgeschichtlichen Paradigmen „Jude“ oder „Grieche“ gebunden sind, sondern Grundformen religiösen Fragens von Menschen sind, ist ebenso evident, wie die Tatsache, daß diese Fragen grundsätzlich nicht illegitim sind und durchaus biblisch fundiert werden können. Zugleich aber sind diese Fragen gefährliche Projektionsebenen für menschliche Wunschbilder von Gott, die die Begegnung mit ihm verstellen und zur Vergötzung menschlicher Machtvorstellungen und Weisheitsspekulationen führen. Daß Gott im Kreuz Christi diese Projektionen durchbricht und statt dessen gewissermaßen im „Gegenteil“, in tiefster menschlicher Schwäche und Sinnlosigkeit, seine wahre Stärke und Weisheit zeigt, das bedeutet Heil gerade für die Schwachen und Verzweifelten.

Paulus zeigt dies an der Zusammensetzung der korinthischen Gemeinde auf. Es gibt in ihr nicht „viele Weise nach menschlichen Maßstäben, nicht viele Mächtige, nicht viele aus vornehmen Familien“.[67] Paulus führt dies nicht auf die mangelnde Attraktivität der Gemeinde für Leute aus höheren Schichten, sondern auf Gottes Berufung zurück. „Gott hat das, was in der Welt töricht ist, erwählt, um die Weisen zu beschämen, und Gott hat das, was in der Welt schwach ist, erwählt, um das Starke zu beschämen, und das, was gering und verachtet ist in der Welt, hat Gott erwählt, das, was nichts ist, um das, was (etwas) ist, zunichte zu machen“ (V. 26–28).

---

66 Vgl. die Zeichenforderung in den Evangelien (Mk 8,11).

67 Zur soziologischen Analyse der Gemeinde in Korinth vgl. G. Theißen, Soziale Schichtung, der zeigt, daß auch Angehörige der Oberschicht in der Gemeinde vertreten waren. Das verschärft das theologische Gewicht der Argumentation des Paulus, vgl. W. Klaiber, Rechtfertigung und Gemeinde, 92.

Das klingt destruktiv. Aber die demaskierende Kritik an menschlicher Weisheit und Macht, die in der Botschaft vom Kreuz und im erwählenden Handeln Gottes ergeht, steht im Dienst der radikalen Gnade Gottes, die gerade die erreicht, die nichts gelten und nichts sind. „Daß Gott Habenichtse erwählt, ist wie die Rechtfertigung des Gottlosen ein Akt der Totenauferweckung und der Schöpfung aus dem Nichts."[68] Die heilsame Destruktion menschlichen Selbstruhms steht im Dienst des ersten Gebotes („Wer sich rühmt, der rühme sich des Herrn" V.31) und macht zugleich den Raum frei für die Annahme derer, die wissen, daß sie nichts vorweisen können, worauf sie stolz sein könnten, für die Armen, für die Schwachen und für die, die am Ende sind.

Denn Gott schenkt ihnen eine neue Existenz: „Von ihm her seid ihr in Christus". Christus und das, was Gott in ihm getan hat, ist Existenzgrundlage, Vertrauensbasis und Lebensraum für die Berufenen und Glaubenden – gleich welcher Herkunft. „Er ist für uns zur Weisheit geworden, und zur Gerechtigkeit, zur Heiligung und zur Erlösung" (V. 30). Daß Christus Gottes Weisheit für uns geworden ist, erweist sich nicht in einer spekulativen Weisheitschristologie, sondern an seinem Tod am Kreuz und an dem, was er für die bewirkt, die er durch diesen Tod in der Tiefe ihrer „nichtswürdigen" Existenz erreicht. Drei weitere Begriffe erläutern, was Christus für die ist, die zu ihm gehören, und was „in ihm" für sie gilt: Gerechtigkeit, Heiligung und Erlösung. Man darf die eigenartige Formulierung nicht zu schnell auflösen in „durch Christus wurden wir gerecht, geheiligt und erlöst".[69] Die Gerechtigkeit ist nicht „*unsere* Gerechtigkeit, sondern *Gottes* Gerechtigkeit für uns, die in Christus Wirklichkeit geworden ist".[70] Diese Wirklichkeit trägt und bestimmt das Leben der Christen, sie beschreibt das Lebensele-

---

68 W. Schrage, 1. Kor I, 212 mit Hinweis auf Röm 4,17.

69 So Wolff, 1. Kor, 45; es wäre ja auch unangemessen zu sagen: „Durch Christus wurden wir weise". Ob hier, und dann auch in 1. Kor 6,11, eine vorpaulinische Formel vorliegt, kann für unsere Fragestellung offen bleiben.

70 Schrage, aaO. 216 mit Hinweis auf 2. Kor 5,21, wo gerade umgekehrt formuliert ist: „In ihm sind wir Gerechtigkeit Gottes".

ment „Gerechtigkeit“, ihre neue Beziehung zu Gott, die in Christus begründet ist. So ist er auch „Heiligung“ für sie, Grundlage ihrer Zugehörigkeit zu Gott (vgl. 1,2: „Geheiligt in Christus Jesus“), und „Erlösung“, Mittler und Garant ihrer Befreiung aus der Schuldverhaftung an Sünde und Tod.

Auch wenn das Stichwort „Gerechtigkeit“ in diesem Zusammenhang nicht auftauchen würde, wäre die Nähe der Argumentation des Paulus zu seiner Rechtfertigungslehre nicht zu übersehen. Im Vorgriff zur Diskussion um deren Bedeutung im Galaterbrief kann gesagt werden: Nicht nur, wo es um die Frage geht, ob die Heiden ohne Beschneidung in das Volk Gottes aufgenommen werden können, stellt sich für Paulus die entscheidende Frage nach der bleibenden Grundlage unserer Existenz vor Gott. Auch wo es um innerchristliche Streitigkeiten um das rechte Verständnis der Bedeutung Christi geht, bricht diese Frage immer dort auf, wo er den Eindruck gewinnt, daß etwas anderes als Gottes Heilshandeln in Christus zur Grundlage christlicher Existenz gemacht werden soll.

Stichwort für diese Problemstellung ist hier und an anderer Stelle der Begriff des „sich rühmens“. Ich rühme mich dessen, worauf ich mein Leben baue. Das aber kann und darf allein Gott sein und das, was er getan hat.[71] Und zwar nicht nur um Gottes willen – dessen Ruhm sonst verdunkelt würde –, sondern auch um der Menschen willen, die ihr Leben sonst auf trügerischen Grund bauen würden.

Wovon lebe ich und was trägt mich? Das ist die Frage, die Paulus als bleibend wichtig und entscheidend gerade auch den Christen weitergibt. Und seine Antwort ist, auch in unterschiedlichen Problemstellungen, immer wieder die gleiche: Es ist das, was Gott in Jesus Christus in Kreuz und Auferstehung für diese Welt getan hat.

Daß dabei Paulus auch im 1. Kor auf ältere Formulierungen der Rechtfertigungsbotschaft zurückgreifen kann, ist eine letzte Beobachtung, die notiert werden sollte. 1. Kor 1,30 steht nicht allein. In 1. Kor 6,11 begegnet uns eine sehr

71 Nach R. Bultmann ist hier der Schnittpunkt der Kreuzestheologie und der Rechtfertigungslehre (Theologie NT, 242f; vgl. Röm 3,27).

ähnliche Formel, die offenbar beschreibt, was beim Christwerden – insbesondere in der Taufe – geschah: „Aber ihr seid abgewaschen, aber ihr seid geheiligt, aber ihr seid gerechtfertigt im Namen des Herrn Jesus Christus und im Geist unseres Gottes." Der Zusammenhang zeigt, daß hier die grundsätzliche Lebenswende, die in der Taufe geschehen ist, umschrieben wird: Reinigung von der Sünde, Einfügung in den Bereich von Gottes Heiligkeit[72] und Annahme durch Gott, die die neue Existenz vor ihm begründet. Hier ist ein für alle Mal von Gott her etwas im Leben der Christen geschehen, das nun freilich gelebt und bewahrt werden will.[73]

Wichtig ist, daß neben solchen Einzelhinweisen die grundsätzliche Bedeutung der Verbindung von Kreuzestheologie und Rechtfertigungstheologie bewußt bleibt. Die Frage nach dem Heil ist letztlich die Frage nach Gott und danach, wo und wie wir ihm wirklich begegnen. Geschieht dies im Kreuz, im Zeichen tiefster Erniedrigung und äußerster Schwäche, dann bedeutet dies, daß kein Menschenleben so unwürdig, so unwert oder so gottfern sein kann, daß es nicht von der Liebe Gottes erreicht wird.[74] Gleich, ob die Kreuzestheologie im 1. Kor die stillschweigend zugrunde liegende Rechtfertigungslehre „auch für ehemalige Heiden nachvollziehbar" entfalten soll,[75] oder ob das Wort vom Kreuz „die Keimzelle der rechtfertigungstheologischen Antithese" darstellt, die Paulus erst in Gal und Röm formuliert,[76] in jedem Falle ste-

72 Auch hier ist „Heiligung" zunächst das, was durch Christus am Menschen geschieht, ihn aber zugleich zur Heiligung verpflichtet (Röm 6,19.22; 15,16).

73 Vgl. U. Schnelle, Gerechtigkeit, 37ff. Ob in dieser vorpaulinischen Formel (und ihrer paulinischen Verwendung) schon die genuine paulinische Rechtfertigungslehre vorliegt, ist eine Frage deren Definition. Sieht man diese nur dort gegeben, wo eine „grundsätzliche Kritik des Gesetzes als eines Heilsweges" geübt wird (so G. Strecker, Befreiung, 254; Schnelle, aaO. 100f), mag dies fraglich sein. Aber auch im 1. Kor ist implizit die Kritik am Gesetz schon präsent: 1. Kor 9,20f; 15,56.

74 Positiv entfaltet die Charismenlehre (12–14), wie das Leben der Schwachen und Einfältigen von Gottes Geist so reich begabt und beschenkt wird, daß jeder und jede für die anderen und die Gemeinschaft wichtig und wertvoll wird (s.u. S. 148f).

75 So F. Hahn, Entwicklung, 356.

76 So T. Söding, Kreuzestheologie, 180.

hen beide in einem tiefen theologischen Zusammenhang. Ob die „Rechtfertigungs*thematik*" für Paulus „von Anfang an vorgegeben" war,[77] mag ungewiß sein, die seiner Rechtfertigungsbotschaft zugrundeliegende *Sachaussage* aber war immer bestimmend für ihn.

3. Nur Polemik? Zur Entstehung der paulinischen Rechtfertigungslehre

Darin sind sich Freund und Feind der Rechtfertigungslehre einig: Für ihre pointierte Ausformung haben der Galaterbrief und die Situation, in der er entstand, eine herausragende Bedeutung gehabt. Und auch wer nicht geneigt ist, einer Evolutionstheorie der paulinischen Theologie zuzustimmen, wird zugeben, daß der Galaterbrief für Paulus eine wichtige Gelegenheit bot, seine Rechtfertigungsbotschaft systematischer auszuformulieren. Was hat dazu geführt?

Paulus hatte gehört, daß nach Galatien Leute gekommen waren, die die dortigen Heidenchristen mit der Forderung konfrontieren, sie müßten sich beschneiden lassen, um ganz zur Heilsgemeinschaft des Volkes Gottes zu gehören (5,2ff; 6,12ff). Der Glaube an Jesus Christus stelle nur den Anfang des Weges zu Gott dar, ans Ziel bringe erst der Gehorsam gegenüber dem Gesetz (vgl. 3,3). Dabei behaupteten sie wohl nicht, wie früher oft angenommen wurde, es sei nötig, das Heil durch die Erfüllung des Gesetzes zu erwerben. Sie wollten die Frage beantworten: „Wer gehört zum Bundesvolk und welche Anforderungen sind hinsichtlich dieser Zugehörigkeit zu erfüllen?"[78] Und ihre Antwort lautete: Wer die Beschneidung als Zeichen des Bundes Gottes mit Abraham annimmt und sich an die Speisegebote und Festtagsregelungen hält, gehört zum Volk der Verheißung (vgl. 4,9f; 5,2ff). Es ging ihnen nicht um die Erfüllung des ganzen Gesetzes; auf diese Konsequenz hat erst Paulus verwiesen (5,3). Es ging um

77 So F. Hahn, Entwicklung, 365.
78 W. Kraus, Volk Gottes, 216; W. Klaiber, Rechtfertigung und Gemeinde, 149f.

die Erkennungsmerkmale, die „identity markers", die für das Judentum der neutestamentlichen Zeit wichtig geworden waren.[79]

Diese Analyse der gegnerischen Position ist in der Forschung im wesentlichen Konsens und trifft sich gut mit der von einer Reihe von Exegeten mit Nachdruck vertretenen Erkenntnis, daß nirgendwo im Judentum zur Zeit des NT die Auffassung nachzuweisen ist, man könne und müsse sich durch die Befolgung des Gesetzes das Heil sozusagen verdienen. Gottes Bund mit seinem Volk war die gnädige Vorgabe, die Heil und Leben für Israel begründete. Der Gehorsam gegenüber den Geboten war die Konsequenz, die Form, in der der Bund gelebt wurde.[80]

Paulus war durch diese Entwicklung außerordentlich alarmiert. Für ihn stand damit die ganze gesetzesfreie Heidenmission in Frage und die „Wahrheit des Evangeliums" auf dem Spiel (2,5.14). Daß ihm die Autorität eines Apostels abgesprochen und vorgeworfen wurde, er predige ein „ermäßigtes" Evangelium, um den Menschen nach dem Munde zu reden (1,10), verschärfte die Lage für ihn. Darum verweist er in seinem Brief zunächst auf die Autorisierung seines Evangeliums durch seine Berufung durch Gott (1,11–24), zugleich aber auch auf die Übereinkunft über die gesetzesfreie Heidenmission, die in Jerusalem mit ihm getroffen worden war (2,1–10).

Er erwähnt in diesem Zusammenhang aber auch einen Zwischenfall in Antiochien, bei dem es zum Konflikt mit Petrus kam, weil dieser aufgrund der Intervention von Leuten aus dem Kreis des Jakobus die Tischgemeinschaft, die er zusammen mit anderen Judenchristen in Antiochien mit den Heidenchristen gehabt hatte, aufgab. Die Leute des Jakobus und dann auch Petrus und Barnabas hatten gute Argumente

---

79 Dazu J.D.G. Dunn, Works of the Law; ders., Yet once more; ders., Justice of God, der in diesem Zusammenhang auch von „boundary markers" oder „badges" spricht und auf interessante Parallelen in der heutigen konfessionellen Landschaft hinweist. (Zur Auseinandersetzung vgl. H. Hübner, „Werke des Gesetzes").

80 E.P. Sanders spricht von „covenantal nomism" (Paul and Palestinian Judaism, 422ff).

für ihr Verhalten. Es ging ihnen darum, die Verbindung mit dem Judentum nicht durch die Tischgemeinschaft mit Heiden zu gefährden. Nur in der Kontinuität mit Israel konnte die Gemeinde Jesu ihre Identität bewahren. Aber Paulus läßt diese Argumentation nicht gelten. Das Wesen der Gemeinde ist ihre Inklusivität, das soziale Pendant zur Universalität des Evangeliums, und diese drückt sich gerade im miteinander Essen aus.[81]

So versuchte Paulus Petrus deutlich zu machen, in welche Zwangssituation die Veränderung seines Verhaltens die Heidenchristen bringt (2,14). Denn nun stellt sich die Frage, was in Zukunft für ihre Identität als Christen entscheidend sein wird: Die Übernahme der jüdischen religiösen Kultur oder der Glaube an Jesus Christus? Die Form des Zusammenlebens in der Gemeinde und die Frage nach dem Heil, das Gott in Christus schenkt, hängen eng miteinander zusammen. Das macht Paulus in der Fortsetzung seines Berichts über die Auseinandersetzung mit Petrus klar.[82]

Zunächst macht Paulus dem Petrus freilich ein Zugeständnis: „Wir sind von Natur aus Juden und nicht Sünder aus den Heiden." Die Unterscheidung zwischen denen, die Gottes Gesetz haben und nach ihm leben, und den anderen Menschen soll auch von Paulus nicht aufgehoben und verwischt werden. Und dennoch verbindet Juden- und Heidenchristen eine entscheidende Erkenntnis: „Weil wir wissen, daß kein Mensch aus Werken des Gesetzes gerechtfertigt wird, sondern durch den Glauben an Jesus Christus, sind auch wir zum Glauben an Jesus Christus gekommen, damit wir aus Glauben an Christus und nicht aus Werken des Gesetzes gerechtfertigt werden, denn aus Werken des Gesetzes wird kein Fleisch gerechtfertigt" (2,16).

Dieser sorgfältig ausformulierte Satz, der zum Kernsatz der paulinischen Rechtfertigungslehre geworden ist (vgl.

81 F. Mußner, Das Wesen des Christentums; D. Lührmann, Abendmahlsgemeinschaft.

82 Dabei ist offen, ob er noch die Situation in Antiochien vor Augen hat oder wie sehr schon die Problematik in Galatien die Formulierungen bestimmt.

Röm 3,20.28), ist in seinem Zusammenhang zunächst eigenartig. Warum spricht Paulus plötzlich vom „gerechtfertigt werden“? Warum stellt er die Rechtfertigung „durch den Glauben an Jesus Christus“ einer (unmöglichen) Rechtfertigung „aus Werken des Gesetzes“ gegenüber, wenn doch laut Auskunft vieler heutiger Exegeten weder die judenchristlichen Agitatoren in Galatien noch irgend jemand im Judentum zur Zeit des Neuen Testaments daran dachte, das Heil vor Gott auf die Erfüllung des Gesetzes zu gründen?

Die Antwort scheint zunächst einfach zu sein. „Gerechtfertigt werden“ kennzeichnet nach 1. Kor 6,11 das Christwerden, die Aufnahme in die Gemeinde durch die Taufe.[83] Dazu scheint sehr gut zu passen, daß nach Ansicht mancher Exegeten mit den „Werken des Gesetzes“ nicht die Bemühung gemeint ist, möglichst alle Gebote des Gesetzes zu erfüllen, sondern die „Vorschriften des Gesetzes“, mit denen sich das Judentum traditionell von den Heiden abgrenzte, also insbesondere Beschneidung, Beachtung des Sabbats und Reinheits- und Speisegebote.[84] Wäre dies richtig, dann ginge es beim Streit um die Rechtfertigung vor allem um die Frage, wie man in die Heilsgemeinschaft des Volkes Gottes hineinkommt und seine Zugehörigkeit zu ihm ausweist.[85] Und in der Tat weisen neuere Untersuchungen darauf hin, daß Gal 2,16 so etwas wie „ein missionstheologischer Kanon“ der antiochenischen Gemeinde war, auf den Paulus verweist. Er besagt: „Man muß heidnische Konvertiten nicht die Beschneidung als *conditio sine qua non* ihrer Aufnahme in die Heilsgemeinde auferlegen, ihr Bekenntnis zu Jesus Christus genügt.“[86]

---

83 So J. Becker, Paulus, 101, der darum paraphrasiert: „Gott nimmt Menschen durch die Taufe aufgrund ihres Glaubens an Jesus Christus an, nicht aber aufgrund gesetzlicher Lebensweise, also aufgrund der Beschneidung und Gesetzesobservanz.“

84 Dazu die Arbeiten von Dunn (s.o. A. 79), der in den Qumrantexten, insbesondere in dem erst kürzlich veröffentlichten Text 4QMMT eine wichtige Stütze für seine Theorie sieht (Dunn, 4QMMT and Galatians; ähnlich M. Bachmann, 4QMMT und Galaterbrief; anders H.W. Kuhn, Bedeutung, 209f).

85 So vor allem E.P. Sanders, Paul, the Law, 10, 159f.

86 M. Theobald, Der Kanon, 156, 144; J. Becker, aaO.

Aber Paulus bleibt in Gal 2,15f nicht bei dieser Aussage stehen. Für ihn ist der Satz wichtig, weil er das Christsein im „Glauben an Jesus Christus" begründet und diesem Glauben die „Werke des Gesetzes" gegenüberstellt. Die Präpositionen „aus" (= „aufgrund von") bzw. „durch" qualifizieren dieses Gegenüber als Kriterium für die Frage, woraus bzw. wodurch ein Mensch gerechtfertigt wird, d.h. worin er seine Existenz vor Gott gründet.[87] Es geht nicht nur um „identity markers" oder „badges". Es geht um die Frage, woraus ein Mensch vor Gott lebt.[88]

Das macht der Fortgang der Argumentation klar. Obwohl auch die Juden, wenn sie die Rechtfertigung allein aus dem Glauben suchen, sich im tiefsten Sinne als „Sünder" erweisen, wird dadurch Christus nicht zum „Diener der Sünde" gemacht, wie man Paulus vorwarf.[89] Es ist eher umgekehrt: Wer wie Petrus die Mauer des Gesetzes, die er schon abgebrochen hatte, wieder aufbaut, macht sich damit zwangsläufig zum Übertreter des Gesetzes (V. 18).

Entscheidend aber ist die persönliche Konsequenz, die Paulus in V. 19–21 nennt. Er tut dies in „Ich-Form", die einerseits typisch für das Ich jedes Christen sein soll, zugleich aber auch „als existentielle Darstellung seines Verständnisses des Evangeliums" erscheint.[90] Paulus ist „durch das Gesetz für das Gesetz gestorben", weil er „mit Christus mitgekreuzigt wurde", d.h. durch die Taufe in den Tod Christi einbezogen wurde, der den Fluch des Gesetzes getragen und damit seine verurteilende Kraft ans Ende gebracht hat (vgl. 3,13). Das aber geschah, um „für Gott leben zu können". Für Paulus ist das Gesetz, das für die Juden der von Gott gegebene Weg zum Leben ist, zum Hindernis geworden, wirklich für Gott zu leben. Durch seine Begegnung mit dem auferstandenen Christus ist ihm klar geworden, daß sein Kampf für das

87 F. Vouga, Gal, 58, sieht in dieser „sinngebenden Funktion der Präpositionen" den entscheidenden Hinweis, daß 4QMMT = 4Q398 Frg. 14 II, 3 „keine sachliche Parallele zu den paulinischen Formulierungen" darstellt.

88 Vgl. dazu Theobald, aaO. 160f.

89 Zu dieser Interpretation vgl. jetzt Theobald, aaO. 134f.

90 F. Vouga, Gal, 39.

Gesetz ein Kampf gegen Gott gewesen ist. Aber dieses vom Gesetz gefangene und verführte Ich ist nicht mehr das Zentrum seines Lebens, sondern Christus. „Nicht mehr ich lebe, sondern Christus lebt in mir", sagt Paulus, und das könnte ein ganz enthusiastischer Satz sein, wenn ihn Paulus nicht sofort qualifizieren würde: „Was ich aber jetzt noch ‚im Fleisch' [d.h. unter den Bedingungen meiner irdischen Existenz] lebe, das lebe ich im Glauben an den Sohn Gottes, der mich geliebt und sich für mich hingegeben hat" (V. 20). Nicht die Auslöschung des Ichs ist das Ziel, sondern seine Verankerung in der hingebenden Liebe Christi, die forthin sein Leben bestimmt. Der Glaube an Jesus Christus ist kein Identitätsmerkmal neben anderen, sondern die Lebensform, die das eigene Leben mit Gottes Liebe in Jesus Christus verbindet. Darum gilt für Paulus die Schlußfolgerung: „Wenn Gerechtigkeit durch das Gesetz kommt, dann ist Christus vergeblich gestorben" (V. 21). Und diesen Schluß zu ziehen, würde bedeuten, Gottes Gnade außer Kraft zu setzen!

Seine letzte Gewißheit über den Weg zum Heil gewinnt Paulus nicht aus einer kritischen Analyse von Theorie und Praxis der Gesetzeserfüllung im zeitgenössischen Judentum, sondern aus seiner Begegnung mit Christus.[91] Er argumentiert also innerchristlich. Und darum spricht er im Folgenden die galatischen Christen zunächst im Hinblick auf ihre Erfahrung an. Er erinnert an ihre Begegnung mit dem Gekreuzigten in der paulinischen Verkündigung und an das Geschenk des Heiligen Geistes, der Gabe Gottes für das endzeitliche Gottesvolk, den sie nicht „aus Werken des Gesetzes", sondern „aufgrund der Verkündigung des Glaubens" empfangen haben (3,1–5).

Aber dann argumentiert Paulus auch mit dem Zeugnis der Schrift, indem er aufzeigt, wie die Zusage an Abraham, daß sein Glaube ihm zur Gerechtigkeit gerechnet würde (Gen 15,6), zugleich die Erfüllung der Verheißung in sich trägt, daß in ihm „alle Völker gesegnet werden".[92] Denn damit

---

91 Mit H. Merklein, Bedeutung des Kreuzestodes, 4–14.

92 Die zeitgenössische Auslegung dieser Stelle im Judentum weist genau in die andere Richtung und ist bestimmt durch 1. Makk 2,52 (vgl. jetzt auch 4QMMT), dazu F. Hahn, Gen 15,6, 94f; Dunn, 4QMMT, 151f.

wurde schon vorausgesehen, was jetzt in der gesetzesfreien Heidenmission geschieht, daß nämlich Gott die Heiden so wie Abraham aufgrund des Glaubens rechtfertigt und sie damit in den Segen Abrahams einschließt. Umgekehrt aber gilt, daß „alle, die aus Werken des Gesetzes sind", d.h. sich auf die Werke des Gesetzes verlassen, „unter dem Fluch" sind. Das beweist Paulus mit einem Zitat aus Dtn 27,6, das die unter den Fluch stellt, die nicht alles halten, was im Buch des Gesetzes geschrieben steht (3,6–12).

Diese Argumentation scheint eine doppelte Schlußfolgerung nahezulegen: (1) Wenn die Gegner des Paulus tatsächlich unter „Werke des Gesetzes" vor allem die wichtigsten Unterscheidungsmerkmale jüdischer Identität verstanden haben, weist Paulus die galatischen Christen darauf hin, daß diese sie am wirklichen Willen des Gesetzes vorbeiführen. (2) Das Problem, auf das die Rechtfertigung durch den Glauben antwortet, ist für Paulus die mangelnde Gesetzes*erfüllung* und nicht schon das verfehlte *Bemühen*, durch das Tun des Gesetzes gerechtfertigt werden zu wollen.[93] Aber die weitere Beweisführung zeigt, daß Paulus grundsätzlicher argumentiert. In Hab 2,4 heißt es nämlich: „Der Gerechte wird aus Glauben leben".[94] Das Gesetz aber „ist nicht aus Glauben", d.h. es verweist nicht auf den Glauben als letzte und entscheidende Grundlage des Lebens vor Gott. Das Gesetz ist aufs Tun ausgerichtet: „Wer es tut, wird dadurch leben" (Lev 18,5).

Damit steht der Mensch fast unausweichlich unter dem Fluch des Gesetzes: Einerseits, weil er es nie völlig erfüllt, an-

93 Die Auslegung ist quer durch alle Lager hindurch in der Frage gespalten, ob nach Paulus die Rechtfertigung aufgrund des Gesetzes daran scheitert, daß dabei das Ziel „quantitativ" verfehlt wird (d.h. nicht das ganze Gesetz erfüllt wird) oder „qualitativ" (das Gesetz wird fälschlicherweise als Heilsweg angesehen). Paulus scheint hier vom einen zum andern zu gehen. Fast „klassisch" ist dafür die Auseinandersetzung von J. Blank (kath.), Warum sagt Paulus, der die traditionell „protestantische" qualitative Lösung vertritt, mit U. Wilckens (luth.), Was heißt bei Paulus, der die traditionell „katholische" quantitative Position vertritt.

94 Für Paulus wäre auch die Übersetzung denkbar „Der aus Glauben Gerechte wird leben" (vgl. Vouga, Gal, 75).

dererseits, weil diese Erfüllung auch gar nicht der Weg in die Gemeinschaft mit Gott ist. Von diesem Fluch aber hat Christus die Menschheit befreit, indem er ihn selbst getragen hat. Das macht den Weg dafür frei, daß der dem Abraham verheißene Segen den Heiden zugute kommt, die durch den Glauben den verheißenen Geist Gottes und damit seine lebendige Gegenwart empfangen (3,13f).[95]

3,26–29 schildert, wie das geschieht, und zeigt damit auch eine neue ekklesiologische Perspektive auf. Alle, die zu Christus gehören, sind durch den Glauben „Söhne Gottes", d.h. seine rechtsfähigen Kinder, denn alle, die „in Christus" getauft sind, „haben Christus angezogen". Zweifellos steht im Hintergrund dieser Aussagen die Vorstellung vom Leib Christi, in den die Glaubenden durch die Taufe eingefügt werden und damit zugleich an der Gotteskindschaft teilhaben.[96] Das hat zur Folge, daß alle trennenden Unterschiede aufgehoben sind: „Hier gibt es weder Juden noch Griechen, weder Sklaven noch Freie, weder männlich noch weiblich. Denn ihr seid alle einer in Christus Jesus" (V. 28).

Daß Paulus hier die Symbolik wechselt, kommt nicht von ungefähr. Christus ist mehr als ein Mittler zur Restitution des Gottesvolkes. Er bleibt in einer Weise bestimmend für das, was in seiner Gemeinde geschieht, die Paulus nur mit räumlichen Kategorien beschreiben kann. Indem er den Christen ihren Ort „in Christus" zuweist, macht er deutlich, was von der eschatologischen Gemeinschaft mit Gott schon jetzt gilt. Die Gleichheit von Juden und Heiden vor Gott, die in der Rechtfertigung des Sünders soteriologisch aufgewiesen wurde (Gal 2,16), findet ihre Entsprechung in der Gleichheit aller in Christus, durch die alle gesellschaftlichen Rang- und Wertunterschiede aufgehoben sind.

---

95 Paulus sucht dies im Folgenden noch durch weitere heilsgeschichtliche Erwägungen zur Rolle des Gesetzes in der Geschichte des Gottesvolkes zu erhärten, in der das Gesetz eine Art Aufpasserrolle zu übernehmen und das Volk gewissermaßen in Schutzhaft zu halten hatte, bis mit Christus auch „der Glaube kam" (3,24f), der zur Gerechtigkeit und damit in die Gemeinschaft mit Gott führt.

96 Dazu W. Klaiber, Rechtfertigung und Gemeinde, 92–94.

In Gal 4,1–7 beschreibt Paulus in einem weiteren Bild die befreiende Wirkung des Christusgeschehens. Dadurch, daß Gottes Sohn als Mensch unter die Herrschaft des Gesetzes gestellt wurde, hat er die, die unter der Vormundschaft des Gesetzes wie Sklaven lebten, zu wirklich gelebter Gotteskindschaft befreit und zu mündigen Erben der Verheißung gemacht und sie durch das Wirken des Geistes in ein persönliches Vater-Kind-Verhältnis gestellt.

Bemerkenswert sind an dieser Stelle noch zwei Dinge: Indem Paulus das Gesetz in 4,3 mit den *stoicheia tou kosmou* (den „Elementen der Welt") als versklavenden Mächten zusammmensieht, die er in 4,8f mit den heidnischen Göttern identifiziert, stellt er es hinein in die Welt der Religionen und deutet eine phänomenologische Parallele von Gesetz und Religion an.[97] Jeder Mensch sieht sich Forderungen gegenüber, die in der kosmischen Ordnung oder im heilsgeschichtlich (durch die Engel) vermittelten Willen Gottes begründet sind, die aber „weder Leben noch Identität noch Sinn geben können"[98], weil sie nicht wirklich Gemeinschaft mit Gott vermitteln können.

Das aber tut Gottes Geist, der durch den Glauben empfangen wird und der zur lebensbestimmenden Macht in der neuen Existenz vor Gott wird. Er inspiriert zur Liebe, die das vom Gesetz inhaltlich als Gottes Willen Geforderte erfüllt, so daß kein ethisches Vakuum entsteht, wenn Menschen von der versklavenden Macht des Gesetzes befreit sind (5,13ff).

Was heißt Rechtfertigung im Galaterbrief? Wir versuchen eine Zwischenbilanz:

1. In der Kontroverse des Galaterbriefes bedeutet Rechtfertigung zunächst die Aufnahme in das Volk Gottes und in die Gemeinschaft des Heils. Auch für Paulus ist der ekklesiologische Aspekt wichtig. Die Aufnahme in das Gottesvolk ist bleibende Grundlage für ein Miteinander, das andere nicht diskriminiert und somit der Annahme durch Gott entspricht. Gottes rechtfertigendes Handeln, das alle, die glauben, zu seinen geliebten Kindern macht, schafft zugleich die geschwi-

97 Vgl. Hübner, Gesetz, 34f; dagegen Sanders, Paul, the Law, 158.
98 Vouga, z.St.

sterliche Gemeinschaft „in Christus", die alle menschlichen Unterscheidungen überwindet.[99]

2. Rechtfertigung ist Annahme des Menschen durch Gott; *dikaiosyne* (Gerechtigkeit) bezeichnet das, was dem Leben Bestand und Inhalt gibt und somit Heil und Leben. Der forensische Aspekt, also die vorausgesetzte Situation des Gerichtes, in dem Gott freispricht und annimmt, steht im Hintergrund, ist aber nicht deutlich ausformuliert.

3. Paulus sieht einen sich ausschließlichenden Gegensatz zwischen dem Gerechtfertigtwerden durch das Gesetz (*en nomō*) und dem Gerechtfertigtwerden durch Christus (*en Christō*), zwischen dem Gerechtfertigtwerden „aus Werken des Gesetzes" und dem Gerechtfertigtwerden „aus Glauben an Jesus Christus". Das macht deutlich, daß mit der Ablehnung des Gesetzes als Heilsweg nicht nur das als jüdisches Privileg zur Abgrenzung von den Heiden mißbrauchte Gesetz und seine Vorschriften gemeint ist. Es geht um die Entscheidung zwischen zwei Lebensweisen vor Gott: Von Christus bestimmt oder durch das Gesetz. Es geht darum, ob Identität und Bestand des Lebens aus den „Werken des Gesetzes", dem „Tun", gewonnen wird oder aus dem Vertrauen auf das, was Gott in Jesus Christus getan hat und uns in die Gemeinschaft mit Gott stellt.

4. Rechtfertigung ist Befreiung aus der tödlichen Herrschaft unseres um sich selbst geängsteten Ichs (paulinisch gesprochen „Fleisch"). Aber Rechtfertigung bedeutet zugleich, sich selbst zu finden. Wo das absolut gesetzte Ego stirbt (2,19; 6,14), wird Gottes geliebtes Du lebendig und ein „Ich" konstituiert, das durch das Gegenüber zu Gott bestimmt wird. Daß Paulus gerade im Gal so vielschichtig in der ersten Person redet, „ergibt sich aus der Bedeutung der Gottesoffenbarung in Christus für das Selbstverständnis des Einzelnen. Die Entdeckung der Subjektivität ist [...] Konsequenz des christologisch-soteriologischen Universalismus". Denn die Rechtfertigung des Menschen durch den Glauben setzt „die Unterscheidung zwischen seiner unverwechselbaren Person

---

99 Darin sieht Dunn, Justice of God, die bleibende Bedeutung der Rechtfertigungslehre.

und den Eigenschaften, die er gewinnen, haben und verlieren kann, bedingungslos voraus."[100] Das konstituiert eine neues Selbstverständnis, aber auch ein neues Miteinander in der Gemeinschaft: „Jede Person wird als gleichberechtigtes Individuum und Subjekt anerkannt."[101]

5. Rechtfertigung ist deshalb Befreiung zur Liebe (5,1.13), durch die Menschen – losgelöst von der Sorge um sich selbst – das leben, was Gottes Geist durch sie für andere wirkt (5,22f).

Mit der Freiheitsbotschaft des Gal hat Paulus neue Akzente gesetzt, die sich einerseits aus aktuellen Herausforderungen, andererseits aber konsequent aus den Grundlagen seiner Kreuzestheologie ergeben. Damit stellt sich die Frage, welche Bedeutung diese Neuakzentuierung seiner Rechtfertigungsbotschaft, die nun als ausformulierte Rechtfertigungslehre erscheint, innerhalb seiner Theologie als ganzer gewinnt. Das soll im Folgenden anhand des Römerbriefes untersucht werden, wobei auch einschlägige Aussagen des 2. Kor und Phil mit einbezogen werden.

4. Die Entfaltung der paulinischen Rechtfertigungslehre

Die Frage nach der Bedeutung der Rechtfertigungslehre für die paulinische Theologie hängt eng mit der Frage nach dem Charakter des Römerbriefes zusammen. Ist dieser wie die anderen Paulusbriefe ein „Gelegenheitsschreiben", das Probleme der christlichen Gemeinde in Rom aufnimmt oder auf den immer noch aktuellen Streit um die gesetzesfreie Heidenmission eingeht? Oder ist er eine systematische Zusammenfassung der Theologie des Paulus, die der Rechtfertigungslehre den ihr gebührenden Platz im Zentrum dieser Theologie einräumt?[102]

Darüber ist viel geschrieben worden und die Wahrheit liegt wohl zwischen solch einfachen Alternativen. Auch der

100 Vouga, Gal, 39.
101 Vouga, Gal, 92 zu 3,28.
102 Dazu K. Donfried (Hg.), The Romans Debate.

Römerbrief ist ein Brief, der aus aktuellem Anlaß geschrieben wurde. Hinter ihm steht der Wunsch des Paulus, nach Rom zu kommen, dort das Evangelium zu verkündigen und mit Unterstützung der Gemeinde in Rom nach Spanien zu reisen (1,8–15; 15,14–24). Allerdings muß Paulus zuvor noch nach Jerusalem, um die Kollekte der heidenchristlichen Gemeinden als Zeichen ihrer Verbundenheit mit der Urgemeinde zu überbringen, und er ist nicht sicher, ob dieses Zeichen auch akzeptiert werden wird (15,25–33). So steht ihm noch einmal der Streit um die gesetzesfreie Heidenmission und die nicht gelösten Spannungen zwischen Juden- und Heidenchristen vor Augen, und auch die anderen Konflikte, die während seiner missionarischen Tätigkeit in Kleinasien und Griechenland zu lösen waren, sind noch nicht vergessen.

Gerade diese aktuelle Situation führt dazu, daß der Römerbrief so etwas wie ein „theologischer Rechenschaftsbericht" des Paulus geworden ist.[103] Im Grunde möchte der Brief schon etwas von dem bewirken, was der angekündigte Besuch leisten soll, nämlich den Christen in Rom Anteil an der paulinischen Evangeliumsverkündigung zu geben (1,1–15; 15,15).[104] So wird das Gelegenheitsschreiben zu einer grundlegenden Darlegung des paulinischen Evangeliums, geprägt von einer bestimmten Situation, aber keineswegs in der Meinung geschrieben, nur zeitbedingte Probleme lösen zu sollen.

Wie ernst es Paulus damit ist, zeigt schon ein Blick in das Präskript, den „Briefkopf" des Schreibens, in dem Paulus die Absenderangabe über jede formelle Konvention hinaus erweitert, um seine Mission als Apostel und die Basis seines Evangeliums von Jesus Christus darzustellen (1,1–5).[105] Seine

103 E. Käsemann, Röm, 390.

104 Vgl. M.A. Seifrid, Justification, 187–210, der diese Zusammenhänge unter der Frage nach der Bedeutung der Rechtfertigungslehre untersucht hat.

105 Paulus verwendet dabei eine ihm vorgegebene, wohl judenchristliche Formel (1,3f), die Jesus als den verheißenen Messias, den Nachkommen Davids und Sohn Gottes, bekennt. Vgl. U. Wilckens, Röm I, 56–61; skeptisch gegen eine vorpaulinische Formel ist K. Haacker, Röm, 25f.

Bereitschaft, das Evangelium auch in Rom zu verkündigen, unterstreicht Paulus mit einer weiteren „Definition" des Evangeliums, die dessen Wirksamkeit und Ziel beschreibt und zugleich die grundlegende These für den ganzen Brief bildet: „Denn ich schäme mich des Evangeliums nicht, denn es ist Kraft Gottes zum Heil für jeden, der glaubt, den Juden zuerst und ebenso den Griechen. Denn in ihm offenbart sich Gottes Gerechtigkeit aus Glauben zum Glauben, wie geschrieben steht: Der Gerechte wird aus Glauben leben" (1,16f).

Dieses Evangelium ist wie das „Wort vom Kreuz", mit dem es letztlich identisch ist, Ausdruck des machtvollen Wirkens Gottes. Es ist Kraft Gottes, weil es Menschen rettet. *sōtēria* (Rettung, Heil) hat in der Welt des Neuen Testaments eine wichtige und umfassende Bedeutung, die von Hilfe in konkreter Not und politischen Wohltaten bis hin zur Gabe ewigen Lebens reicht. Für Paulus selbst meint der Begriff zunächst Rettung vor der drohenden Vernichtung im Endgericht (vgl. 13,11; aber auch 5,9; 1. Kor 3,15; 5,5; Phil 1,19). Im Alten Testament bezeichnet er u.a. die Heilshilfe Gottes (oft parallel zu Gerechtigkeit, vgl. Ps 98, 2f; Jes 56,1f u.ö.). Auch in der hellenistischen Gesellschaft hatte er einen hohen Stellenwert und war verbunden mit der Hoffnung auf Rettung und Hilfe in sehr vielfältigen existentiellen und sozialen Nöten. „Indem die urchristliche Botschaft diese Begrifflichkeit aufgreift, verspricht sie eine Antwort auf den Leidensdruck menschlicher Existenz und tritt damit in Konkurrenz zu anderen ‚Heilswegen'."[106] Das hatte eine sehr gewichtige religiöse Dimension: „Man lebte [...] weithin in dem Grundgefühl, in der irdischen Wirklichkeit als todträchtigem Trug unendlich verloren zu sein. Heil erschien darum nur möglich als Rettung durch Initiative aus dem Himmel, um an himmlischer Wirklichkeit teilzugewinnen. Darum war die Bereitschaft für Heilsverkündigung jeder Art und aus welcher religiösen Tradition immer außerordentlich groß."[107] Damit war aber auch die Notwendigkeit zur Präzisierung angesichts die-

106 K. Haacker, Röm, 38.
107 U. Wilckens, Röm I, 83f.

ser vielfältigen Heilserwartungen und -versprechungen gegeben.

Bei Paulus erfolgt die erste Präzisierung dadurch, daß die Adressaten genannt werden. Das Heil soll jedem gelten, der glaubt, dem Juden zuerst, aber auch dem Griechen. Wieder beschreibt das Begriffspaar „Jude und Grieche“ die Gesamtheit einer religiös und kulturell gespaltenen Gesellschaft und wieder versucht Paulus den Balanceakte, den er in Gal 2,15f begonnen hat und im Römerbrief vielfältig fortsetzen wird: Einerseits an der Vorzugsstellung des jüdischen Volkes festzuhalten und gleichzeitig ihren exklusiven Charakter aufzuheben. Die Zielgruppe des Evangeliums wird nicht durch die alten Identitätsmerkmale religiöser oder sozialer Gruppenzugehörigkeit bestimmt. „Jeder, der glaubt“, ist gemeint – es ist sehr bewußt im Singular formuliert, um die Herauslösung aus jedem Heils- und Unheilskollektiv zu signalisieren. Damit ist auch deutlich, daß hier mit „Glaubenden“ nicht – wie gelegentlich – einfach ein Synonym für „Christen“ gebraucht ist (vgl. 1. Th 1,7–2,10; 1. Kor 14,22), sondern daß sehr präzis der Akt der Annahme des Evangeliums benannt wird. Aber es ist ebenso klar, daß Paulus mit dieser Beschreibung der Annahme des Heils nicht neue Grenzmarkierungen aufrichten möchte, sondern die Universalität und Inklusivität der Heilsbotschaft beschreibt, die für ihre Wirkung keine andere „Bedingung“ kennt, als daß sie vertrauensvoll angenommen wird.[108]

Die zweite Präzisierung und Begründung liegt in der näheren Beschreibung dessen, was bei der Verkündigung des Evangeliums geschieht: „In ihm wird Gottes Gerechtigkeit offenbart“. Damit stellt Paulus seine Evangeliumsverkündigung in die Tradition der Erwartung der eschatologischen Offenbarung der Gerechtigkeit Gottes, der Heilshilfe Gottes für sein Volk und den ganzen Erdkreis.[109] Nach Ps 98,2f ge-

108 So auch K. Haacker, Röm, 38: Jeder, der glaubt, ist „primär einladend und inklusiv gemeint und nicht als Vorbehalt“!

109 Charakteristisch ist für diese Tradition der Zusammenhang von Heil und Gerechtigkeit Gottes und ihrem Offenbarwerden vor aller Welt; vgl. Ps 98,2; Jes 56,1 (auch 46,13; 51,5), Mal 3,20 und in den Qum-

schieht diese Offenbarung vor allen Völkern und macht Gottes Treue zu seinem Volk der ganzen Welt kund, wird zugleich aber auch die Völker und den Erdkreis heilvoll zurecht bringen (V. 9).[110]

Unter dem Einfluß von Mal 3,16–21 tritt in der weiteren Geschichte dieser Tradition die scheidende Wirkung der Offenbarung der Gerechtigkeit Gottes in den Vordergrund: „Ihr werdet am Ende doch sehen, was für ein Unterschied ist zwischen dem Gerechten und dem Gottlosen, zwischen dem, der Gott dient, und dem der ihm nicht dient“ (V. 18).[111]

Dem stellt Paulus die universale und potentiell alle einschließende Zielbestimmung des Glaubens gegenüber. Nicht, daß er die Realität des Frevels und der Sünde übersehen würde. Sie wird in 1,18–3,20 in ihrer ganzen Totalität aufgewiesen werden. Aber demgegenüber steht die Totalität der Gnade, deren Wirkung mit der Formel „aus Glauben zum Glauben“ gekennzeichnet wird. Möglicherweise ist diese Formulierung einfach eine rhetorische Umschreibung des „allein aus Glauben“.[112] Wahrscheinlich aber beschreibt sie in Anlehnung an das folgende Zitat aus Hab 2,4, wie die Offenbarung der Gerechtigkeit Gottes aus Glauben wirksam wird und auf Glauben zielt.[113]

Mit dieser grundlegenden These am Beginn des Römerbriefes macht Paulus klar, in welchem theologischen Rahmen er seine Rechtfertigungslehre sieht. Es geht nicht nur um die Zulassungsbedingungen in die Gemeinschaft des Gottesvolkes. Es geht um Gottes Offenbarung im Evangelium. Was Paulus relativ kompakt und abstrakt formuliert, gewinnt auf

---

ranschriften 1QH 14,15f; CD 20,20; 1Q27 I,6. Was dies für die Interpretation der Genetivverbindung „Gottes Gerechtigkeit“ bedeutet, hat vor allem E. Käsemann herausgearbeitet; vgl. E. Käsemann, Gottes Gerechtigkeit; und ihm folgend P. Stuhlmacher, Gerechtigkeit Gottes; ders., Gerechtigkeitsanschauung; ähnlich K. Kertelge, „Rechtfertigung“; kritisch dazu R. Bultmann, ΔΙΚΑΙΟΣΥΝΗ ΘΕΟΥ; E. Lohse, Gerechtigkeit Gottes.

110 Siehe dazu oben S. 26.

111 Vgl. CD 20,20f; 1 QH 14,15f, mit anderem Akzent 1 Q27 I,6f.

112 Käsemann, Röm, 28 mit Verweis auf Jer 9,2; Ps 83,8; 2. Kor 2,16; 3,18.

113 U. Wilckens, Röm I, 88.

seinem alttestamentlichen Hintergrund konkrete Gestalt. In seiner Gerechtigkeit begegnet Gott selber den Menschen, und zwar mit seinem machtvollen Anspruch aber auch in seiner allumfassenden Güte. Er begegnet ihnen mit seinem heilvollen und zurechtbringenden Ja. Was Gottes Volk für sich erwartet hat, nämlich, daß trotz aller seiner Verfehlungen sich Gott in seiner Treue zu ihm bekennt, das wird in der Verkündigung des Evangeliums jedem einzelnen zugesprochen. Wer das im Glauben vertrauensvoll als die Grundlage für sein Leben annimmt, erhält die Gewißheit, daß sein Leben nicht wert- und sinnlos vergeht, sondern in Gott geborgen ist und zu seinem Ziel findet. Paulus faßt diese Gewißheit mit Hab 2,4 zusammen: „Der Gerechte wird aus Glauben leben."[114]

Der missionarische Horizont

Die Verbindung von Gerechtigkeit und Glaube hat also im Römerbrief eine doppelte Funktion. Sie macht deutlich, daß die Offenbarung der Gerechtigkeit Gottes im Evangelium vom Menschen keinerlei Vorgaben im Blick auf Herkunft oder zu leistende Vorbedingungen erwartet, sondern einzig und allein auf die vertrauensvolle Annahme der Botschaft zielt. Gerade dadurch wird auch der Wirkungskreis der Botschaft entschränkt und universalisiert. Wo immer Paulus davon spricht, daß Gottes Gerechtigkeit den Glaubenden gilt, tut er das mit dem Zusatz: „Jedem, der glaubt" (1,16; 10,4) bzw. „allen, die glauben" (3,22; 4,11). Das zeigt, wie sehr der Römerbrief und die in ihm entfaltete Rechtfertigungslehre in missionarischer Perspektive geschrieben sind.

Das liegt nicht nur an der für Paulus abgeschlossenen Missionsarbeit im Osten und am Vorblick auf die Mission im fernen Spanien (15,23f). Auch wenn er sich relativ unklar ausdrückt, ist doch deutlich, Paulus möchte auch in Rom evangelisieren (1,15).[115] Er sieht dort die Vielfalt der im rö-

114 Gegen die gängige Übersetzung „Der aus Glauben Gerechte wird leben", halte ich diese Übersetzung nicht nur für den hebräischen Text in Hab 2,4, sondern auch für Paulus in Gal 3,10 und Röm 1,17 für angemessener (mit Haacker, Röm, 44; anders Käsemann, Röm, z.St.).

115 Dies gilt trotz des Widerspruchs zu 15,20f. Vgl. Wilckens, Röm I, 80.

mischen Reich lebenden Völkerwelt an einem Ort zusammengefaßt und darum auch sich selbst als „Apostel der Heiden", d.h. der nichtjüdischen Völker, herausgefordert. „Ich bin ein Schuldner der Griechen und der Barbaren, der Weisen und der Unverständigen" (V. 14). Hier tauchen innerhalb der Welt der „Heiden" neue Heils- und Unheils-, Wert- und Unwertsbereiche auf. Schranken der Kultur und der Bildung grenzen Menschen aus. Aber gerade in dieser Situation zeigt sich die grenzüberschreitende Kraft des Evangeliums, und der Apostel als sein Bote fühlt sich geradezu herausgefordert, die Botschaft von Gottes Heil, das allen gilt, über diese Grenzen hinweg zu tragen. Die universale Kraft des Evangeliums, die Paulus in 1,16 an der Überwindung der Ausgrenzung der „Griechen" aus dem Geltungsbereich der Verheißung für das jüdische Volk beispielhaft darstellt, gilt auch für solche, die wie die ungebildeten, nicht Griechisch sprechenden „Barbaren" oder diejenigen, die immer die „Dummen" sind, oft ausgeschlossen werden.

Wie sehr Paulus diese Perspektive im Blick behält, zeigt der Schluß des Briefes. Von der Behandlung der in der römischen Gemeinde aufgebrochenen Spannung zwischen „Schwachen" und „Starken" lenkt Paulus den Blick auf Christus, der alle angenommen hat (15,7), und damit noch einmal auf den universalen Horizont des Christusgeschehens, dem seine Mission dient (15,8–13). Die Gestaltung einer geschwisterlichen Gemeinschaft und der missionarische Auftrag der Kirche stehen offensichtlich in einem tiefen Zusammenhang miteinander, der von der Rechtfertigungsbotschaft geprägt ist. Die bedingungslose Annahme aller durch Christus wirkt nach innen und nach außen.[116]

Gerade der Grundsatz der Rechtfertigungslehre, daß „ein Mensch allein aus Glauben ohne Werke des Gesetzes gerechtfertigt wird" (3,28), macht für Paulus ernst mit der Erkenntnis, daß Gott nicht nur der Gott der Juden, sondern auch der Gott der Heiden ist. Das Grundbekenntnis Israels, „einer ist Gott", führt ihn zur Konsequenz, daß dieser Gott „die Be-

116 Käsemann, Röm, 372–374; W. Kraus, Volk Gottes, 326–333.

schneidung" aufgrund des Glaubens rechtfertigt und ebenso „die Unbeschnittenheit" durch den Glauben (3,30).

Auch die jüdischen Theologen zur Zeit des Paulus wußten, daß der Gott Israels auch der Gott der Völker war, und sahen gerade darin die Bedeutung der Erwählung Israels und seiner Auszeichnung als eines Zeichens für die Völker.[117] Auf diesem Hintergrund zeichnet sich die Radikalität der paulinischen Konsequenz ab, aber auch das Wagnis, das in ihr lag. Denn auch der Universalismus des Paulus konnte exklusiv wirken – zum Beispiel im Ausschluß des ungläubigen Israels.[118] Paulus hat versucht, auf diese Gefahr mit der theologischen Perspektive von Röm 11 zu antworten. Aber es bleibt eine wichtige Herausforderung an die Kirche, den Zusammenhang von Rechtfertigung und Glauben in seiner missionarischen Dynamik zu erfassen und zu leben und so festzuhalten, daß diese Begriffe mehr sind als eine neue Art der „identity" oder „boundary markers".

Das kann nicht bedeuten, daß wir die Frage nach dem Glauben an Jesus Christus aufgeben. Aber es ist wichtig, in ihm immer zuerst die Zielbestimmung des Evangeliums zu sehen, das, was die Verkündigung im Menschen hervor-rufen möchte. Nur unter diesem Vorzeichen ist er dann auch Identitätsmerkmal und Grenzbestimmung für die Zugehörigkeit zur Kirche Jesu Christi.

Die anthropologische Begründung

Wie sieht Paulus die Menschen, denen er das Evangelium verkündigt? Welche menschliche Situation setzt die Rechtfertigungsbotschaft voraus? Daß sie wirklich allen gilt, wird von Paulus im Römerbrief durch eine eindringliche Diagnose dieser Situation begründet. Ihr Ergebnis ist: „Denn es gibt keinen Unterschied, denn alle haben gesündigt und es fehlt ihnen der Glanz der Gegenwart Gottes [wörtl.: die Herrlichkeit Gottes]" (3,22f). Das ist die Zusammenfassung der Darle-

---

117 Vgl. N.A. Dahl, The One God (in Auseinandersetzung mit Käsemann, Röm, 97f).

118 Dahl, aaO. 191.

gungen von 1,18–3,20, einem Abschnitt, der direkt auf die grundsätzliche These zur Wirkung des Evangeliums in 1,16f folgt. Auch er beginnt mit einer These: „Denn Gottes Zorn offenbart sich vom Himmel her über alle Gottlosigkeit und Ungerechtigkeit der Menschen, die die Wahrheit in Ungerechtigkeit niederhalten" (1,18).

Wie im Alten Testament[119] ist der „Zorn Gottes" Pendant zur „Gerechtigkeit Gottes". Der Parallelismus zwischen beiden Begriffen zeigt, daß es in beiden Genetivverbindungen um Gottes eigenes Handeln geht, mit dem er den Menschen begegnet. Bezeichnet *Gottes Gerechtigkeit* seine heilvolle Gemeinschaftstreue und sein gnädiges Recht, mit dem er die Menschheit unter seine Herrschaft zurückholt, und damit sein barmherziges Ja zu allen, wer immer sie sind, so meint *Gottes Zorn* seine Reaktion gegen alles, was ihn und sein heilvolles Recht mißachtet, sein Gericht an allem, was Leben und Gemeinschaft zerstört, und darum sein Nein zu allem, was die Menschen von ihm trennt. So sehr dieses Nein Gottes tiefen Affekt gegen alles Widergöttliche darstellt, so sehr ist es letztlich nur das unvermeidliche Echo auf das lebensverneinende Handeln der Menschen und das Nein der Sünde. Der Zorn wendet sich – anders als die Gerechtigkeit – nicht direkt auf die Menschen, sondern „gegen alle Gottesverachtung und Rechtsmißachtung der Menschen".[120]

Offen ist die Frage, wie sich nach Meinung des Paulus Gottes Zorn offenbart. Die Wendung „vom Himmel her" schließt aus, daß dies im Evangelium geschieht oder geschehen sollte. Es ist die Wirklichkeit der Welt, in der die Menschen leben und leiden, in der Paulus das Walten des Zorns Gottes sieht.[121] Die Verkündigung des Evangeliums hat den Zorn Gottes nicht heraufzubeschwören oder zu offenbaren, sondern auf dessen unleugbare und leidvolle Wirklichkeit hinzuweisen.[122]

---

119 S. oben S. 40.

120 So übersetzt Haacker, Röm, 45, treffend *asebeia* und *adikia*.

121 Die futurische Deutung, die H.J. Eckstein, Gottes Zorn, vorschlägt, entspricht nicht dem Kontext – oder höchstens in der Fassung von Haacker, aaO.: Gottes Zorn „bricht herein".

122 Vgl. W. Klaiber, Ruf und Antwort, 121ff.

Daß die Menschen „die Wahrheit in Ungerechtigkeit niederhalten“ und unterdrücken, zeigt ihr Umgang mit der Wirklichkeit Gottes. Obwohl Gott in seiner Schöpfung erkennbar ist, haben die Menschen sich von der Herrlichkeit Gottes, seinem unvergänglichen und unvergleichbaren Wesen als Schöpfer abgewandt und verehren das Geschöpf in Bildern von Menschen oder Tieren. Letztlich aber verehren sie damit sich selbst[123], und darum hat sie Gott – wie Paulus dreimal ausführt – an sich selbst und ihre Begierden dahingegeben. Alles, was Paulus an sozialem Fehlverhalten in V. 24–31 aufführt, ist für ihn Konsequenz einer gestörten Beziehung zu Gott, aus der sich ein destruktives Verhältnis zu anderen und sich selbst ergibt. Hier ist Immoralität „nicht Schuld, sondern Strafe“.[124]

Während Paulus formal den ganzen Abschnitt hindurch von „den Menschen“ schlechthin spricht, ist doch nicht zu übersehen, daß er in der Sache die Nichtjuden, die „Heiden“, meint und dabei viele Motive der traditionellen alttestamentlich-jüdischen Götzen- und Heidenpolemik übernimmt.[125] Das soll aber die jüdischen Leser nicht dazu verführen, zu meinen, sie könnten als unbeteiligte Beobachter in Gottes Urteil über die Heiden einstimmen. Dem tritt Paulus mit aller Schärfe entgegen: „Deshalb hast du keine Entschuldigung, Mensch[126], wer du auch seist, der (so) urteilt; denn indem du über den anderen urteilst, verurteilst du dich selbst; denn du, der urteilt, tust dasselbe“ (2,1). Das geht gegen eine Haltung, die Gottes Güte und Langmut für sich in Anspruch nimmt, während sie die Außenstehenden aufgrund ihrer offensichtlichen Verfehlungen verurteilt. So heißt es z.B. in Weisheit 15,1f nach einer scharfen Polemik gegen heidnische Laster:

123 Vgl. G. Bornkamm, Die Offenbarung des Zornes Gottes; W. Pannenberg, Systematische Theologie I, 202ff.

124 Käsemann, Röm, 34. Ob Paulus zu Recht auch die gleichgeschlechtliche Liebe als Ausdruck eines verhängnisvollen Narzißmus sieht, kann in diesem Zusammenhang nicht diskutiert werden.

125 Vgl. Weisheit 13–15.

126 Es ist wichtig, daß Paulus – obwohl er sich an Juden wendet (vgl. V. 17) – weiter den „Menschen“ anredet; es geht ihm um das allgemein Menschliche!

„Aber du, unser Gott, bist freundlich und treu und geduldig und regierst alles mit Barmherzigkeit. Wenn wir auch sündigen, gehören wir doch dir und kennen deine Macht." Obwohl es in 15,2 dann weiter heißt: „Weil wir aber wissen, daß wir dir angehören, sündigen wir nicht", sieht Paulus in dieser Haltung die große Gefahr, daß sich der jüdische Mensch damit beruhigt, das Gesetz zu haben und zu Gottes Volk zu gehören. Gegen diese Art von „Bundesnomismus" stellt Paulus klar die These: „Nicht die Hörer des Gesetzes sind vor Gott gerecht, sondern die Täter des Gesetzes werden von Gott gerecht gesprochen werden."[127] Umgekehrt hält er es (zumindest hypothetisch) für möglich, daß auch Heiden, die das Gesetz nicht haben, die Forderung des Gesetzes in ihrem Herzen geschrieben finden und danach handeln (2,14f). Die Beschneidung als Zeichen des Bundes nutzt nur etwas, wenn auch das Gesetz erfüllt wird, und umgekehrt gibt es „eine Beschneidung des Herzens" derer, die durch Gottes Geist geleitet, das Gesetz erfüllen.[128]

Trotz all dem möchte Paulus die besondere Vorzugsstellung der Juden nicht einfach nivellieren und Gottes Treue zu seinem Volk in Frage stellen. Aber Gottes Zuverlässigkeit erweist sich eben gerade in dem Rechtsstreit, in dem Gott angesichts menschlichen Versagens doch recht behält, wie Paulus im Rückgriff auf Ps 51,6 deutlich macht. Dabei muß allerdings sogleich die Schlußfolgerung abgewiesen werden, mit seiner Ungerechtigkeit stelle der Mensch ja erst „Gottes Gerechtigkeit"[129] ins rechte Licht und könne deswegen eigent-

---

127 „Gerecht vor Gott" bzw. „gerechtfertigt werden" bedeutet hier die Anerkennung durch Gottes Gerichtsspruch. Paulus argumentiert von der gemeinsamen jüdischen Überzeugung aus und befindet sich nur scheinbar im Widerspruch zu seiner Rechtfertigungslehre (gegen E. Sanders, Paul, the Law, 125ff).

128 Damit greift Paulus eine im AT und Judentum geläufige Vorstellung auf; vgl. Jer 4,4; Dtn 10,16; 30,6; und bes. Jub 1,23: „Ich werde beschneiden die Vorhaut ihres Herzens ... und ich werde ihnen schaffen einen heiligen Geist. Und ich werde sie rein machen, damit sie sich nicht von mir wenden von diesem Tag an bis in Ewigkeit."

129 Hier ist „das Im-Recht-sein Gottes" gemeint (Haacker, Röm, 78; vgl. Neh 9,33; Dan 9,5.7); am pointiertesten ist Ps Sal 9,2: „Unter allen Völkern ist Israel verstreut nach dem Wort Gottes, damit du gerecht-

lich nicht bestraft werden (3,5). Der Versuch eines solchen Handels mit Gott ist ebenso verfehlt und lästerlich wie der Vorwurf, die paulinische Rechtfertigungslehre verleite den Menschen dazu, Böses zu tun, um Gutes zu bewirken, nämlich durch die eigene Ungerechtigkeit Gottes Gerechtigkeit und Gnade um so größer zu machen (vgl. auch Röm 6,1; Gal 2,17).

All das sind für Paulus Spiegelfechtereien, die weder der Berufung Israels noch dem Ernst der Situation aller Menschen gerecht werden. Juden wie Griechen stehen unter der Herrschaft der Sünde (3,9). Es geht nicht um das Aufreihen einzelner Verfehlungen, sondern um die Erkenntnis der grundsätzlichen Situation des Menschen. Sünde erscheint hier, wie fast immer bei Paulus, als Macht, die das Verhalten der Menschen bestimmt und sie Gott entfremdet. Eine Zitatenkette aus dem Alten Testament soll zeigen, daß kein Mensch vor Gott bestehen kann, weil weder die Haltung Gott gegenüber noch das praktische Verhalten im zwischenmenschlichen Bereich Gottes Willen entspricht (3,9–18).

Der Einwand, dies sei ja alles im Blick auf die „Frevler“, also vor allem die Heiden gesagt, entkräftigt Paulus mit dem Hinweis, daß das „Gesetz“ (hier: die Heilige Schrift) zu denen spricht, die in seinem Geltungsbereich leben und daß deshalb alle Welt vor Gott schuldig sei.[130] Das führt zur grundsätzlichen Schlußfolgerung aus 1,18–3,20: „Aufgrund von Werken des Gesetzes wird niemand [wörtl.: kein Fleisch] vor ihm gerecht gesprochen, denn (gerade) durch das Gesetz (kommt es zur) Erkenntnis der Sünde“ (3,20).

Was bedeutet diese Aussage im Zusammenhang der paulinischen Rechtfertigungslehre?

1. Das Urteil erfolgt, weil niemand Gottes Willen, wie er im Gesetz niedergelegt ist, wirklich tut. Daß auch das

---

fertigt werdest, o Gott, in deiner Gerechtigkeit aufgrund unserer Sünden.“

130 Paulus argumentiert also auf zwei Ebenen. Er weist nach, daß das Urteil der Schrift gerade den Juden betrifft und daß das Leben aller – der Juden wie der Griechen – nicht vor Gott bestehen kann (anders Dunn, Once More).

Tun des Gesetzes selbst Sünde sein könnte, wird nicht gesagt.[131]

2. Ähnlich wie im Gal spielt auch in Röm 2 die Frage nach der Beschneidung als Zeichen des Bundes und als Abgrenzung gegenüber dem Heidentum eine Rolle (vgl. 2,25; 3,1). Und ähnlich scharf wird das Vertrauen darauf und diese Form, sich des Gesetzes zu rühmen, bekämpft. Dennoch spricht der ganze Kontext von Röm 1,18–3,20 dagegen, in 3,20 die „Werke des Gesetzes" auf die „kultisch-rituellen Forderungen des Gesetzes" zu beschränken, die für eine Konversion zum Judentum zu erfüllen waren und die die äußerlichen Identitätsmerkmale jüdischen Lebens darstellten.[132] Es geht im Zusammenhang von Röm 1,18–3,20 um sehr viel mehr als um die Frage nach den Bedingungen des Eintritts in die Heilsgemeinschaft des Bundesvolkes. In Röm 2,15 meint das *ergon tou nomou* (das „Werk des Gesetzes") das, was das Gesetz fordert, und was auch der Heide – zumindest theoretisch – erfüllen kann.

3. Weil aber niemand diese Forderungen erfüllt, darum ist das Gesetz als Heilsweg ausgeschlossen. Seine Aufgabe ist eine andere. Es zeigt die Sünde auf und macht den Menschen klar, wo sie vor Gott stehen. Damit dient es indirekt dem Heil der Menschen. Röm 3,20 läßt offen, ob dies nur de facto gilt, weil niemand wirklich den Willen Gottes tut, oder grundsätzlich, weil das Gesetz nicht dazu gegeben ist, „lebendig zu machen" (Gal 3,21) und darum – trotz Lev 18,5 – das Tun des Gesetzes in keinem Fall zum Leben führt, sondern nur der Glaube an Jesus Christus.[133]

4. Auch wenn Paulus ab 2,1f vor allem von der Schuld der Juden spricht, bleibt seine Beweisführung auf den Nachweis der Allgemeinheit der Sünde ausgerichtet. In 3,19f, den beiden zusammenfassenden Versen des Abschnittes, wird zweimal hervorgehoben: „Die ganze Welt ist vor Gott schuldig" und „kein Fleisch", d.h. kein Menschenwesen, wird von Gott

131 Dagegen mit Nachdruck Schlatter, Gottes Gerechtigkeit, 130ff.

132 Gegen Haacker, Röm, 83f, der hier Dunn folgt.

133 Vgl. einerseits U. Wilckens, Römer I, 177–179, andererseits O. Hofius, Das Gesetz des Mose, 54–56.

aufgrund von Werken des Gesetzes gerechtfertigt. Dem entspricht, daß in 2,14–16 die Forderung der Tora, des jüdischen Gesetzes, mit dem gleichgesetzt wird, was auch ein Heide in seinem Herzen als Anforderung an sein Leben erspürt. Der Widerstreit in seinem Gewissen ist ein Indiz dafür, daß jeder Mensch grundsätzlich um die Notwendigkeit der Rechtfertigung seines Lebens weiß, auch wenn dies erst am Tag des Gerichts in seiner ganzen Tragweite offenbar wird.[134]

Aber zunächst bleibt Paulus im Gespräch mit den Menschen, die im Geltungsbereich des jüdischen Gesetzes leben. Und während diese Auseinandersetzung in 2,1–3,20 eher plakative Züge trägt, geschieht sie an anderer Stelle differenziert und sehr seelsorgerlich.

In Röm 7,7–25 beschreibt Paulus das Dilemma des Menschen unter dem Gesetz. Obwohl er dies in „Ich-Form" tut, beschreibt er nicht sein subjektives Erleben vor seiner Bekehrung (dagegen sprechen Gal 1,14; Phil 3,6), sondern analysiert gewissermaßen im Rückblick, wie es ihm im Kampf mit der Sünde in seinem Leben unter dem Gesetz erging.[135]

Hier kommt nun sehr viel nachdrücklicher die Sünde als Macht ins Spiel, die sich des Menschen bemächtigt und die das Gesetz, das an und für sich „heilig, gerecht und gut" ist, dazu mißbraucht, den Menschen zur Übertretung des konkreten Gebotes zu verführen und ihn in den tiefen, unlösbaren Konflikt geführt hat, das Gute, das das Gesetz vorgibt, zu wollen, und in diesem Wollen immer wieder an der Unfähigkeit, das Gute zu tun, zu scheitern.

Vielleicht steht hinter diesem Konflikt ein tieferes Problem. Das „Gute", das der Mensch tun will, ist das „Leben", das das Gesetz verheißt. Aber dieses Leben ist gerade nicht durch das „Tun" zu erreichen. Das führt in ein unauflösbares Dilemma. „Was der Mensch will, ist das Heil. Was er schafft, ist Unheil."[136] Das steht so nicht im Text.[137] Aber die Aussage in 7,4–6 stellt ihn unter dieses Vorzeichen. „Frucht für Gott"

134 Das zeigt ausgezeichnet Käsemann, Röm, 61–63.
135 Siehe dazu oben S. 87 A. 55
136 So E. Käsemann, Röm, 195, nach Bultmann, Römer 7.
137 Darauf weist Wilckens in Röm II, 88, A. 358 hin.

wächst nur bei denen, die durch Christus für das Gesetz abgestorben sind, weil sie sonst durch die vom Gesetz erregten sündigen Leidenschaften nur „Frucht für den Tod" bringen. Für Christen gilt deshalb: „Jetzt aber sind wir völlig vom Gesetz getrennt, für das abgestorben, in dem wir gefangen waren, so daß wir im neuen Wesen des Geistes dienen und nicht im alten Wesen des Buchstabens" (V. 6; vgl. 2. Kor 3,6). Das ist geradezu die Überschrift zu 7,7–8,17, und damit ist das Gesetz als Heilsweg grundsätzlich augeschlossen.[138] Offensichtlich steht hinter dem „antinomistischen" Konflikt, also dem Scheitern an den Forderungen des Gesetzes, der „nomistische" Konflikt, d.h. das grundsätzliche Scheitern am Gesetz als Weg zum Heil.[139] Aber das beschreibt Paulus nicht an der Karikatur eines gesetzesstolzen Pharisäers als Beispiel menschlicher Selbstbehauptung vor Gott, sondern als eine Geschichte des Scheiterns, die er an seinem eigenen „Ich" exemplifiziert. Ohne Christus ist dieses Ich nichts anderes als „eine Marionette der in ihm ‚wohnenden', ihn total beherrschenden Sünde".[140]

Noch einmal unter einer anderen Perspektive wird die Situation des Menschen unter dem Gesetz in Röm 9 und 10 aufgezeigt. War in Röm 7 ganz bewußt vom einzelnen die Rede, geht es in Röm 9–11 um Israel als ganzes und um diejenigen, die zum Bundesvolk gehören, sich aber dem Glauben an Christus verschließen. Paulus geht diese Frage zunächst mit dem Verweis auf Gottes freie Gnadenwahl an. Auffallend ist, daß er dabei von der Erwählung Jakobs sagt, sie sei „nicht aufgrund von Werken, sondern (allein) durch den Berufenden" geschehen (9,12). Hier geht es offensichtlich um einen Gegensatz von „Taten" und Gottes Berufung!

Diese Motiv greift Paulus wieder auf, wenn er in 9,30–10,4 davon spricht, daß Israel den falschen Weg zu Gott eingeschlagen hat. Die von der Schrift verheißene Berufung der Heiden (9,24–29) führt ja zu dem Paradox, daß diejenigen,

---

138 Dazu O. Hofius, Gesetz und Evangelium, 84f.

139 Vgl. dazu G. Theißen, Psychologische Aspekte, 210–213.

140 O. Hofius, Gesetz des Mose, 54. Vgl. die positive Parallele in Gal 2,19f: Christus wird zur Mitte des Lebens.

die nicht an dem intensiven Streben nach Gerechtigkeit, wie Israel sie versteht, beteiligt waren, die Gerechtigkeit erhalten haben, nämlich die „Gerechtigkeit aus Glauben". Dagegen haben die, die dem Gesetz, das Gerechtigkeit verheißt, nachgefolgt sind, das eigentliche Ziel des Gesetzes nicht erreicht.[141] Der Grund dafür: Weil sie dies nicht „aus Glauben" taten, sondern „als ob (es) aus Werken (möglich wäre)". Das aber führt zum Scheitern, wie Paulus durch ein Schriftzitat aus Jes 8,14; 28,16 nachweist.

Warum? Darauf antwortet Paulus in 10,3, nachdem er noch einmal seinen dringenden Wunsch nach Heil für sein Volk und seinen Respekt für ihren Eifer für Gott ausgedrückt hat: „Denn weil sie Gottes Gerechtigkeit nicht kannten und die eigene aufzurichten suchten, haben sie sich der Gerechtigkeit Gottes nicht unterstellt." Auffallend sind die Parallelen zu Phil 3,6–9. Auch dort spricht Paulus von seinem Eifer, mit dem er die Gemeinde verfolgt hat, und davon, daß er nach der Gerechtigkeit, die durch das Gesetz festgestellt wird, untadelig war. Dieser Eifer ist nicht auf den Kampf um die „Grenzmarkierungen" zu beschränken.[142] Es ist ein Eifer um Gott, der sich in allem Mühen um sein Gesetz und die Gerechtigkeit, die es konstituiert, zeigt. Und gerade darin geht dieser Eifer fehl, weil er Gott und seine Gerechtigkeit verkennt. Grundlage für die neue Existenz in Christus ist deshalb für Paulus nicht mehr, „meine (eigene) Gerechtigkeit, die aus dem Gesetz kommt, zu haben, sondern die, die durch den Glauben kommt, die Gerechtigkeit von Gott aufgrund des Glaubens". In Phil 3,9 wie in Röm 9,31 steht die eigene Gerechtigkeit „aus dem Gesetz" bzw. „aus Werken" der Gerechtigkeit Gottes gegenüber. In Phil 3,9, wo es um die existentielle Lebenswende geht, spricht Paulus von der *Gerechtigkeit aus Gott*, die Gott den Glaubenden schenkt; in Röm 10,3, wo es um die neue Heilsordnung geht, erscheint die *Ge-*

---

141 Die Formulierungen in 9,31 sind merkwürdig, weil hier das „Gesetz" fast die Stelle der Gerechtigkeit einnimmt.

142 Dies gilt trotz des Zusammenhangs mit der Pinhastradition; vgl. Nu 25,6–13; Ps 106,30f; 1. Makk 2,54; anders Dunn, Theology, 350–353.

rechtigkeit Gottes als eine Heilsmacht, in der Gott selber den Menschen entgegentritt und nach dem Gehorsam ihres Lebens, dem Glaubensgehorsam fragt.[143] Mit all dem werden Israel und der jüdische Mensch nicht als die beschrieben, die an der Erfüllung des Gesetzes scheitern, sondern als die, die auf dem falschen Wege sind, wenn sie durch das Tun des Gesetzes Gerechtigkeit zu finden suchen und statt dessen nur eine „Gerechtigkeit auf eigene Faust" finden, die „keine Gerechtigkeit ist, weil Gott als Heilbringer nicht mehr im Gesetz zu finden ist".[144]

Die letzte Gewißheit über die Wahrheit dieser Aussagen liegen aber auch hier nicht in der kritischen Analyse einer gesetzlichen Leistungsfrömmigkeit, sondern in der Begegnung mit Christus: „Christus ist das Ende des Gesetzes zur Gerechtigkeit für jeden, der glaubt" (10,4). „In Christus begegnet uns die vorgegebene, überwindende Macht der Gottesgerechtigkeit, die nicht durch unsere Bewährung realisiert wird, vielmehr umgekehrt diese ermöglicht. Christus ist nach 2. K 1,19 Gottes Ja zu uns, das eindeutig und unwiderruflich bleibt."[145]

Und darum ist es nicht von ungefähr, daß überall dort, wo Paulus versucht, die Befindlichkeit des Menschen darzustellen, dem die Rechtfertigung und Befreiung durch Christus gilt, unmittelbar auch vom Christusereignis gesprochen werden muß.[146] Der Mensch, dem die Rechtfertigungsbotschaft gesagt werden muß, ist der Mensch, der Gott und damit das Leben verfehlt. Daß dies für alle gilt, zeigt sich an unterschiedlichen Indizien. Paulus nennt die Selbstvergötzung des Menschen, die dazu führt, daß Menschen in einer egomanen

143 Vgl. zur Abwehr der „eigenen Gerechtigkeit" Dtn 9,4–6. Daß die „eigene" Gerechtigkeit nicht „Selbstgerechtigkeit" ist (E.P. Sanders, Paul, the Law, 115f), scheint mir für Paulus angesichts Phil 3,9 nicht zuzutreffen.

144 Wilckens, Röm II, 221, der diese Aussagen aber nicht grundsätzlich gegen eine Gerechtigkeit aus dem Gesetz gerichtet sieht, sondern nur unter der Voraussetzung, daß nun auch Israel Sünder ist. Dagegen Westerholm, Paul, 234f.

145 Käsemann, Röm, 272

146 Vgl. Röm 1,18ff mit 3,21ff; 7,7ff mit 8,1ff; 9,1–10,3 mit 10,4ff.

Gesellschaft an sich selbst ausgeliefert sind. Er beschreibt das Scheitern des ernsthaften Versuchs, Gottes Willen zu tun, weil der Mensch sich auch dabei in die Bindung an sich selbst verstrickt und das Ziel, Gott und seine Gerechtigkeit, verfehlt. Diese Situationsanalysen müssen nicht alle möglichen Problemanzeigen erfassen. Denn der entscheidende und überzeugende Einblick in seine Situation wird dem Menschen nicht durch eine entsprechende Analyse eröffnet, sondern in der Begegnung mit Gott im Evangelium von Jesus Christus.

Die christologische Mitte

„Christus ist uns gemacht zur Gerechtigkeit" (1. Kor 1,30). Das ist die Grundlage der paulinischen Rechtfertigungsbotschaft. Darum ist rechtfertigender Glaube „Glaube an Jesus Christus".[147] Im Gegenüber der Gerechtigkeit „aus Werken" und „aus Glauben" treten sich nicht einfach zwei unterschiedliche Lebensprinzipien oder religiöse Verhaltensweisen gegenüber.[148] Es geht beim Glauben nicht nur um die angemessenere innere Einstellung gegenüber Gott anstelle des Vertrauens auf die eigene Lebensleistung oder gar um eine für Gott akzeptable Ersatzleistung angesichts des Scheiterns der Menschen an den Forderungen des Gesetzes. Nicht die Hinwendung des Menschen zum Glauben als richtigere Haltung gegenüber Gott ist der Angelpunkt für die neue Situation vor Gott, sondern die Hinwendung Gottes zu den Menschen in Christus, die der Mensch dankbar im Glauben für sich gelten läßt.

Röm 3,21–26 macht dies eindrücklich klar. Paulus nimmt die Grundthese von 1,16f wieder auf: „Jetzt aber ist, unabhängig vom Gesetz, Gottes Gerechtigkeit offenbar geworden[149] – bezeugt vom Gesetz und den Propheten und zwar

---

147 Trotz immer wieder neuer Versuche den Gen. *pistis Iēsou Christou* als „Glaube" oder „Treue Jesu Christi" zu interpretieren, ist an der Übersetzung „Glaube an Jesus Christus" festzuhalten, wie sich aus Gal 2,16 eindeutig ergibt; vgl. Dunn, Theology, 379ff.

148 So richtig Wilckens, Römer II, 215.

149 Das Perfekt *pephanérōtai* drückt aus, war in Christus ein für alle Mal geschehen und bis heute gültig ist (Haacker, Röm, 85, übersetzt: „Wirklichkeit geworden"). Was sich in der Verkündigung des Evange-

Gottes Gerechtigkeit aus Glauben an Jesus Christus für alle, die glauben." Paulus beruft sich auf das Zeugnis der alttestamentlichen Schriften, in denen Gottes Gerechtigkeit als sein voraussetzungs- und bedingungsloses Ja zu seinem Volk und zu seiner Schöpfung geschildert wird, und bezieht deren Verheißung des Erscheinens des Heiles Gottes auf das Christusgeschehen.

Noch einmal begründet Paulus, warum das „für alle, die glauben" gelten soll: „Es gibt keinen Unterschied [zwischen Juden und Heiden]; denn alle haben gesündigt, und es fehlt ihrem Leben der Glanz der Gottesgegenwart [wörtl.: Gottes Herrlichkeit], und werden (doch) umsonst durch seine Gnade gerechtfertigt durch die Erlösung(stat), die in Jesus Christus geschehen ist" (3,22b-24). Neben die Tatsache, daß alle Menschen aktiv Gottes Gebot übertreten haben, tritt die Feststellung des völligen Mangels an wirklicher, das Leben der Menschen umfassender und erfüllender Gegenwart Gottes.[150]

An diese Beschreibung von Gottesverfehlung und Gottesmangel der Menschen wird ohne Einschränkung und ohne Zäsur als feststehende Tatsache für alle angefügt, daß Gott sie rechtfertigt.[151] Dies geschieht umsonst durch Gottes Gnade kraft der Erlösung, die in Christus Jesus geschehen ist. Das sind Aussagen, die einerseits die völlige Gnadenhaftigkeit dieses Geschehens unterstreichen und es andererseits ursächlich mit dem Christusgeschehen verbinden. Der Begriff „Erlösung", wörtlich „Loskauf" (vgl. Hebr 11,35), trägt Elemente der Erlösungsbotschaft Deuterojesajas und – wie V. 25 zeigt – der Vorstellung von der stellvertretenden Sühne in sich.[152]

---

liums aktuell „offenbart", hat in der geschichtlichen Offenbarung in Christus Jesus seinen Grund.

150 *Doxa theou* (Herrlichkeit Gottes) ist von der LXX her terminus technicus für die göttliche Gegenwart. Nach jüdischer Tradition hatte Adam Anteil an Gottes Herrlichkeit und verlor sie mit dem Sündenfall (ApokMos 20 nennt Gerechtigkeit und Herrlichkeit als ursprüngliche Bekleidung Adams).

151 Gott ist logisches Subjekt des Passivs: „Sie werden gerechtfertigt".

152 *Apolytrōsis* ist selten bei Paulus: Röm 8,23 (dort futurisch); 1. Kor 1,30; vgl. weiter Kol 1,14; Eph 1,7.14; 4,30; zur Bedeutungsbreite

Damit ist angedeutet, was in V. 25f ausgeführt werden wird: Rechtfertigung des Sünders beruht nicht nur auf dem souveränen Freispruch durch den Richter, sondern zugleich auf der Auslösung des Sünders aus seiner Schuldverhaftung, die Gott für ihn durch das Christusgeschehen bewirkt. Das beschreibt V. 25f, ein außerordentliches kompliziertes Satzgebilde, das erst durchsichtig wird, wenn erkannt ist, daß Paulus hier ein judenchristliches Traditionsstück verarbeitet hat.[153] Das Traditionsstück lautete wahrscheinlich: „Ihn hat Gott öffentlich als Sühneort in seinem Blut eingesetzt zum Erweis seiner Gerechtigkeit um des Erlasses der zuvor unter der Geduld Gottes geschehenen Sünden willen."

Diese Aussage ist in der Geschichte der Auslegung oft mißverstanden worden. Zentral für das richtige Verständnis ist die Erkenntnis, daß auch hier nicht von einer „neutralen" oder „höheren" Gerechtigkeit Gottes die Rede ist, die er unter Beweis stellen mußte, indem er anstelle der Schuldigen ein anderes Opfer bestrafte. Auch hier ist Gerechtigkeit Gottes seine heilschaffende Treue, die dadurch, daß sie Sühne wirkt, all das verarbeitet, was sich an lebenszerstörender Wirklichkeit zwischen ihn und die Menschen gestellt hat. Es geht um die Entmachtung der Sünde durch die Beseitigung ihrer Folgen.

Das Stichwort *hilastērion* (Sühneort) weist auf die Symbolik des großen Versöhnungstages (Lev 16), die auf Jesu Tod übertragen wird. „An die Stelle der im Tempel verborgenen kappor^œ^t̲ [griech.: *hilastērion*, Luther: Gnadenthron] und des auf sie bezogenen Sühneritus hat Gott Jesus treten lassen, der durch ‚sein Blut', d.h. durch seine Lebenshingabe Sühne wirkte. Der Gekreuzigte ist so zu dem Ort geworden, an dem Gott selbst öffentlich und für alle sichtbar Versöhnung hat

---

vgl. Kertelge, Art. *apolytrōsis*, EWNT I, 331–336 und W. Haubeck, Loskauf.

153 Einige der Begriffe kommen sonst bei Paulus nicht vor, und so erklärt sich auch die Parallelführung der Aussagen in V. 25 und 26. Vgl. dazu E. Käsemann, Römer 3,24–26, der das Traditionsstück schon mit V. 24 beginnen läßt; weiter P. Stuhlmacher, Zur neueren Exegese, und R. Baumann, Gottes Gerechtigkeit, 188ff.

wirklich werden lassen. So ist der Karfreitag zum eschatologischen großen Versöhnungstag geworden."[154]

Paulus greift diese Tradition auf und baut sie aus. Er fügt den Zusatz „durch den Glauben" ein, um deutlich zu machen, wie das Geschehen am Kreuz im Leben des einzelnen zur Wirkung kommt. Und er hebt die Beschränkung des Sühnegeschehens auf den Erlaß der vor Jesu Tod geschehenen Sünden auf und führt den entscheidenden Satz weiter: „Zum Erweis seiner Gerechtigkeit jetzt, in unserer Zeit, damit er selbst gerecht ist und den rechtfertigt, der aus Glauben an Jesus lebt."

Was am Kreuz geschehen ist, ist ein für alle Mal gültig und wird gegenwärtig in der Verkündigung des Evangeliums. Paulus verknüpft die Aussage über die Offenbarung der Gerechtigkeit Gottes im Evangelium (1,17) mit der über ihr Offenbarsein im Christusgeschehen (3,21–25). Und er verbindet den Erweis der Gerechtigkeit Gottes im Kreuzesgeschehen mit der Rechtfertigung dessen, der an Jesus glaubt. Im Tod Jesu sind *Rechtfertigung Gottes*, d.h. der Erweis seiner unverbrüchlichen Treue und seines Heilswillens für seine Schöpfung, und *Rechtfertigung des Sünders*, d.h. seine Befreiung aus Schuld und Schuldverhaftung und seine Aufnahme in die Gemeinschaft mit Gott unlöslich miteinander verbunden. Indem Gott in Christi Tod das ganze *Nein* trägt, das infolge der lebensverneinenden Macht der Sünde über den Menschen liegt, erweist sich sein *Ja* zu ihrem Leben zugleich als tiefster Ausdruck seines eigenen Wesens, seiner schöpferischen und rettenden Liebe, und als Grundlage einer neuen befreiten und erlösten Existenz vor Gott.[155]

---

154 J. Roloff, Art. *hilastērion*, EWNT II, 456; manche Ausleger möchten *hilastērion* allgemein als „Sühne" verstehen, vgl. dazu Haacker, Röm, 90f.

155 Im AT ist dies nur an einer Stelle, in Jes 53,11, miteinander verbunden. Sonst bleiben Rechtfertigungshoffnung und Stellvertretungs- bzw. Sühnegedanken unverbunden. Zu Paulus vgl. H. Merklein, Sühnetod Jesu; O. Hofius, Sühne und Versöhnung; C. Breytenbach, Versöhnung, Stellvertretung und Sühne; H. Hübner, Rechtfertigung und Sühne.

Die christologische Begründung der Rechtfertigung wird von Paulus immer wieder neu aufgegriffen. So in Röm 5,1–11,wo die Gewißheit der Liebe Gottes, die der Heilige Geist in unsere Herzen ausgegossen hat, begründet werden soll. Diese Gewißheit liegt darin, daß Christus schon, als wir noch schwach waren (und überhaupt nichts von uns aus tun konnten), für die Gottlosen gestorben ist.

In einem eindrucksvollen Beweisgang wird diese zuvorkommende Liebe Gottes mit Rechtfertigung und Heil verbunden:

„Gott erweist seine Liebe zu uns darin, daß Christus für uns gestorben ist, als wir noch Sünder waren. Wie viel mehr aber werden wir, nachdem wir durch sein Blut gerechtfertigt sind, durch ihn vor dem Zorngericht gerettet werden. Denn wenn wir, als wir noch Feinde waren, durch den Tod seines Sohnes mit Gott versöhnt wurden, wie viel mehr werden wir als Versöhnte durch sein Leben gerettet werden" (5,8–10).

Diese Sätze sagen einige außerordentlich wichtige Dinge über das Rechtfertigungsgeschehen. Sie weisen hin auf die völlig voraussetzungslose Zuwendung der Liebe Gottes im Kreuz Jesu: Es sind die Schwachen, die Sünder, die Gottlosen, die Feinde, denen sich Gott zuwendet. Sie beschreiben weiter den Weg der Liebe Gottes mit den Menschen: Vom Kreuzesgeschehen, in dem sich Gott für die hingibt, die ihm noch ganz fern sind, führt dieser Weg zur Rechtfertigung „durch sein Blut", bzw. zur Versöhnung „durch seinen Tod". Das, was am Kreuz geschehen ist, wird durch Glaube und Taufe zu ihrer Lebenswirklichkeit. Und das führt dann zur endgültigen Errettung in der vollendeten Gemeinschaft mit Gott, die durch die Auferstehung Jesu („sein Leben") eröffnet wurde.

Dieser Weg ist nicht so sehr ein Weg menschlicher Bewährung – obwohl in V. 3f diese Dimension nicht ausgegrenzt wird –, sondern ein Weg der Bewährung der Treue Gottes, die uns durch Christi Tod und sein rechtfertigendes Handeln gewiß gemacht ist.

Dazu tritt ein letzter, wesentlicher Punkt: V. 9f setzt das Geschehen der Rechtfertigung mit dem der Versöhnung gleich. Beide Begriffe stammen aus dem Bereich des menschlichen Zusammenlebens und beschreiben, wie neue Gemeinschaft konstituiert wird.[156] *Rechtfertigung* geschieht dort, wo Anklage und Schuld erledigt werden und einem Menschen Integrität und Integration in die Gemeinschaft neu gewährt werden. *Versöhnung* geschieht dort, wo Feindschaft überwunden und damit Raum des Friedens geschaffen wird. Und beides wird zwischen Gott und Mensch dort möglich, wo Gott in seiner Liebe die tödlichen Folgen von Schuld und Feindschaft durch Jesu Tod auf sich nimmt und damit den Weg in seine heilvolle Gemeinschaft und seinen Frieden eröffnet.[157]

Diesen Zusammenhang hat Paulus schon in 2. Kor 5,18–21 in eindrucksvoller Weise dargestellt. Dort geht es zunächst um die angefochtene apostolische Existenz und den Inhalt seiner Botschaft, die Paulus verteidigen muß. Paulus begründet seinen Dienst und seine Verkündigung sehr grundsätzlich mit dem Verweis auf die bezwingende Kraft der Liebe Christi (14f), mit der neuen Existenz, die uns „in Christus" geschenkt ist (17), und mit dem Auftrag, durch den ihm der „Dienst der Versöhnung" anvertraut ist (18). Dieser Auftrag ist eingebettet in Gottes Versöhnungshandeln an der ganzen Welt: „Wie es ja feststeht, daß Gott in Christus am Werk ist, die Welt zu versöhnen, indem er ihnen ihre Übertretungen nicht zurechnet und dadurch, daß er unter uns das Wort der Versöhnung eingesetzt hat" (V. 19).[158]

Wie Gott die Versöhnung vollzieht und wie die Macht der Sünde, die sich als Feindschaft zwischen Gott und Mensch gestellt hatte, gebrochen und aufgehoben wurde, sagt V. 21. Gott hat den, der die Sünde nicht aus eigener Erfahrung kannte, zum Träger der Sünde, zur „Sünde schlechthin"[159]

---

156 Ich folge damit der Grundthese von C. Breytenbach, Versöhnung, gegen O. Hofius, Erwägungen, der den paulinischen Versöhnungsgedanken mit den atl. Sühneausagen, also dem kultischen Bereich, in Verbindung bringen möchte. Paulus verbindet Versöhnung und Sühne mit Hilfe der Stellvertretungsvorstellung miteinander.

157 Vgl. auch 5,1, wo Rechtfertigung und Frieden mit Gott verbunden sind.

158 Zur Übersetzung vgl. Klaiber, Ruf und Antwort, 65.

159 Vgl. Breytenbach, aaO. 140; Klaiber, Rechtfertigung und Gemeinde, 99f.

gemacht, damit „wir“, d.h. Apostel und Gemeinde, zu „Repräsentanten der Gerechtigkeit Gottes“ werden. Paulus sagt nicht einfach, daß Christus zum Sünder wurde, damit wir Gerechte würden. Wo Sünde und Gerechtigkeit einander gegenüberstehen, werden sie vor allem als Mächte gesehen, die unser Leben bestimmen (vgl. Röm 6,18ff). Daß Christus zur Sünde gemacht wurde, bedeutet, daß Jesus sich der ganzen Macht und Schuld der Sünde unterwarf (vgl. Röm 8,3). Daß wir in ihm „Gerechtigkeit Gottes werden“, bedeutet, daß das „Kennzeichen Christi“ (1. Kor 1,30) auf die Christen übertragen wird, wenn Christus und das, was Gott durch ihn gewirkt hat, zum Ort unserer Existenz wird. Wir werden zu Repräsentanten der Gerechtigkeit Gottes, die im Evangelium offenbar wird. Wir leben von Gottes Heilstreue und sind zugleich von ihr bestimmt und geprägt und dazu berufen, sie als Lebensraum des Friedens und der Gemeinschaft mit Gott weiterzutragen. Mit der Formel „in Christus“ bezeichnet Paulus den „Ort“ unserer Gemeinschaft mit Gott. Es ist der Ort, an dem Rechtfertigung und Versöhnung geschenkt und gelebt werden, der Ort, an dem Gottes Gerechtigkeit für uns zur Lebensgrundlage und zum Lebenselement wird und doch *Gottes* Gerechtigkeit bleibt (Phil 3,9f).[160]

Der gleiche Grundgedanke findet sich im Anschluß an Röm 7 auch in Röm 8. Auf die Darstellung des quälenden Kampfes gegen die Sünde, der durch das Gesetz nicht leichter, sondern aussichtsloser wird, antwortet der Zuspruch, der an 7,6 anknüpft: „Also droht denen, die in Jesus Christus sind, keine Verurteilung, denn das Gesetz des Geistes, der in Christus Jesus Leben schenkt, hat dich frei gemacht vom Gesetz der Sünde und des Todes.“ Und das wird in einer äußerst knappen Zusammenfassung der Heilsbedeutung des Christusgeschehens begründet:

„Denn was dem Gesetz unmöglich war, weil es durch das Fleisch zu sehr geschwächt war, das tat Gott: Er sandte seinen Sohn in der Gestalt sündigen Fleisches und zur Sühne für die Sünde und verurteilte die Sünde im Fleisch, damit die Rechtsforderung des Gesetzes

160 „In Christus sein“ und Rechtfertigung haben theologisch das gleiche Gewicht; gegen Sanders, Paul and Palestinian Judaism, 504.

bei uns erfüllt würde, die wir nicht mehr nach dem Fleisch wandeln, sondern nach dem Geist" (8,3f).

Die Argumentation des Paulus ist so komprimiert, daß sie für uns nicht leicht verständlich wird. Er verbindet zwei Aussagen miteinander. (1) Indem Gott seinen Sohn in den Bereich der Sünde hineingibt und verurteilen läßt, obwohl die Sünde kein Recht an ihm hat, verurteilt und besiegt Gott die Sünde – gewissermaßen auf ihrem ureigensten Territorium, dem „Fleisch". Gerade da, wo Menschen der Sünde verfallen, weil sie die Begrenzung ihres Geschöpfseins nicht ertragen, hat ihr Christus widerstanden und ihre Macht gebrochen. (2) Mit der Entmachtung der Sünde ist aber auch der Teufelskreis des Wechselspiels zwischen Sünde und Gesetz, das in Röm 7,7–25 so eindrucksvoll geschildert wird, durchbrochen, und die Menschen, die nicht mehr unter der Macht der Sünde, sondern im Wirkbereich des Geistes Gottes stehen, können die Rechtsforderung des Gesetzes, das, was das Gesetz wirklich vom Menschen will, erfüllen.[161] Ein Leben, das so von Gottes Geist geleitet und erfüllt ist und von lebensschaffender Gerechtigkeit bestimmt wird(vgl. 8,10), führt in die Freiheit der Kinder Gottes und bewährt sich auch in der Bedrängnis und Anfechtung einer noch unerlösten Welt (8,9–30).

Kapitel 8 und damit der ganze erste Teil des Römerbriefes endet mit einer nochmaligen christologischen Begründung von Rechtfertigung und Heil. Es ist vielleicht der dichteste Text, den Paulus zu dieser Frage geschrieben hat:

> Was sollen wir denn dazu sagen?
> Wenn Gott für uns ist, wer kann gegen uns sein?
> Er, der seinen eigenen Sohn nicht verschonte, sondern ihn für uns alle dahingegeben hat, wie sollte er uns zusammen mit ihm nicht alles schenken?
> Wer will gegen die Auserwählten Gottes Anklage erheben?
> Gott ist es, der gerecht spricht!
> Wer will das Verdammungsurteil sprechen?
> Christus ist es, der gestorben ist, mehr noch, der auferweckt

161 Paulus denkt dabei zweifellos an das Liebesgebot, das nach Gal 5,14 und Röm 13,8 f das Gesetz Gottes zusammenfaßt und zu dessen Erfüllung Gottes Geist bewegt und anleitet.

wurde, der auch zur Rechten Gottes ist, der darum auch für uns eintritt!
Wer kann uns von der Liebe Christi trennen? Bedrängnis oder Angst oder Verfolgung oder Hunger oder Nacktheit oder Gefahr oder Schwert? ...
Vielmehr: In all dem überwinden wir völlig durch den, der uns geliebt hat.
Denn ich bin überzeugt, daß weder Tod noch Leben weder Engel noch Gewalten, weder Gegenwärtiges noch Zukünftiges noch irgendwelche Mächte, weder Höhe noch Tiefe noch irgend etwas anderes, was geschaffen ist, uns von der Liebe Gottes trennen kann, die er in Christus Jesus unserem Herrn erzeigt hat. (8,33–35.37–39)[162]

An keiner Stelle, wo Paulus von Rechtfertigung spricht, wird die Situation eines Gerichtsprozesses so lebhaft vor Augen gestellt wie hier. Da ist jemand, der Klage erheben oder verurteilen will, aber auch jemand, der freispricht bzw. als Fürsprecher eintritt.[163] Aber zugleich werden Aussagen gemacht, die weit über das hinausgehen, was vor einem Gericht verhandelt oder entschieden wird. Wer kann uns von der Liebe Gottes trennen? Das ist eine Frage, in der es nicht mehr um Anklage oder Freispruch geht, sondern um Nähe und Gemeinschaft angesichts all dessen, was von Gott trennen oder fernhalten könnte.

Das zeigt sich auch in der Art, wie die Heilsbedeutung des Todes Jesu beschrieben wird. Daß Gott seinen eigenen Sohn für uns dahingibt, weist auf das Geschehen stellvertretender Lebenshingabe hin.[164] Aber es wird nicht weiter angedeutet, ob es dabei um stellvertretende Strafübernahme oder um ein Sühnopfer geht. Kernpunkt der Aussage, die dann in V. 35–39 ausgeführt wird, ist die tiefe Überzeugung, daß uns im Tode Jesu Gottes Liebe bis in die letzte Tiefe unserer Existenz nahe gekommen ist und uns seine Gemeinschaft unverbrüchlich verbürgt.[165] Paulus verbindet damit die Gewißheit, daß

162 Vgl. zu diesem Text P. Fiedler, Röm 8,31–39.
163 Paulus bzw. seine Tradition lehnen sich an Jes 50,8 an.
164 Vgl. Jes 53,4–12; Röm 4,25.
165 Die Anspielung auf Gen 22,16 will unterstreichen, was dies Gott und seine Liebe kostet. Eine Anspielung auf eine sühnende Bedeutung der

durch Tod, Auferweckung und Erhöhung Jesu die Kraft der Liebe Gottes, die alle Trennung und Entfremdung von Gott überwindet, in Geltung und wirksam ist.

Keine andere Stelle bei Paulus macht so deutlich wie diese, daß für ihn die Frage, ob Rechtfertigung gerecht sprechen oder gerecht machen bedeutet, eine falsche Alternative darstellt. Gerade hier, wo in V. 33 zunächst die forensische Bedeutung: „Gott spricht von der Anklage frei", naheliegt, zeigt sich, daß es bei der Rechtfertigung nicht darum geht, daß die Gerechtigkeit als Eigenschaft des einzelnen festgestellt oder zuerkannt oder hergestellt wird, sondern darum, daß eine Beziehung zu Gott begründet wird, in der bedingungslose Annahme und schöpferische Erneuerung zusammenfallen.

„Gott ist für uns", das ist die knappste Zusammenfassung der Heilsbedeutung von Tod und Auferstehung Jesu und des Rechtfertigungsgeschehens.[166] Gottes Ja zu uns trägt in den höchsten Höhen und den tiefsten Tiefen unserer Existenz, weil Gott im Weg Jesu mit diesem Ja in alles, was Menschen erleben und erleiden, eingegangen ist. Darum kann uns nichts mehr von Gott und dem Leben, das er schenkt, trennen.

Die existentielle Dimension

Was trägt, wenn unser Leben seine letzte Infragestellung zu bestehen hat? Das ist – wie Röm 8 zeigt – die Frage, auf die Paulus mit der Verkündigung von Gottes rechtfertigendem Handeln in Christus antwortet. In Jesus Christus stellt sich Gott zu den Menschen – gegen alle innere und äußere Anklage und gegen alle Mächte, die ihr Leben ihm entfremden wollen.

Diese Begegnung mit Gottes Gerechtigkeit und Liebe hat Folgen. Wer sein Leben davon erfassen und bestimmen läßt,

---

Opferung Isaaks liegt nicht vor (vgl. J. Fitzmyer, Romans, 531f). Wo immer bei Paulus von der Liebe Gottes bzw. Christi gesprochen wird, ist das verbunden mit dem Hinweis auf seine Hingabe und Sendung in den Tod (vgl. Röm 5,5f; Gal 2,20; auch Eph 5,2.25; Joh 3,16; 1. Joh 4,9f).

166 Käsemann, Röm, 243: „Summe paulinischer Theologie".

kann sich und sein Leben nicht mehr so wie bisher sehen und verstehen. Die erste Konsequenz ist eine negative: Durch das rechtfertigende Handeln Gottes in Jesus Christus ist jede Form des Selbstruhms und damit der Selbstrechtfertigung ausgeschlossen. Aus dem, was er in Röm 3,21–26 dargelegt hat, folgert Paulus: „Wo also bleibt das Rühmen? Es ist ausgeschlossen worden. Durch welches Gesetz? Das der Werke? Nein, sondern durch das Gesetz des Glaubens" (V. 27). Paulus greift damit noch einmal die Problemstellung von 2,17–20 auf. Sich darauf zu verlassen, daß man zum jüdischen Volk gehört und das Gesetz besitzt, ist verfehlt. Einmal, weil das Gesetz verlangt, daß es völlig erfüllt und nicht nur als Identitätsmerkmal und Gütesiegel verwendet wird; zum anderen, weil Gott in Christus den wahren Weg in seine Gemeinschaft aufgezeigt hat. Die Frage „Wer gehört zu Gott?" (bzw. „Wessen Gott ist er?" 3,29!) ist also im Zusammenhang wichtig, aber die existentielle Grundfrage, die mit dem Thema des „Sich-Rühmens" unüberhörbar angeschnitten wird: „Worauf verlasse ich mich in meinem Leben? Was gibt meinem Leben seinen entscheidenden Wert?" gehört untrennbar dazu.[167]

Menschen können diese Frage mit dem Verweis auf einen ererbten Status oder ihre ethnische Identität, aber auch mit dem Hinweis auf das, was sie geleistet und für sich erworben haben, beantworten. Das zeigt nicht nur heutige Lebenserfahrung, sondern auch der Blick auf das Selbstzeugnis des Paulus in Phil 3,4b-6.9. Die Kritik des Paulus visiert zwei Ziele an, das selbstsichere Vertrauen auf das Privileg, zum auserwählten Volk zu gehören, und den Stolz auf das geleistete Werk, das die eigene Gerechtigkeit manifestiert. Nur so ist die Gegenüberstellung von Werk und Glaube zu verstehen und nur so der Grundsatz der paulinischen Rechtfertigungslehre in 3,28: „Denn wir sind überzeugt, daß ein Mensch allein durch Glauben gerechtfertigt wird ohne Gesetzeswerke."[168]

---

167 Gegen Dunn, Theology, 364; vgl. Hübner, Gesetz, 81–104.

168 Es ist heute in der evangelischen und katholischen Exegese Konsens, daß Luther zu Recht in seiner Übersetzung das im griechischen Text

Glaube, das ist für Paulus Kennzeichen der neuen Existenz vor Gott, die Gottes rechtfertigendem Handeln entspricht. Gleich, ob die theologischen Gegenspieler des Paulus in den „Werken des Gesetzes“ eher äußere Identitätsmerkmale des Volkes Gottes gesehen haben oder die Möglichkeit, durch das eigene Tun zum Heil zu kommen, für Paulus ist der Glaube die Beschreibung einer christlichen Identität, die nicht von der Aufrichtung neuer Abgrenzungsmerkmale lebt, sondern ganz von dem, was Gott ihr in Jesus Christus schenkt.

Paulus beschreibt das in Römer 4 an der Gestalt Abrahams. Abraham ist dabei einerseits eine heilsgeschichtliche Gestalt von unwiederholbarer Bedeutung. Er ist der Vater aller, die glauben, gleich ob sie Juden sind oder Heiden. Zugleich aber ist er Beispiel des Glaubens, an dem exemplarisch deutlich wird, was Glaube heißt.

Auch Abraham hätte ja Grund gehabt zum Ruhm, wenn er aus Werken gerechtfertigt worden wäre (V. 2).[169] Paulus weist auch hier eine einfache Nivellierung der menschlichen Situation ab – so lange es um die menschliche Betrachtungsweise geht. Vor Gott aber gilt, was Gen 15,6 sagt: „Abraham aber glaubte Gott und das wurde ihm als Gerechtigkeit angerechnet“. Paulus analysiert diesen Satz, der für ihn so viel bedeutet, genau. Ginge es beim „Anrechnen“ um ein Verhältnis von Arbeit und Leistung zwischen Gott und Abraham, dann wäre Abraham der pflichtmäßige Lohn für sein richtiges Handeln auszuzahlen. Da aber der Glaube angerechnet wird, handelt es sich offensichtlich um ein Verhältnis, das durch Gnade bestimmt ist. Darum gilt folgender Grundsatz: „Dem aber, der keine Arbeitsleistung erbringt, sondern dem glaubt, der den Gottlosen rechtfertigt, dem wird sein Glaube als Gerechtigkeit angerechnet.“

In diesem Satz ist fast jedes Wort von Bedeutung:

---

nicht wörtlich zu findende „allein“ eingefügt hat; vgl. Fitzmyer, Romans, 360–362, der schon auf Thomas von Aquin verweisen kann, und K. Kertelge, Paulus zur Rechtfertigung allein aus Glauben.

169 Mit „Werken“ meint Paulus hier gerade nicht, was Dunn sonst als „Werke des Gesetzes“ identifiziert (z.B. Beschneidung); doch vgl. Dunn, Romans, 200f; weiter E. Käsemann, Glaube Abrahams.

1. Dem, der um Lohn arbeitet, wird der gegenübergestellt, der an Gott glaubt und ihm sein Leben anvertraut. Die profane Bedeutung von *tō ergazomenō:* „dem, der arbeitet" (V. 4) schlägt um in die theologische Bedeutung in V. 5: „dem, der mit Werken umgeht", wie Luther übersetzt hat, d.h. „der sich auf Werke verläßt". Die klassische reformatorische Deutung der Werkgerechtigkeit als Gegensatz zur Glaubensgerechtigkeit hat an dieser Stelle ihren klarsten exegetischen Anhalt.[170]

2. Gott als Gegenüber des vertrauensvollen Glaubens Abrahams wird durch sein Tun beschrieben: Abraham glaubte dem, der den Gottlosen rechtfertigt. Solche Kennzeichnung Gottes durch sein schöpferisches und rettendes Handeln findet sich bei Paulus und in der urchristlichen Literatur nicht selten.[171] In Röm 4 steht sie dort, wo Gott als Gegenüber des Glaubens genannt wird: Abraham „glaubte Gott, der die Toten lebendig macht und das Nichtseiende ruft, daß es sei" (V. 17), und die Zusage für Abraham gilt auch denen, „die an den glauben, der Jesus von den Toten auferweckt hat" (V. 24). Der Glaube lebt von Gottes schöpferischem Sein und Handeln. Er ist Vertrauen auf den, der aus dem Nichts schafft und aus dem Tod Leben erweckt, er ist Vertrauen auf den, der gerade den Gottlosen in seine Gemeinschaft aufnimmt.

3. Die Logik des Beweisgangs hätte eigentlich gefordert zur formulieren: Abraham glaubte dem, der den Glaubenden rechtfertigt. Paulus vermeidet diese Formulierung nicht nur aus stilistischen Gründen. Der Glaube setzt sich selbst nicht ins Kalkül, sondern verdankt alles Gott. Sonst würde aus der theo-logischen Aussage unter der Hand eine rein anthropologische! Die Logik der Sache drängt Paulus zur Formulierung: „Der den Gottlosen rechtfertigt." Er signalisiert damit

---

170 U. Wilckens, der sich gegen diese Tradition wehrt, deutet deshalb: „ὁ μὴ ἐργαξόμενος kann dann nur heißen: Der, der die Werke des Gesetzes ... schuldhaft nicht getan hat, der Sünder, der als solcher durch keine Gesetzeserfüllung sich selbst die Gerechtigkeit zurückgewinnen kann" Röm I, 263. Das ist grundsätzlich nicht unpaulinisch, verfehlt aber die Pointe von Röm 4,5 im Zusammenhang mit V. 4 völlig!

171 Vgl. G. Delling, Partizipiale Gottesprädikationen.

allerdings einen scharfen Bruch mit der Tradition. Das griechische Wort *asebēs*, das Luther mit „Gottloser" übersetzt, ist im griechischen Alten Testament die Wiedergabe des hebräischen *rš*ᶜ „Frevler". Damit ist einerseits der gemeint, der im Gerichtsprozeß schuldig gesprochen werden muß, weil er den Rechtsfrieden gebrochen hat. Es gehört zu den Konstanten alttestamentlicher Tradition, eindringlich davor zu warnen, „den Frevler gerecht zu sprechen".[172] Zugleich sind die „Frevler" vor allem in den Psalmen die Widersacher der Gerechten und die Feinde Gottes, die leugnen, daß es etwas nützt, Gottes Willen zu befolgen. Ausdrücklich von der Rechtfertigung des Gottlosen zu reden, bedeutete also, die Rechtfertigung aus Glauben in scharfer Antithese zur Tradition als heilschaffendes Paradox zu formulieren, vergleichbar nur der Schöpfung aus dem Nichts oder der Auferweckung der Toten.

Daß damit gerade Abraham auf die Seite der Gottlosen gestellt wurde, verschärfte dieses Paradox fast ins Blasphemische. Gilt er doch in der ganzen jüdischen Tradition, die bis hinein ins Neue Testament reicht, als Vorbild der Treue und Bewährung, und darin wird sein „Glaube" (= Treue) gesehen, den Gott als Gerechtigkeit anrechnet.[173] Paulus riskiert diesen Traditionsbruch, um die absolute Voraussetzungslosigkeit der Rechtfertigung aus Glauben klarzustellen. Daß der Glaube „angerechnet" wird, bedeutet nicht die Buchung einer Leistung auf das Verdienstkonto, sondern die Anerkennung der Person, die nichts zu bieten hat und nur eines tut, nämlich sich an Gottes Zusage hält.[174]

Paulus faßt sein Anliegen in einer knappen Formel zusammen: „Deshalb aus Glauben, damit aus Gnaden" (V. 16). Er versteht diese Formel zunächst heilsgeschichtlich, weil er in der Gestalt Abrahams Gottes Verheißung für die ganze Völ-

---

172 Ex 23,7; Spr 17,15; 24,24; Jes 5,23.

173 Vgl. 1. Makk 2,52; Jak 2,23f; Hebr 11,17f (vgl. Hahn, Gen 15,6, 94f).

174 Den „Gnadenaspekt" des „Anrechnens" sieht Paulus auch in Ps 32,3: Wenn Gott „Ungerechtigkeiten vergibt und Sünde nicht zurechnet", heißt das ins Positive gewandt, daß Gott Gerechtigkeit zurechnet, ohne daß „Werke" vorgewiesen werden können (4,6–12).

kerwelt verkörpert sieht. Sie gilt für das jüdische Volk, das sich als leibliche Nachkommenschaft Abrahams sieht und das Zeichen der Beschneidung „als Siegel für die Gerechtigkeit, die aus dem Glauben kommt", trägt, aber auch für die Heiden, denen der Segen Abrahams gilt und die aufgrund ihres Glaubens gerechtfertigt werden wie Abraham, bevor er sich beschneiden ließ.

„Aus Glauben, damit aus Gnaden", gilt aber auch auf der persönlichen Ebene für jeden, der sich von Abrahams Glauben anstecken läßt. Paulus schildert in 4,17–22 den Glauben Abrahams sehr eindringlich als Erklärung dafür, wie dieser zum Vater vieler Völker wird, weil er gegen allen Augenschein an Gottes Verheißung festgehalten hat. Gerade darin aber wird er zum Vorbild für alle, die glauben, und sich an den halten, der Jesus von den Toten auferweckt hat.

Die Dialektik des paulinischen Glaubensverständnisses wird hier deutlich. Glaube ist immer „Glaube an": Glaube daran, daß Gott Jesus von den Toten auferweckt hat (Röm 10,9) und darin „Glaube an Jesus Christus". Glaube ist Annahme dessen, was Gott in Jesus Christus getan hat. Ursache des Glaubens ist nicht die Kraft meines Glaubens, sondern das Handeln Gottes, an das ich mich im Glauben halte.

Zugleich aber beschreibt der Glaube die Form der neuen Existenz, die Gottes rechtfertigendem Handeln gegenüber angemessen ist. Der Glaube steht darum im scharfen Gegensatz zu dem Versuch, aus den „Werken des Gesetzes" Leben zu sichern, aber auch im Gegensatz zu dem vergeblichen Versuch, sich Gottes durch die eigene Weisheit zu bemächtigen (1. Kor 1,21), oder zu dem Wunsch, die Distanz zu Gott durch enthusiastische Visionen zu überwinden (2. Kor 5,7). Der Glaube ist für Paulus nicht einfach ein alternativer Initiationsritus zur Aufnahme in die Heilsgemeinschaft des Gottesvolkes. Er bestimmt die ganze Existenz des Christen vor Gott. Der Glaube ist beides: Der Schritt dessen, der sich von Gottes Hand aus der gottfernen und todgeweihten Existenz auf den sicheren Grund der göttlichen Lebenszusage herüberziehen läßt, und der Weg, der durch Anfechtung und Widerstand hindurch auf das Ziel der endgültigen Gemeinschaft mit Gott hinführt.

Seine grundsätzliche Überzeugung hat Paulus schon in Gal 5,5f sehr prägnant zusammengefaßt: „Wir warten im Geist aus Glauben auf das Hoffnungsgut der Gerechtigkeit. Denn in Christus Jesus gilt weder Beschneidung etwas noch Unbeschnittenheit, sondern Glaube, der durch Liebe wirksam wird."

„Was gilt?", das war die Frage, die die Christen in Galatien bewegte, im Blick auf ihr Leben und im Blick auf ihr Christsein. Gleich wie die Opponenten des Paulus definiert haben mögen, was gilt, – ob sie auf bestimmte Identitätsmerkmale der Zugehörigkeit zum Gottesvolk verwiesen haben oder auf die Notwendigkeit, das Gesetz zu erfüllen, – für Paulus gilt „in Christus" allein der Glaube, der von dem lebt, was Gott für alle getan hat, und der durch die Liebe anderen daran Anteil gibt.

Zu dem, „was gilt", gehört für Paulus nach Gal 5,5f noch ein anderer wichtiger Aspekt christlicher Existenz. „Im Geist" und „aus Glauben" erwarten die Christen die künftige Gerechtigkeit, ihr endzeitliches Heil. Glaube und Geist bezeichnen zwei komplementäre Dimensionen, die die Wirklichkeit der durch das Evangelium eröffneten Gemeinschaft mit Gott aus unterschiedlicher Perspektive beschreiben.

- Der Glaube kommt aus der „Botschaft", die das Wort Christi weiterträgt.[175] Den Geist empfangen die Christen durch die „Botschaft des Glaubens", d.h. durch die Verkündigung des Evangeliums, die den Glauben predigt und hervorruft.[176]
- Der Glaube ist Antwort des Menschen auf das Zeugnis des Evangeliums, die Öffnung des Lebens für das, was Gott in Jesus Christus getan hat. Der Geist ist die Gegenwart Gottes im Leben der Glaubenden, die sie mit dem, was Gott in Christus getan hat, erfüllt (Röm 5,5; 8,10).

---

175 Röm 10,17. Das griechische Wort für „Botschaft" *akoē* heißt eigentlich das „Gehörte", und dann das, was verkündigt wird.

176 Gal 3,2.5, wo offensichtlich sehr bewußt den „Werken des Gesetzes" nicht einfach der Glaube gegenüber gestellt wird, sondern die „Botschaft des Glaubens". Das Evangelium schenkt den Geist, nicht unser Glaube!

– Der Glaube wird beschrieben als Glaube „an den, der Jesus von den Toten auferweckt hat“ (Röm 4,24). Der Geist, der in den Gläubigen wohnt, ist der Geist „dessen, der Jesus von den Toten auferweckt hat“ (Röm 8,11). Gottes schöpferischer und neuschaffender Geist trägt göttliche Lebenskraft hinein in das Leben der Christen. Der Zuspruch der Gerechtigkeit ist zugleich Zuspruch des Lebens; das Erfülltwerden mit Gottes Geist ist Lebensübertragung hinein in eine noch vom Tode gezeichnete menschliche Existenz.[177]

So wie der Glaube das, was in Christus geschehen ist, in das eigene Leben hinein nimmt, so macht der Geist das, was Gott in Christus getan hat, zur Gottestat in uns. Gottes Kraft, Gottes Weisheit, Gottes Gerechtigkeit und Gottes Lebensfülle werden nicht einfach unsere Kraft, Weisheit, Gerechtigkeit und Leben. Aber im Glauben nehmen Christen das, was Gott in Christus für sie getan hat, als Wirklichkeit für sich in Anspruch, und im Geist wird es in ihrem Leben zu wirksamer Gegenwart. Durch den Geist wird das *extra nos* des Heils in uns Ereignis.[178]

Das hat für die christliche Existenz in drei Bereichen Auswirkungen:

1. Der Geist stellt in die Gewißheit der Gotteskindschaft. Das Verhältnis zu Gott ist das von mündigen Kindern, die voll Vertrauen in der Gemeinschaft mit ihm leben.[179] *Der Geist ist der Atem eines lebendigen Glaubens.*

2. Der Geist ist die Triebkraft der Hoffnung. Weil durch den Geist im Leben der einzelnen und der Gemeinde schon etwas von den Zeichen des Gottesreiches wie Gerechtigkeit, Friede und Freude verwirklicht ist, drängt der Geist zu aktiver Hoffnung auf die Vollendung (Röm 14,17). Der Geist ist

---

177 Vgl. Röm 8,10f; vgl. auch 2. Kor 3,6–9, wo Paulus seinen Auftrag als Dienst des „neuen Bundes“ und darum als Dienst des Geistes, der Gerechtigkeit und des Lebens bezeichnet.

178 *Extra nos* = außerhalb unser; vgl. O. Michel, Röm, 254: „Die Lehre vom Geist Gottes wahrt die Botschaft von der Rechtfertigung ‚extra nos‘, aktualisiert sie aber im konkreten irdischen Leben.“

179 Vgl. Gal 4,1–7; Röm 8,13–17. Es gibt hier erstaunliche Parallelen zur Geschichte vom verlorenen Sohn in Lukas 15.

Unterpfand bzw. Erstlingsgabe für das Ganze, das Gottes alles umfassende Herrschaft bringen wird. Er markiert dadurch zugleich das „schon jetzt“ und das „noch nicht“ des Heils. Darum ist es der Geist, der zum Hoffen inmitten einer Welt befähigt, die noch von Vergänglichkeit und Zerstörung gezeichnet ist.[180]

3. Der Geist schenkt Freiheit zur Liebe. Weil durch den Geist die Liebe Gottes zum Zentrum unseres Lebens wird, wird der Weg aus der Gefangenschaft im eigenen Ich frei und es wird möglich, die anderen mit ihren Gaben und Nöten zu verstehen. Die Liebe ist nicht nur die Grundlage für die helfende Tat, sondern auch für das Miteinander in einer neuen Gemeinschaft. Nicht im Zusammenhang der Rechtfertigungslehre, aber in einer anderen sehr profilierten Auseinandersetzung stellt Paulus in 1. Korinther 13 gerade die Liebe „als Basis allen geistgewirkten Tuns“ dar. Weil der Geist die Liebe Christi vergegenwärtigt, kann auch „1. Kor 13 nicht anders verstanden werden denn als Zeugnis von der Liebe Gottes in Christus, die in den Glaubenden und durch sie weiterwirken will [...]. Durch seinen Geist wird Gottes am Kreuz offenbarte Liebe die Macht, die das christliche Leben bestimmt.“[181] Die neue Existenzweise, die Gott dem Glaubenden schenkt, wird in der Liebe für andere und damit auch für das eigene Leben fruchtbar.

Glaube, Hoffnung und Liebe, das sind die Dimensionen christlicher Existenz, die im persönlichen Leben das aufnehmen, was Gott im Wort des Evangeliums zuspricht und in seinem Geist uns schenkt.[182] Sie sind das, was „in Christus“ gilt und das Leben wertvoll und fruchtbar macht.

„In Christus“, das ist die umfassendste Grundbestimmung für die neue Existenz der Christen. Diese Formel beschreibt, was ihr Leben bestimmt. Was in der Perspektive des menschlichen Selbstverständnisses als Leben im Glauben bezeichnet

---

180 Das ist die Grundaussage von Röm 8,18–30.

181 Ch. Wolff, 1. Kor, 311. Hier wird die Frage „wer etwas ist“ und „wer etwas nützt“, noch einmal unter einem ganz neuen Gesichtspunkt behandelt.

182 Vgl. dazu schon 1. Th 1,3.

wird, ist von Gottes Heilswirklichkeit her gesehen, Leben in Christus.[183] Was Gott in Tod und Auferstehung Christi getan hat, wird zum Lebensraum für die Gemeinde und jeden einzelnen Christen. In Christus sind sie „neue Schöpfung“, und das, was Gott in Glaube, Hoffnung und Liebe neu schafft, das darf dann auch Ausdruck eines neuen „Rühmens“, eines neuen Selbstbewußtseins sein, das auf das gründet, was Gott wirkt und schenkt.

Was das im täglichen Leben der Christen bedeutet, beschreibt Paulus in Röm 5,1–5. Wer gerechtfertigt ist, lebt Gott gegenüber im Frieden, in „heiler Offenheit zu Gott“ (Röm 5,1).[184] Weil die Gerechtfertigten im Stand der Gnade geborgen sind, ist für sie nicht nur die Hoffnung auf die künftige Herrlichkeit Grund zum „Rühmen“, sondern auch die Bedrängnis, d.h. der Widerstand in der Welt, der zur Bewährung und zu neuer Hoffnung führt. Vollmacht und Ohnmacht sind keine Widersprüche, wenn sie im letzten Vertrauen auf Gott und sein Leben zusammengefaßt sind.[185] Er ist es, der dem Leben Grund und Wert gibt.

Die ethischen Implikationen

Schon Paulus mußte sich mit der Frage auseinandersetzen, ob auf der Grundlage seiner Rechtfertigungslehre ethisches Verhalten zu begründen sei. Zu tief war bei manchen seiner Gesprächspartner die Überzeugung verwurzelt, nur das Gesetz könne den Menschen dazu anleiten und anhalten, Gottes Willen zu tun. Zu überwältigend schien die Macht der Gnade gepriesen, als daß neben ihr noch Platz für die Eigenverantwortung des Menschen sein könnte (vgl. Röm 6,1). Und auch Paulus selbst sah sich zu der Mahnung an die galatischen Christen veranlaßt, die Freiheit, in die sie durch Christus berufen wurden, nicht zur „Operationsbasis für das Fleisch“ zu machen (Gal 5,13).[186]

Die erste der Argumentationslinien, mit der Paulus auf diese Fragen antwortet, haben wir schon mehrmals gestreift.

183 Vgl. F. Neugebauer, In Christus.
184 U. Wilckens, Römer I, 288.
185 Vgl. Gal 6,14; und vor allem 2. Kor 11,30–12,10.
186 Vgl. H.D. Betz, Gal, 465.

Gottes Geist erfüllt die Herzen der Glaubenden mit der Liebe Gottes, die sie befähigt, Gott und ihren Nächsten zu lieben. Im doppelten Liebesgebot wird der Wille Gottes, wie ihn das Gesetz bezeugt, völlig erfüllt (Gal 5,13–15; vgl. Röm 13,8–10). Auch im Leben der Glaubenden gibt es noch den Kampf zwischen „Fleisch und Geist" (Gal 5,16f). Aber dieser Kampf ist grundsätzlich entschieden, und wer sich von der Kraft des Geistes leiten läßt, kann die „Werke des Fleisches" meiden und wird die „Frucht des Geistes" hervorbringen.[187] Gegen Menschen, die so handeln, wird das Gesetz keine Anklage erheben (Gal 5,18–23). Die Glaubenden sind also nicht nur grundsätzlich von einer Verurteilung durch das Gesetz ausgenommen, sondern auch de facto. Zugleich aber deutet dieser Satz an, daß auch für die Christen das Gesetz noch eine warnende Funktion hat, dann nämlich, wenn sie in Gefahr stehen, aus dem Herrschaftsbereich Christi und seines Geistes herauszufallen.

Auch die zweite Argumentationslinie hat ihren Einsatzpunkt schon im Galaterbrief und geht von der Frage aus, in welchem Machtbereich die Christen leben. Wer mit Christus gestorben ist, an dem hat die Macht der Sünde keinen Angriffspunkt mehr. Paulus kann das einmal so ausdrücken: „Die zu Christus gehören, haben ihr Fleisch mitsamt den Leidenschaften und Begierden gekreuzigt" (Gal 5,24). Was sie bisher beherrscht hat an krampfhafter Sorge um sich selbst und an unstillbarer Gier, möglichst viel Leben für sich zu gewinnen, das ist mit Christus in den Tod gegeben.

In Römer 6,1–11 begründet Paulus diesen Gedanken sehr viel ausführlicher, um damit die Unterstellung abzuwehren, in Konsequenz der Gnadenlehre des Paulus müsse man sagen: „Laßt uns bei der Sünde bleiben, damit die Gnade um so größer wird" (6,1). Dagegen setzt Paulus den Machtwechsel, der in der Taufe geschehen ist: „Wir sind mit ihm [Christus] durch die Taufe in den Tod begraben, damit, so wie Christus durch die Herrlichkeit Gottes aus den Toten auferweckt wurde, so auch wir in einem neuen Leben wandeln" (Röm 6,4).

187 Die unterschiedliche Wortwahl zeigt, wie Paulus den Unterschied zwischen „Gemachtem" und „Gewachsenem" beurteilt.

Dem schließt sich ein Beweisgang an, der zeigt, daß der Tod aus der Schuldverhaftung und den Herrschaftsansprüchen herauslöst. Wenn Christen in der Taufe mit Christus gestorben sind, sollen sie sich als Menschen ansehen, die „für die Sünde tot sind, aber für Gott leben in Christus Jesus" (V.11).

Daß die Taufe eine neue Lebensweise begründet, ist uns gerade im Zusammenhang mit Rechtfertigungsaussagen schon einmal begegnet. In 1. Kor 6,9f wird die alte Lebensweise der Christen in Korinth mit einem Lasterkatalog gekennzeichnet. Wer so lebt, ist von Gottes Reich ausgeschlossen. Dagegen stellt Paulus: „Aber ihr seid abgewaschen, ihr seid geheiligt, ihr seid gerechtfertigt im Namen des Herrn Jesus Christus und durch den Geist unseres Gottes" (V.11). Die Taufe hat das Leben der Christen verändert, und zwar nicht nur ihre belastende Vergangenheit gereinigt („abgewaschen"), sondern sie auch in die Gemeinschaft mit Gott aufgenommen („geheiligt") und in den Wirkungsbereich seiner Gerechtigkeit gestellt („gerechtfertigt"). Die Taufe schenkt nicht nur „die Freiheit von der Sünden*schuld*, sondern auch die von der Sünden*macht*".[188] Das befähigt zu einem neuen Miteinander in der Gemeinde und zu einem Leben in Gerechtigkeit (vgl. 6,1–8).

Diese beiden Stellen führen uns zu einer wichtigen Beobachtung über den Zusammenhang von Taufe und Rechtfertigung bei Paulus. Überall dort, wo Paulus ausdrücklich Taufe und Rechtfertigung miteinander verbindet, tut er das im Rückblick auf das, was in der Taufe am Menschen geschehen ist.[189] Er stellt die neue Lebenswirklichkeit dar, in die der Mensch gestellt ist, und macht deutlich, wie dies auch zu neuem Verhalten und neuem Handeln führen muß. Hier ist der Ort, wo der Indikativ des Heils und der Imperativ der Ethik miteinander verknüpft werden.

Wo es aber darum geht, wie man Christ wird und in die heilvolle Gemeinschaft mit Gott hineinkommt, spricht Paulus vom Glauben. Er tut dies gerade dann, wenn die Beschneidung gefordert wird. Paulus stellt nicht den einen In-

---

188 W. Schrage, 1. Kor I, 433.

189 Vgl. Röm 6,1–11; 1. Kor 6,11; Gal 3,26f und F. Hahn, Taufe.

itiationsritus gegen den anderen. Er spricht vom Glauben, weil es in ihm um das völlig neue Verhältnis zu Gott geht, das die ganze Existenz umfaßt, und er erinnert an die Taufe, wenn es darum geht, zu zeigen, was von Gott her am Christen persönlich geschehen ist.[190]

Das Taufgeschehen macht in diesem Zusammenhang vor allem deutlich, daß sich für Christen die Machtverhältnisse geändert haben. Es besteht kein Grund mehr, seinen Leib und seine Glieder der Sünde als Instrumente zur Verfügung zu stellen; „sondern stellt euch selbst Gott zur Verfügung wie Leute, denen ein neues Leben aus dem Tod geschenkt wurde, und eure Glieder als Werkzeuge der Gerechtigkeit für Gott" (Röm 6,13).

An diesem Satz und der darauf aufbauenden Argumentation in Röm 6,12–23 ist folgendes wichtig: An die Stelle von Gesetz und Sünde, den alten Mächten, die die Menschen beherrscht und sie ins Unheil geführt haben, treten als neue Mächte die Gnade, die Gerechtigkeit und Gott selbst, die den Menschen zum Heil führen. Die wahre Freiheit des Menschen ist nicht eine fiktive totale Unabhängigkeit, sondern der Gehorsam gegenüber der Macht, die zum Leben führt.[191] Während die Herrschaft der Sünde in den Tod führt, führt der Gehorsam gegen Gott zu Gerechtigkeit, Heiligung und zum ewigen Leben. „Gerechtigkeit" ist in diesem Zusammenhang sowohl die Lebensmacht Gottes, die uns in den Dienst nimmt und zum rechten Verhalten führt, als auch das Heilsgut der Gemeinschaft mit Gott, deren letzte und größte Gnadengabe das ewige Leben ist, während der pflichtgemäße Sold, den die Sünde auszahlt, der Tod ist (6,23).[192] Wie im

190 So hat E.P. Sanders einerseits recht, wenn er darauf hinweist, daß es beim Rechtfertigungsgeschehen um das „getting in" gehe; aber er hat Unrecht, wenn er seine Bedeutung auf diese Frage beschränkt (Paul, the Law, 4–10). Merkwürdigerweise systematisiert Paulus nirgends den Zusammenhang von Glaube, Taufe und Rechtfertigung zu einem *ordo salutis* (vgl. dazu Dunn, Theology, 455ff).

191 Darum kann Paulus in dem ganzen Abschnitt mit den Begriffen Freiheit und (Sklaven-) Dienst spielen.

192 Paulus kann das Ziel der Gemeinschaft mit Gott, in die die Gerechtigkeit führt, auch mit dem Stichwort „Heiligung" beschreiben.

Alten Testament ist Gerechtigkeit Leben aus Gott und von Gott, gelebt im konkret nach Gottes Willen gestalteten Leben und in der letzten Fülle geschenkten Lebens.

Obwohl Paulus in diesem Abschnitt nirgends von praktischen Konsequenzen spricht, liegt ihm doch viel daran, daß es hier nicht nur um eine in der Innerlichkeit bleibende gute Gesinnung geht, sondern um konkretes Handeln. Deshalb spricht er immer wieder von den „Gliedern", die Gott und der Gerechtigkeit zur Verfügung gestellt werden sollen. Es geht um leiblichen Gehorsam bis in die letzte Konsequenz.

Darauf zielt auch Röm 12,1f, wo Paulus die Christen in Rom ermutigt, „ihre Leiber um der Barmherzigkeit Gottes willen Gott als lebendiges, heiliges und Gott wohlgefälliges Opfer zur Verfügung zu stellen" und „sich durch die Erneuerung ihres Denkens umgestalten zu lassen, um so prüfen und entscheiden zu können, was der Wille Gottes ist". Gottes Barmherzigkeit schenkt den Freiraum zur Hingabe und befähigt zur Erkenntnis des Willens Gottes aus einem erneuerten Denken und Wollen heraus.

Was das bedeutet, führt Paulus dann im folgenden ganz praktisch aus. Es geht um ein Miteinander in der Gemeinde, das an der gemeinsamen Verantwortung und dem Wechselspiel von Gaben und Aufgaben orientiert ist. Es geht um das Verhalten im Alltag, das am Liebesgebot orientiert ist (12,9–21). Es geht um ein verantwortliches Sich-Einfügen in die staatliche Ordnung (13,1–17), und es geht um ein Zusammenleben von Christen, in dem auch unterschiedliche Erkenntnisse akzeptiert und nicht zur geistlichen Unterdrükkung mißbraucht werden (14,1–15,7). Aber das führt schon zum Thema des nächsten Abschnitts.

Tenor der Begründung der Ethik durch die Rechtfertigungslehre ist: Wer von der Sünde befreit ist, ist frei, der Gerechtigkeit zu dienen. Freiheit von der Sünde ist auch Freiheit von der Sorge, sein Leben selber rechtfertigen zu müssen und damit zugleich auch Freiheit von der Gier, das Leben selber reich und erfüllt machen zu müssen, und Freiheit von der Angst, zu kurz zu kommen und durch andere an Lebensraum und Lebensmöglichkeit beraubt zu werden. All dies ist „mit Christus gestorben" und in seiner Lebenshingabe überwunden. Der Weg ist frei für ein Leben als Geschenk, das weitergeschenkt und immer wieder neu empfangen werden kann. Die Macht der Sünde ist grundsätzlich zu Ende und in der Gemeinde und im Leben der einzelnen der Freiraum für ein Leben im Geist der Gerechtigkeit geschaffen.[193] Die Beschreibung des Lebens der Christen mit der Formel „gerecht und Sünder zugleich“ (*simul iustus et peccator*) gibt also nicht die Auffassung des Paulus wieder.[194]

Die sozialen Konsequenzen

Eigentlich sollte dieser Abschnitt „ekklesiologische Konsequenzen“ heißen. Aber das Mißverständnis, hier sei vor allem von Kirchenstrukturen zu reden, sollte gar nicht erst geweckt werden. Es geht freilich auch nicht nur um das, was wir heute „Sozialarbeit“ nennen. Es geht schlicht um die „Sozialgestalt des Evangeliums“, wie sie durch das Christusgeschehen und seine Auslegung in der Rechtfertigungslehre geformt wird.[195]

Daß gerade die lehrmäßige Ausformung der Rechtfertigungslehre im Gal ursprünglich weniger mit dem Trost gequälter Gewissen als vielmehr mit der Frage: „Wer gehört zum Gottesvolk?“ zu tun hatte, haben wir schon gesehen. Wir haben aber auch festgestellt, daß es für Paulus dabei nicht nur um die Einlaßbedingungen in die Heilsgemeinschaft oder die Identifikationsmerkmale für die Zugehörigkeit zu ihr ging, sondern um eine neue Existenzweise vor Gott. Und diese neue Existenzweise hat nicht nur eine personale Dimension, sondern auch eine soziale. Bruchlos geht in Gal 3, 25–28 die Argumentation von der heilsgeschichtlichen Bedeutung der Rechtfertigung des Glaubens über in die Beschreibung der neuen Wirklichkeit in Christus. Alle, die in Christus durch den Glauben Kinder Gottes und damit Teil

---

193 Vgl. H. Umbach, In Christus getauft: „Gemeinde als sündenfreier Raum“.

194 Vgl. dazu W. Joest, Paulus und das luthersche simul iustus et peccator; U. Wilckens, Gemeinsame Erklärung, 47f.

195 Vgl. W. Klaiber, Rechtfertigung und Gemeinde; ders., Rechtfertigung und Kirche.

der Nachkommenschaft Abrahams geworden sind, sind in Christus zu einer Einheit zusammengewachsen, in der alle trennenden religiösen und gesellschaftlichen Unterschiede aufgehoben sind: „Hier ist nicht mehr Jude noch Grieche, Sklave noch Freier, Mann noch Frau"(3,28). Die voraussetzungslose Annahme durch Gott, die „aus Glauben" empfangen wird, findet in dem, was „in Christus" geschieht, ihre soziale Verwirklichung.

Daß dies für Paulus nicht nur eine Formel ist, zeigt sein Kampf um die bleibende Integration der Heidenchristen in die Gemeinde in Antiochien. Das Wesen der Gemeinde ist ihre Inklusivität, das soziale Pendant zur Universalität des Evangeliums. Die Inklusivität aber ist konkret und drückt sich ebenso im miteinander Essen aus wie in der Überzeugung, in gleicher Weise an Gottes Heil teilzuhaben.

Dafür, daß Gestalt und Leben der Gemeinde dem Wesen des Evangeliums entsprechen, kämpft Paulus an sehr verschiedenen Fronten. In *Korinth* besteht die Gefahr, daß das Streben nach esoterischer Weisheit und der Stolz auf pneumatische Erfahrungen zur Diskriminierung anderer Christen führen. Dagegen stellt Paulus das „Wort vom Kreuz", durch das alle eigenmächtige Weisheit, alle angemaßte Kraft und alles selbstgewisse Rühmen innerhalb und außerhalb der Gemeinde entlarvt wird. Das aber schafft Raum für die Berufung der Geringen, der Ungebildeten und derer, die nichts sind und nichts gelten. Wie Paulus in Röm 4,17 die *creatio ex nihilo* mit dem Geschehen der Rechtfertigung des Gottlosen zusammen sieht, so in 1. Kor 1,28 mit der Erwählung derer, die in dieser Welt nichts sind und nichts gelten. Daß Christus für uns zur Gerechtigkeit gemacht wurde, hat nicht nur Heilsbedeutung, sondern begründet die unabdingbare Inklusivität christlicher Gemeinde.

Davon wird auch die Auseinandersetzung um die Feier des Herrenmahls in Korinth bestimmt. Weil das Mahl Anteil gibt „an dem Sühnetod Jesu Christi und an dem in diesem Tod beschlossenen Heil", widersprechen die Mißstände beim Gemeinschaftsmahl der Korinther, wo die einen darben und die anderen prassen, zutiefst dem Wesen des Herrenmahles. „Rücksichtslosigkeit, Gleichgültigkeit und Lieblosigkeit gegenüber dem ‚Bruder, für den Christus gestorben ist', sind deshalb nichts Geringeres als die Leugnung des ὑπὲρ ὑμῶν [*hyper hymōn* = für euch].“[196]

Letztlich leitet das gleiche Prinzip auch die Auseinandersetzung des Paulus um die Bedeutung der Gnadengaben. Die Gaben sind nicht Beweise persönlichen Geistbesitzes, sondern Begabungen für den Aufbau der Gemeinde. Vielfalt und Unterschiedlichkeit der Gaben ermöglichen gegenseitige Hilfe. Das Bild von der Gemeinde als Organismus macht das klar. Aber die Überzeugungskraft dieses Vergleiches ist nur ein Teil der Argumentation; daß Gott den Leib zusammengefügt hat, haben die Christen erfahren, als sie in den einen Leib getauft und mit dem einen Geist getränkt wurden, „gleich ob Jude oder Grieche, Sklave oder Freier“ (12,12f).[197]

Die soteriologische Begründung der Gemeinde im Christusgeschehen hat soziale Konsequenzen:So wie sie die Trennung zwischen Juden und Heiden und die Diskriminierung zwischen Sklaven und Herren aufhebt, so verhindert sie auch, daß aus der Verschiedenheit der Gaben eine unterschiedliche Qualifikation vor Gott abgeleitet wird. Diese ist vielmehr organische Entfaltung der grundsätzlichen Einheit im Leib Christi. Weil er die Vielfalt als gottgewollt und gottgegeben aufzeigen will, reiht Paulus in 12,28 auch den Dienst des Apostels neben dem der Propheten und Lehrer in die Reihe der Charismen ein. Damit wird keine „charismatische Gemeindeordnung“ begründet oder gar eine demokratische Grundstruktur geschaffen, obwohl „demokratische“ Elemente in dem Entwurf nicht zu leugnen sind;[198] aber es soll deutlich werden: Welche Aufgabe Gott auch immer den einzelnen anvertraut hat, alle sind auf Gottes Wirken angewiesen, und weil Gott durch keinen alles und durch alle das Gan-

196 O. Hofius, Herrenmahl, 239.

197 1. Kor 12,12f verknüpft das Bild vom Leib mit dem christologischen sōma -Begriff und nimmt daher 12,27 inhaltlich, wenn auch nicht terminologisch vorweg; das ist auch gegen A. Lindemann, Die Kirche als Leib Christi, 148, festzuhalten.

198 Vgl. Lindemann, aaO. 164; „demokratisch“ ist die wechselseitige Abhängigkeit und grundsätzliche Gleichwertigkeit der Glieder, nicht aber der Entscheidungsprozeß.

ze wirkt, sind alle aufeinander angewiesen. Darum gilt: „Die Charismenlehre des Paulus ist nichts anderes als die Projektion der Rechtfertigungslehre in die Ekklesiologie hinein."[199]

Es ist daher konsequent, daß Paulus in Röm 12,3–8, wo er die sozialen Konsequenzen der Rechtfertigungslehre entfaltet, wieder das Bild vom Leib Christi und vom organischen Zusammenwirken der Gnadengaben aufnimmt. Es ist nicht mehr der breite Strauß an Aktivitäten und Begabungen, die Paulus in 1. Kor 12 einbezieht. Paulus nennt die Gaben, die besonders der Gemeinschaft dienen. Noch sind es nicht „Gemeindeämter", die Paulus beschreibt, aber doch relativ feste Funktionen, die für das Leben der Gemeinde wichtig sind. Daß sie in Treue und Selbstbescheidung ausgeübt werden können, hängt daran, daß die Beauftragten in der „Gnade, die uns gegeben ist", die Konkretion der Gnade sehen, an der alle gemeinsam in gleicher Weise Anteil haben.

Dem entspricht die Auffassung des Paulus von seiner *apostolischen Autorität*, die er ja einerseits von den Charismen unterscheidet, aber doch immer wieder in ihren Kreis einbezieht (Röm 12,3). Diese Autorität steht grundsätzlich im Dienst des Evangeliums. Das wird in der Auseinandersetzung mit den Gegnern in Galatien deutlich, und gerade ihre Bindung an das Evangelium führt zu einem durch und durch dialektischen Verhältnis zur Autorität in der Kirche. Es ist ja bemerkenswert, wie er einerseits mit aller Macht seine apostolische Autorität in die Waagschale wirft bis hin zum hypothetischen Anathema über jeden, der ein anderes Evangelium verkündigt, andererseits aber jede formale Absicherung der Wahrheit des Evangeliums – sei es durch die Gestalt eines Engels oder den Apostel selbst – rigoros und provozierend ablehnt. Identität und Wahrheit des Evangeliums wird nicht durch die Person oder das Amt des Verkündigers garantiert, sondern allein durch seinen Inhalt (Gal 1,6–9).

Die gleiche Dialektik durchzieht die Auseinandersetzung um das *apostolische Amt* im 2. *Korintherbrief*, wo es um die Frage der Vollmacht dieses Dienstes und seine Begründung geht. Es ist beeindruckend, wie Paulus Grundaussagen der

199 E. Käsemann, Amt und Gemeinde, 119.

Rechtfertigungsbotschaft nicht nur mit seiner persönlichen Existenz vor Gott verbindet, sondern gerade auch mit der Gestaltung seines Auftrags.

Ausgangsfrage des ganzen Briefes ist die Frage: Wer ist befähigt und bevollmächtigt, als Apostel das Evangelium zu verkündigen, die Botschaft weiterzutragen, die über Leben und Tod entscheidet? (2,16) Die grundsätzliche Antwort, die Paulus darauf gibt, lautet: Diese Befähigung liegt nicht in uns selbst, sondern sie kommt von Gott (3,5). Darum kann es keine Selbstempfehlung und keinen Selbstruhm für den Apostel geben.[200] „Die Legitimität des Apostels" gründet paradoxerweise in seiner Schwachheit.[201] Der Grund dafür ist die Bindung seines „Amtes", besser „Dienstes" [diakonia], an seine Botschaft.

Er steht im Dienst des „neuen Bundes", und damit Dienst des Geistes und der Gerechtigkeit – im Gegensatz zum Dienst des Todes und der Verurteilung, der mit dem Gesetz Mose verbunden ist (3,4–18). Darum wird das Evangelium als wesensbestimmender und bevollmächtigender Inhalt des Dienstes beschrieben, und die Unterscheidung zwischen Gesetz und Evangelium wird zum Kriterium für die apostolische Vollmacht.[202] Die Rechtfertigungsbotschaft hat also auch für ekklesiologische Fragen direkte Auswirkungen; auch in diesem Zusammenhang ist sie „Freiheitsbotschaft" (3,17), Ausdruck lebenschaffender Verkündigung und missionarischer Vollmacht.[203]

Was das inhaltlich bedeutet, wird von Paulus in 5,11–21 erläutert. Er verknüpft die Kennzeichen seines Dienstes eng mit grundsätzlichen Aussagen über das Heilsgeschehen und die christliche Existenz. Daß der apostolische Dienst nicht selbstgefällige Zurschaustellung enthusiastischer Zustände,

---

200 Vgl. 3,1–3; 10,12–18, und dazu S. Hafemann, ‚Self-Commendation'; U. Heckel, Kraft in Schwachheit, 144–214.

201 E. Käsemann, Die Legitimität des Apostels.

202 G. Barth, Die Eignung des Verkündigers, 269f: „Das in Christi Kreuz und Auferstehung erfahrene Heilshandeln Gottes in seiner Zuspitzung als Rechtfertigung des Gottlosen ist für Paulus ... auch Kriterium und Norm für das Verständnis des kirchlichen Amtes."

203 Vgl. F. Mußner, Theologie der Freiheit, 42f.

sondern Existenz für die Gemeinde ist, liegt für Paulus in der Proexistenz Christi begründet und in dem, was daraus für jeden Christen folgt. Die Liebe Christi „ist beherrschendes Prinzip, entscheidender Maßstab und treibende Kraft der apostolischen Tätigkeit in einem".[204] Die neue Existenz, die jedem geschenkt ist, der zu Christus gehört, bestimmt auch das Wesen des apostolischen Dienstes.[205]

Als von Gott Versöhnter ist Paulus mit dem Dienst der Versöhnung beauftragt, und das bedeutet, daß er die Versöhnungsbotschaft, die Gott mit der Versöhnungstat in Jesus Christus „aufgerichtet" hat, weiterträgt, als „Gesandter an Christi statt", durch den Gott seinen Ruf zur Versöhnung in die Welt hineinträgt. Versöhnung, die wirklich Versöhnung ist, wird nicht diktiert, sondern dem Feind gewährt. Nicht daß darüber noch zu verhandeln wäre oder gar Bedingungen ausgehandelt werden müßten, aber so, daß Gottes Friede für den Menschen erst Lebenswirklichkeit wird, wenn er in die zur Versöhnung ausgestreckte Hand Gottes einschlägt. Diese Versöhnungshand Gottes begegnet den Menschen in der apostolischen Verkündigung. Paulus wagt es, in diesem Zusammenhang sogar von einem Bitten um Christi willen zu sprechen, um die Dringlichkeit und Innigkeit des Friedensangebotes Gottes zu unterstreichen.[206]

Der apostolische Auftrag ist also integraler Bestandteil von Gottes versöhnendem Handeln, ist Teil der Bewegung Gottes auf den Menschen zu; aber auch in dieser engen Verbindung bleiben Gottes Handeln und der Dienst des Apostels unterscheidbar. Das „Wort der Versöhnung" und der „Dienst der Versöhnung" sind nicht identisch: Der Dienst wird vom Wort getragen, erfüllt und autorisiert, das Evangelium definiert das Apostolische und nicht umgekehrt.[207]

---

204 J. Blank, Paulus und Jesus, 314.

205 Die enge Verbindung von Existenz des Christen und apostolischem Auftrag, die gleichwohl nicht identifiziert werden, ist der Grund dafür, daß in 5,14–21 die Unterscheidung zwischen dem allgemein christlichen und apostolischen Wir so schwierig ist.

206 Vgl. E. Jüngel, Die Autorität des bittenden Christus.

207 Vgl. O. Hofius, Wort von der Versöhnung, 29f.

Diese Unterscheidung von Gottes Wirken und apostolischem Dienst wird unterstrichen durch die Leidenskataloge, die Paulus mit der Darstellung seines Auftrags verbindet. Leitmotiv ist 4,7: „Wir haben diesen Schatz in irdenen Gefäßen, damit die überschwengliche Kraft von Gott sei und nicht von uns".

Es geht Paulus nicht um eine reinliche Trennung: Hier die überschwengliche Kraft Gottes, dort das menschliche Leiden des Apostels. Denn in diesem Leiden wird ja auch etwas vom Leiden Jesu sichtbar, die Proexistenz Christi wirkt in den Leidenserfahrungen des Apostels weiter und läßt die lebenschaffende Kraft seiner Hingabe in einer Welt des Sterbens für die Menschen wirksam werden. So erweist sich der Apostel gerade in seinem Leiden und seinem Einsatz für andere als „Diener Christi" (6,3–10). Paulus zeigt dies noch einmal in 11,23–12,10, wo er einen inneren Prozeß beschreibt, an dessen Ende die Zusage Christi steht: „Meine Gnade genügt dir! Denn die Kraft wird in der Schwachheit vollendet" (12,9). Das aber begründet für Paulus eine letzte Autorität, von der er hofft, daß sie auch von den Korinthern anerkannt wird (13,1–4).[208]

Wer ist zum apostolischen Dienst bevollmächtigt? Die Antwort, die Paulus auf diese Frage im 2. Kor gibt, ist nicht leicht zu verallgemeinern, weil sie sehr stark von der besonderen Beziehung zwischen dem Apostel und der von ihm gegründeten Gemeinde bestimmt ist. Eine grundlegende Aussage ist aber unschwer zu erkennen: Die Autorität des Dienstes stammt grundsätzlich aus der Autorität des Evangeliums; es gibt geordnete Formen für diesen Dienst, aber keine formale Absicherung, weder institutionell noch im Aufweis besonderer geistlicher Erfahrungen oder Begabungen. Zugleich ist der Dienst der Verkündigung und die Arbeit am „Gemeindeaufbau" die legitime Form der „Mitwirkung" von Menschen an Gottes Heilshandeln (vgl. 1. Kor 3,9; 2. Kor 6,1).

---

208 Dazu Heckel, Kraft in Schwachheit, 121–142, der zu Recht darauf hinweist, daß 13,3f der eigentliche Zielpunkt der Argumentation des Paulus ist.

Eine letzte Beobachtung in diesem Zusammenhang: Paulus wird offensichtlich durch seine Rechtfertigungsbotschaft dazu getrieben, sich für Gruppen einzusetzen, die in Gefahr sind, in der Gemeinde diskriminiert und an den Rand gedrängt zu werden. Manchmal stimmt das mit seiner grundsätzlichen theologischen Ausrichtung überein, so z.B., wenn er sich in Antiochien für die Heidenchristen einsetzt, aus deren Gemeinschaft sich Petrus und die anderen Judenchristen zurückziehen. In der Auseinandersetzung um die sogenannten Starken und Schwachen in Röm 14,1–15,12 ist aber erstaunlich, daß Paulus für die Rücksichtnahme auf eine in ihrem Gewissen gefährdete Minderheit eintritt, deren Ansichten den Konsequenzen, die Paulus selbst aus der Rechtfertigungslehre zieht, eher widersprechen. Auch die theologische Wahrheit darf nicht Grund zu egoistischer Selbstgefälligkeit werden, die sich nicht um die Auswirkung auf den anderen kümmert (15,1). Daß Christus alle bedingungslos angenommen hat (15,7), kann nicht ohne Konsequenzen für das Miteinander in der Gemeinde bleiben. Auch die Wahrheit des Evangeliums ist konkret.

Wie sehr die Wahrheit der Rechtfertigungslehre sich im Vollzug erweist und nicht ihrerseits zu einem äußerlichen Identitätsmerkmal gemacht werden darf, zeigt Röm 11,17–24. Hier warnt Paulus die Heidenchristen davor, sich aufgrund ihres Glaubens gegen Israel zu rühmen, das noch nicht zum Glauben gekommen ist. Das ist nach all dem, was Paulus selbst in Röm 9 und 10 theologisch gesagt hat, überraschend und kann in seiner Bedeutung gar nicht überschätzt werden. Auch der Glaube darf nie zum Besitz oder zur eigenen Leistung gemacht werden, aufgrund derer man sich anderen gegenüber rühmt (das wäre eine Art „Zöllner-Selbstgerechtigkeit" in Umkehrung des Gleichnisses in Lk 18,9–14). Der Glaube lebt allein aus der Güte Gottes; hört er damit auf, wird er zum Unglauben und verfällt dem Gericht. Das Erregende an diesem Gedanken ist, daß hier die Gnadentheologie der Rechtfertigungslehre kritisch auch gegenüber der Haltung von Heidenchristen verwendet wird. Das ist mit der eindrücklichste Beweis dafür, daß für Paulus die Tragweite der Rechtfertigungslehre nicht auf die Auseinandersetzung um die gesetzesfreie Heidenmission beschränkt ist, sondern Kriterium für alle Auslegung des Evangeliums ist. Ihre Grundlage aber ist nicht das rechte Verhalten des Menschen, sondern die Souveränität Gottes in seinem Heilshandeln.[209]

Die eschatologische Perspektive

Rechtfertigung ist ein eschatologisches Geschehen. Zwar finden wir bei Paulus nur gelegentlich Anspielungen darauf, daß der eigentliche Ort des Rechtfertigungsurteils das Endgericht sein wird. Weil Gott in Christus seine heilschaffende Gerechtigkeit schon jetzt offenbart hat und in seinem Tod die Sünde verurteilt hat, vollzieht sich die Rechtfertigung in der Verkündigung des Evangeliums überall dort, wo ein Mensch das gnädige Urteil Gottes im Glauben annimmt.

Dennoch bleibt der eschatologische Horizont erhalten. Gelegentlich wird die Rechtfertigung selber noch als zukünftig beschrieben.[210] Häufig unterscheidet Paulus zwischen gegenwärtiger Rechtfertigung und künftiger Errettung.[211] Aber gerade in den grundsätzlichen Aussagen von Röm 1,16f erscheint das Heil, das Gott schenkt, schon gegenwärtig im Evangelium. Und in einem ausgesprochen eschatologischen Abschnitt wie Röm 8,18–30, in dem die Unerlöstheit irdischer Existenz sehr eindrucksvoll geschildert wird, kann Paulus am Schluß den ganzen Heilsweg bis hin zur Verherrlichung schon als verwirklicht darstellen (V. 30).

Offensichtlich folgt Paulus keinem festen Schema, sondern kann sowohl die Gegenwart der Rechtfertigung betonen, wie auch die Tatsache, daß die Christen noch auf dem Weg sind zu ihrem Ziel in Gott. Es ist schon alles gegeben, aber noch niemand ist fertig. Rechtfertigung heißt Aufnahme in die Gemeinschaft mit Gott; sie ist gegenwärtige Wirklichkeit, aber weder Rechtstitel noch Besitz, die unabhängig von diesem Verhältnis Gültigkeit haben. Und alle sind eingebunden in das Ringen Gottes um die ganze Welt, die als ganze der

209 Vgl. M. Seifrid, Justification, 256.
210 Vgl. Röm 4,24; 5,19; Gal 5,5.
211 Röm 5,9f; 8,23; 1. Th 1,9f; vgl. Wolter, Rechtfertigung, 217f.

Herrschaft seines Erbarmens unterstellt werden soll (vgl. 1. Kor 15,28; Röm 11,33–36). Es geht nicht nur um das Heil des einzelnen, sondern um die Erlösung der ganzen Kreatur – eindrücklich dargestellt in Röm 8,18–30. Die ganze Schöpfung soll aus der Sklaverei der Vergänglichkeit zur „herrlichen Freiheit der Kinder Gottes“ befreit werden. Was schon im Alten Testament als Ziel der Offenbarung der Gerechtigkeit Gottes angedeutet ist, findet in der Vollendung der Christusoffenbarung seine Erfüllung.

Umgekehrt hat das Weltgericht, insbesondere die Verurteilung der Ungläubigen, bei Paulus höchstens in Nebensätzen Platz. Wo vom Gericht gesprochen wird, geht es um die Christen und ihr Handeln (Röm 14,10; 1. Kor 3,13–15; 2. Kor 5,10). Das ist oft als Widerspruch zur Rechtfertigungslehre empfunden worden. Aber Paulus stellt diese Aussage gerade nicht in den Zusammenhang des Rechtfertigungsgeschehens. Es gibt bei ihm keine „doppelte“ Rechtfertigung, die eine aus Glauben zu Beginn des Christseins und die andere nach den Werken beim Endgericht. Das Nebeneinander von Rechtfertigung aus Glauben und Gericht nach Werken gerade für die Christen hängt an der Unterscheidung von Werk und Person in der Rechtfertigung. Das Urteil über die Taten, das Lob oder die Beschämung angesichts dessen, was in einem Leben geworden ist, nimmt den Menschen als verantwortliches Gegenüber ernst und bindet dennoch seinen Wert und sein Geschick nicht an sein Werk. „Die paulinische Vorstellung des göttlichen bzw. christologischen Endgerichtes ist insofern die letzte Konsequenz seiner Gerechtigkeitstheologie, als das Gericht Gottes nicht anders verstanden ist als die letzte Verwirklichung seiner Gerechtigkeit: Die eschatologische Rettung der Person unabhängig von ihren Eigenschaften und von ihren Leistungen (1. Kor 3,14–15; 5,5).“[212] Dabei ist das Geschick des einzelnen nur ein Teil des eschatologischen Geschehens, in dem Gott die Offenbarung seiner Gerechtigkeit im Evangelium in den Erweis seiner Barmherzigkeit über allen münden lassen wird (Röm 11,33–36).

212 F. Vouga, Gal, 143.

Dieser Horizont wird von Paulus auch in Röm 5,12–21 umrissen. Die Gegenüberstellung von Adam und Christus zeigt die universale Bedeutung des Heilsgeschehens. Gottes Handeln zielt auf eine neue Menschheit. Das Christusgeschehen ist Rechtfertigungstat Gottes, die allen Menschen gilt. So wie alle durch den Ungehorsam Adams zu Sündern wurden, so sollen auch alle durch den Gehorsam Christi zu Gerechten werden.[213] Auch wenn die Verheißung der Teilhabe an Gottes Herrschaft denen zugesagt wird, die die Gabe der Gerechtigkeit empfangen (V. 17)[214], so bleibt Gottes Ziel doch universal. Gottes rechtfertigendes Handeln ist kein befristetes Amnestieangebot. Es findet seine Erfüllung darin, daß „die Gnade durch Gerechtigkeit zum ewigen Leben herrscht durch unseren Herrn Jesus Christus" (V. 21).

Was Paulus in diesem Abschnitt darlegt, gilt für seine ganze Theologie: Das Christusgeschehen ist Rechtfertigungsgeschehen und das Rechtfertigungsgeschehen ist Christusgeschehen. Beide beschreiben das Gleiche, den Vollzug des einen, unverbrüchlichen, rettenden und lebenschaffenden Ja Gottes, an dem er festhält, bis das Verderben bringende Nein der Sünde und des Todes überwunden sein wird.

5. Das Vermächtnis des Paulus

Innerhalb der uns erhaltenen paulinischen Korrespondenz hat die Rechtfertigungslehre eine eigentümliche Weiterführung erfahren. Sowohl der Epheserbrief als auch die Pastoralbriefe nehmen Motive der Rechtfertigungslehre auf und versuchen offensichtlich, sie für ihre Zeit neu zu formulieren.[215]

---

213 „Die vielen" (V. 19) sind nach hebräischem Sprachgebrauch und der Parallele zu V. 18 die „Gesamtheit" der Menschen. Das Futur in V. 19 dürfte eschatologisch gemeint sein (mit Käsemann z.St., gegen Wilckens z.St.).

214 Zur Übersetzung „annehmen" oder „empfangen" vgl. Klaiber, Ruf und Antwort, 180 (A. 108).

215 Ich schließe mich dem Konsens in der neutestamentlichen Wissenschaft an, daß diese Briefe in der „Paulusschule" entstanden sind und mit sehr unterschiedlicher Akzentuierung und Weiterführung der Pau-

Wie gut ihnen das gelungen ist, darüber streiten sich allerdings die Gelehrten.[216]

Rechtfertigung bei den Paulusschülern

In Eph 2 stellt der Verfasser in zwei parallelen Gedankengängen dar, wie die Adressaten Anteil am Heil bekommen haben. 2,1–10 spricht von der persönlichen, existentiellen Seite dieses Geschehens. Das Leben vor der Begegnung mit Christus wird als eine Existenz unter der Herrschaft des Geistes des Ungehorsams und der Begierden des Fleisches charakterisiert, und damit als Leben, das dem Tod verfallen ist. Dem wird entgegengesetzt: „Aber Gott, der reich ist an Erbarmen, hat durch seine große Liebe, mit der uns geliebt hat, auch uns, die wir in den Übertretungen tot waren, mit Christus lebendig gemacht" (2,4f). Und bevor der Verfasser diesen Satz zu Ende führt („ ... und mit ihm auferweckt und in die himmlische Welt eingesetzt ..."), unterbricht er sich quasi selbst und qualifiziert diese Aussage mit einer Art Zwischenruf: „ aus Gnade seid ihr gerettet!" Mit dem ganzen Satz wird offensichtlich an Gedanken aus dem Römerbrief angespielt. Das Motiv vom Sterben und Lebendigwerden mit Christus stammt – mit einer charakteristischen Veränderung – aus Röm 6,1–11.[217] Der Einwurf „aus Gnade seid ihr gerettet" erinnert an Röm 3,24; wobei statt vom „gerechtfertigt Werden" vom „gerettet Sein" die Rede ist, was nach Röm 5,9f erst die endzeitliche Vollendung der Rechtfertigung sein wird. Für den Eph ist das Heil in Christus schon gegenwärtig. Gerade darum ist es offensichtlich so wichtig zu betonen, daß das, was in Christus ein für alle Mal gültig für uns geschehen

---

lustradition zwischen 80 (Eph) und 100 n.Chr. (Past) geschrieben wurden (vgl. U. Schnelle, Einleitung, 352, 383f).

216 Vgl. U. Luz, Rechtfertigung bei den Paulusschülern; H. Merklein, Paulinische Theologie in der Rezeption des Kolosser- und Epheserbriefes; G. Lohfink, Paulinische Theologie in der Rezeption der Pastoralbriefe; M. Wolter, Die Pastoralbriefe als Paulustradition; A. Lindemann, Paulus im ältesten Christentum; M. Gese, Das Vermächtnis des Paulus.

217 Paulus spricht dort aber nicht vom Mitauferweckt- und Erhöhtwerden der Christen, sondern wahrt den eschatologischen Vorbehalt.

ist, Gnadengeschenk Gottes bleibt. Das geschieht in V. 8–10 in deutlicher Anknüpfung an die Begrifflichkeit der Rechtfertigungslehre. „Aus Gnaden seid ihr [ein für alle Mal] gerettet, durch den Glauben, und das nicht aus euch, es ist Gottes Geschenk; nicht aus Werken, damit sich niemand rühmen kann."

Drei Motive der paulinischen Rechtfertigungslehre sind hier aufgenommen: (1) „Durch den Glauben" haben die Christen Anteil am Heil; wie in Röm 4,16 hält das *sola fide* das *sola gratia* fest.[218] (2) Das Heil kommt nicht „aus euch", d.h. nicht aufgrund persönlicher Voraussetzungen und eigener Anstrengungen, bzw. – in direkter Anknüpfung an Paulus formuliert – „nicht aus Werken". Die scharfe Antithese „nicht aus Werken des Gesetzes" fehlt hier; offensichtlich ist der Streit um die Bedingungen der Aufnahme von Heidenchristen in die Heilsgemeinschaft des Volkes Gottes längst entschieden. Die Frage nach „den Werken", den notwendigen „Vorleistungen", ist damit verallgemeinert (und deshalb taucht nicht von ungefähr in V. 10 die Frage nach den „guten Werken" auf). (3) Und das führt zu der Begründung, die sich immer wieder als Leitindiz für die Grundaussagen der Rechtfertigungsbotschaft erweist, auch dort, wo andere Begriffe benützt werden, nämlich den Ausschluß des Ruhmes vor Gott.[219]

Dann aber geht der Eph einen kühnen Schritt weiter. Aus der paulinischen Grundaussage, daß Rechtfertigung nicht nur Freispruch von der durch die Sünde bestimmten Vergangenheit, sondern auch Neuschöpfung für eine Zukunft mit Gott bedeutet (vgl. 2. Kor 5,17; Gal 6,15), erschließt er die weiterführende Überzeugung: „Denn wir sind sein [Gottes] Gebilde, in Christus geschaffen zu guten Werken, die Gott vorher bereitet hat, damit wir in ihnen wandeln." Das verantwortliche Leben der Christen ist Vollzug dessen, was Gott

---

218 Obwohl die Parallele zu Röm 6 es wahrscheinlich macht, daß Eph 2,4–7 an das Taufgeschehen anknüpft, wird nicht expressis verbis von der Taufe gesprochen. Gegen Hahn, Taufe, 103, liegt darin gerade eine enge Weiterführung der entsprechenden Aussagen bei Paulus.

219 Vgl. 1. Kor 1,29; 3,21; Röm 3,27; Gal 6,14 (s.o. S. 94,133).

für sie schon getan hat. Das ist ein ganz eigenständiger Versuch, das Problem der Ethik auf der Grundlage der Rechtfertigungslehre zu lösen. Auch das, was notwendigerweise an gutem Werk im Leben der Christen zu tun ist, ist immer schon Gottes Werk. „Gottes Heilsschaffen erstreckt sich bis in das Handeln der Erlösten."[220]

Eph 2,11–21 beschreibt dann in einem parallelen Neuansatz das Heilsgeschehen in einer heilsgeschichtlich-ekklesiologischen Perspektive. Im Eph muß nicht mehr gegen judenchristliche Einwände um die Berechtigung der bedingungslosen Aufnahme der Heidenchristen in das Gottesvolk gerungen werden; vielmehr scheint es – ähnlich wie in Röm 11 – nötig, den Heidenchristen deutlich zu machen, welches Wunder der Gnade Gottes es bedeutet, daß sie in den Bund Gottes mit seinem Volk aufgenommen worden sind. Darum wird das Heilsgeschehen zunächst beschrieben als die Aufnahme der Heiden in die Bürgerschaft Israels und den Bund der Verheißung „im Blut Christi". Mit diesem Stichwort tritt das Kreuz in den Mittelpunkt der Schilderung des Heilsgeschehens. Durch seinen Tod hat Christus die Feindschaft zwischen Juden und Heiden beseitigt, hat beide miteinander versöhnt und durch sein Friedenswerk „einen neuen Menschen" geschaffen. Daß damit Juden und Heiden in gleicher Weise von Gottes Handeln in Christus abhängen, wird in V. 17 eindrücklich unterstrichen. Durch sein Kommen „verkündigt Christus den Frieden euch den Fernen, und Frieden den Nahen".[221] Vielleicht ist das die Stelle, an der der Eph die Botschaft von der Rechtfertigung des Gottlosen am tiefsten verstanden und in seine Ekklesiologie umgesetzt hat.[222] Auch im Eph gibt es keine ekklesiologische Vermittlung des Heils,

---

220 M. Gese, Vermächtnis, 166; er weist zu Recht die negative Beurteilung dieser Aussage durch viele Exegeten zurück, denn V. 10b beschreibt „das Ziel der Schöpfungstat Gottes, nicht ein von Menschen zu erbringende Leistung", aaO. 166, A. 200.

221 Der Abschnitt zeigt die christologische Erfüllung von Jes 57,19, vgl. P. Stuhlmacher, „Er ist unser Friede", 240.

222 F. Mußner, Eph 2, 332: „In Eph 2,11–22 wird die Kirche als die Frucht des Rechtfertigungsgeschehens sola fide et gratia gesehen."

wohl aber eine ekklesiologische Dimension und Ausprägung.[223]

Das wird durch Eph 3,6, der Zusammenfassung des paulinischen Evangeliums im Sinne des Eph bestätigt: „Die Heiden sind in Christus Miterben, Mitleib und Mitteilhaber an der Verheißung in Christus Jesus durch das Evangelium", d.h. es ist die Inklusivität und Universalität des Evangeliums von Jesus Christus, die in der Kirche Gestalt gewinnt.

Der Autor des Epheserbriefs war nicht nur bemüht, einige paulinische Formeln zu bewahren; er hat versucht, die paulinische Gnadentheologie für die theologischen Herausforderungen seiner Zeit neu zu interpretieren und hat dabei die paulinische Rechtfertigungslehre offensichtlich als entscheidendes Kriterium betrachtet. Er hat nicht die alten Auseinandersetzungen um die „Werke des Gesetzes" weitertradiert, sondern in einer neuen Situation, in der es für ihn darum ging, die Verwurzelung des Heilsgeschehens in der Verheißung für Israel mit seiner kosmischen Bedeutung zusammenzusehen, den absoluten Vorrang des Gnadenhandelns Gottes in Jesus Christus festgehalten.

Der Befund in den *Pastoralbriefen* ist dem im Epheserbrief vergleichbar und doch von ihm recht verschieden. Vergleichbar ist er deswegen, weil auch in den Pastoralbriefen Formeln der Rechtfertigungslehre mit typischen Variationen auftreten (2. Tim 1,9; Tit 3,5–7); verschieden deswegen, weil es in den Pastoralbriefen nicht um eine Neuinterpretation des Heilsgeschehens geht, sondern um die Bewahrung des paulinischen Evangeliums und die Bewährung der Gemeinde in der Bedrohung durch Irrlehre. Für beide Aufgaben werden auch die Formeln der Rechtfertigungslehre in Dienst genommen.

Um die Bewahrung des Evangeliums geht es in 2. Tim 1,6–14, einem Abschnitt, der die Botschaft der Pastoralbriefe gewissermaßen in nuce darstellt und ihren „testamentarischen" Charakter besonders deutlich macht.

---

223 In 2,16 ist „energisch das Kreuz als ... Quellpunkt der Versöhnung und des Friedens aufgewiesen" und auch in 2,18 bleibt die „Erlösungsmittlerrolle des Christus" führend; J. Gnilka, Eph, 145, 147.

Die Mahnung an Timotheus, das ihm durch die Handauflegung vermittelte Charisma Gottes neu zu entfachen, macht ein doppeltes deutlich: Beauftragung und Bevollmächtigung zum Dienst ist nicht mehr freies Geschenk der Gnade Gottes für jeden Christen, sondern wird durch die institutionierende Handlung der Ordination begründet.[224] Doch ist damit die amtliche Vollmacht nicht völlig formalisiert. Es gilt die Gnadengabe immer wieder neu zu entfachen.[225] De facto geschieht das durch die folgende Erinnerung an die Aufgabe der Evangeliumsverkündigung, die in deutlicher Anlehnung an Röm 1,16f stilisiert ist.

Inhaltlich wird das Evangelium durch eine neuformulierte Zusammenfassung der paulinischen Rechtfertigungsbotschaft charakterisiert.[226] Wie in Eph 2,8 tritt an die Stelle des Begriffs Rechtfertigung der der Rettung; die deutlichste Anlehnung an die paulinische Rechtfertigungslehre ist wie in Eph 2 die Formel „nicht nach unsern Werken". Es geht nicht mehr um die Werke des Gesetzes, wohl aber um das eigene Tun und Leisten, das nicht Grundlage der Gemeinschaft mit Gott sein kann. Dieses Evangelium ist Inhalt der Lehre, mit der Timotheus betraut wurde, sie ist das „anvertraute Gut"[227], das es zu bewahren gilt. Hier scheint die Anspielung auf die Rechtfertigungslehre tatsächlich so etwas wie ein „Identitätsmarker" für die paulinische Tradition zu sein.

Zugleich stehen die entsprechenden Formeln in den Pastoralbriefen, wie die Soteriologie insgesamt, ganz im Dienst der Paränese und ihrer Begründung. Das zeigt Tit 2,1–15 ebenso wie 3,1–7, wo die Mahnung zum Gehorsam gegenüber der Obrigkeit damit begründet wird, daß die Erscheinung „der Güte und Menschenliebe Gottes, unseres Heilandes," die Christen aus „aller Heillosigkeit der Welt" gerettet hat und „ihr Verhalten gegenüber der nichtchristlichen Umwelt eben

---

224 Vgl. H. v. Lips, Art. Ordination III, TRE 25, 1995, 340–343.

225 L. Oberlinner, 2. Tim, 30.

226 Vgl. U. Luz, Rechtfertigung, 378f.

227 Der genaue Inhalt dieser *parathēkē* ist umstritten. Vgl. die unterschiedlichen Deutungen bei G. Lohfink, Paulinische Theologie, 97–105; J. Roloff, 1. Tim, 373; M. Wolter, Die Pastoralbriefe, 118–130 und L. Oberlinner, 2. Tim, 47–51.

diese Güte und Menschenfreundlichkeit Gottes widerspiegeln“ soll.[228]

Gottes Güte und Erbarmen wird dann in V. 5–7 mit Motiven der paulinischen Rechtfertigungslehre und der urchristlichen Tauftradition beschrieben.[229] Die traditionelle Formel „nicht aus Werken in Gerechtigkeit“ unterstreicht wieder den „ausschließlichen Gnadencharakter“ der Rettung, die „ohne menschliche Vorleistung“ geschah;[230] das schließt aber nun gerade nicht die Mahnung in V. 8 aus, daß sich der Glaube der Christen in guten Werken zeigen solle.[231]

Die theologische Grundlage stimmt mit Paulus überein: „Heil wird dem Heillosen durch die in Jesus Christus zutage getretene Gnade geschenkt, diese Heilszusage ist Grundlage der ethischen Forderung.“[232] Auch das entscheidende Motiv für die Verknüpfung von Indikativ und Imperativ bei Paulus, die Erneuerung und Begabung durch den Heiligen Geist, wird hier genannt. Dennoch erscheint die Verbindung zwischen beiden stärker additiv als bei Paulus selbst (vgl. z.B. Gal 5,13–26) und verweist damit zugleich auf ein Problem, mit dem die Verkündigung der Rechtfertigungsbotschaft immer wieder zu kämpfen hat. Die „Frucht des Geistes“ und das notwendige „gute Werk“ wachsen oft nicht so automatisch aus der Heilserfahrung heraus, daß sich die forschende Frage danach erübrigen würde.

Überblicken wir die weitere Geschichte der Paulustradition, dann ist sehr merkwürdig, daß in einer Schrift wie der Apostelgeschichte, die wie keine andere dem Werk und dem Erbe des Paulus verpflich-

---

228 H. Merkel, Pastoralbriefe, 101.

229 Die Verbindung von Taufe und Rechtfertigung ist schon vorpaulinische Tradition (vgl. 1. Kor 6,11), die Paulus durch die Bindung an den Glauben neu interpretiert hat; vgl. F. Hahn, Taufe, 104. Die nachpaulinische Tradition stellt wieder stärker die Verbindung mit der Taufe her.

230 Brox, Pastoralbriefe, 306.

231 Vgl. dazu den parallelen Gedankengang in Tit 2,11–14.

232 Merkel, Pastoralbriefe, 104. Luz, Rechtfertigung, 377, hebt stärker die Unterschiede hervor, während A. Lindemann, Paulus im ältesten Christentum, 141–147, sich gegen eine anachronistische Kritik dieser Briefe wendet.

tet scheint, die Rechtfertigungslehre so gut wie keine Rolle spielt. Sie erscheint in der ersten der Paulusreden quasi als „Zitat", um seine missionarische Verkündigung zu kennzeichnen (13,38f), spielt aber für die Darstellung seiner Theologie ebensowenig eine Rolle, wie im Streit um die gesetzesfreie Heidenmission.[233] Am ehesten kommt Lukas der Intention des Paulus dort nahe, wo er von der Wirkung des Evangeliums erzählt. Denn obwohl in einzelnen Erzählungen der Apg eher die Annahme der Gottesfürchtigen als die Rechtfertigung des Gottlosen geschildert scheint,[234] bezeugt ihre Darstellung der Geschichte der Kirche als Missionsgeschichte doch insgesamt sehr eindrücklich die grenzüberschreitende Kraft des Evangeliums. Es ist insbesondere die Wirkung des Heiligen Geistes, die der Kirche immer wieder hilft, in neue Bereiche vorzustoßen, die sie zunächst von sich aus nicht wahrnimmt.

Das verpflichtende Erbe

Der Eindruck, den diese früheste Wirkungsgeschichte der paulinischen Rechtfertigungslehre vermittelt, ist zwiespältig. Einerseits wird deutlich, daß die Rechtfertigungsbotschaft tatsächlich so etwas wie ein „Markenzeichen" paulinischer Theologie darstellte, das man nicht übergehen wollte und konnte. Zugleich wird aber auch deutlich, daß die Rechtfertigungslehre nicht einfach „tradierbar" wie irgend ein anderes Lehrstück ist. Dem widersetzt sich gerade ihre kritische Funktion, die sie für das Ganze der paulinischen Theologie gewonnen hat. Eine einfache Übernahme ihrer wichtigsten Grundformeln trug die Gefahr in sich, sie als eine Art „dekoratives" Element bzw. in einer Art „Alibifunktion" als Gütesiegel für richtige paulinische Theologie zu verwenden.[235] Umgekehrt ist der Versuch, die inhaltlichen Aussagen in eine neue Situation hinein auch neu zu formulieren, dem Vorwurf

233 Eine differenzierte Darstellung geben die beiden Artikel von P.G. Müller und K. Löning, Zum „Paulinismus" in der Apostelgeschichte.

234 Vgl. 10,22.35. Doch geht es auch hier nicht darum, daß man durch „Tun der Gerechtigkeit" Heil erwerben könne (vgl. auch Röm 2,10). „Die Pointe ist die Überschreitung der Grenze des jüdischen Volkstums" (G. Schille, Apg, 248); vgl. auch die „Nachinterpretation" des Satzes durch das Glaubensmotiv in 10,43!

235 Vgl. Luz, Rechtfertigung, 379.

ausgesetzt, wichtige Merkmale der Lehre aufzugeben.[236] Zeigt sich schon innerhalb des Neuen Testaments, daß die Rechtfertigungslehre in ihrer Wirksamkeit von ihrem Kontext lebt, der in bestimmten Konstellationen neu aufleben mag (so z.B. in der Auseinandersetzung der Reformation mit der spätscholastischen Gnadentheologie), aber keineswegs ständig vorgegeben ist oder neu inszeniert werden kann oder darf?

Paulus selber war überzeugt, daß die Rechtfertigungslehre mehr ist als eine polemische Zuspitzung der Christusbotschaft in einer bestimmten heilsgeschichtlichen oder missionspolitischen Situation. Wenn der Römerbrief so etwas darstellt wie sein Vermächtnis (und der Eph und die Past haben ihn offensichtlich so gesehen), dann ist deutlich, daß für ihn die Rechtfertigungslehre grundsätzlich die maßgebliche und eindeutigste Auslegung des Christusgeschehens ist. Noch deutlicher gesagt: *Das Rechtfertigungsgeschehen ist die Selbstauslegung des Gottes, der im Kreuz Jesu Christi zum Heil der ganzen Welt gehandelt hat.*

Das bestimmt den missionarischen Horizont für die Verkündigung des Evangeliums und für das Leben der Gemeinde. Das führt Menschen in eine Begegnung mit Gott, in der sich Gott selbst jenseits überkommener Bilder und Projektionen zeigt. Es führt zugleich in die Begegnung mit sich selbst, in der die Einsicht in die eigene Verlorenheit ausgehalten wird, weil sie umfangen ist von der Zusage, von Gott angenommen zu sein, in eine Begegnung, in der Menschen die Masken ihres Ichs ablegen und in Christus zu sich selbst finden können. Das begründet ein Leben in der Liebe und konstituiert eine Gemeinschaft, in der sich Menschen unterschiedlicher Prägung und Herkunft als Gottes geliebte Kinder begegnen, einander annehmen und füreinander da sind. Das eröffnet die Perspektive auf Gottes Herrschaft und Gerechtigkeit und Frieden und ermutigt dazu, schon jetzt in dieser Perspektive Gottes zu leben und zu handeln.

All das ist Inhalt und Konsequenz der Freiheitsbotschaft des Evangeliums von der Rechtfertigung des Gottlosen und

236 So etwa, wenn der Eph die Gesetzesthematik nicht mehr behandelt.

der Versöhnung der Feinde in Jesus Christus. Sie ist das unaufgebbare Vermächtnis des Paulus für die christliche Kirche.

6. *Neutestamentliche Kontrastmodelle*

Daß schon im Rahmen der paulinischen Briefe die Rechtfertigungslehre nicht unbestritten als Mitte der Theologie erscheint, führt fast zwingend weiter zu der Frage, wie es damit im sonstigen Neuen Testament stehe. Es war verständlicherweise oft die römisch-katholische Seite, die darauf hinwies, daß es innerhalb des Neuen Testaments auch ganz andere theologische Antworten auf die Frage gäbe, wie Menschen das Heil durch Jesus Christus erfahren, als nur die paulinische Rechtfertigungslehre. Umgekehrt haben schon die Reformatoren in dieser Frage den Versuch gesehen, die Klarheit der Rechtfertigungsbotschaft zu verdunkeln und ihre kritische Kraft zu domestizieren. Im Blick auf diese Auseinandersetzung hat Luther das kühne Wort geprägt: „Und treiben sie die Schrift gegen Christus, treiben wir Christus gegen die Schrift" (WA 39,1,47).

Doch wäre evangelische Exegese und Theologie nicht gut beraten, sich auf diese Weise nun ihrerseits gegen kritische Rückfragen zu immunisieren. Hans Küng hat in einer frühen Phase seiner ökumenischen Arbeit darauf hingewiesen, daß dem *sola scriptura* auch ein *tota scriptura* entsprechen müsse.[237] Und wenn in der ursprünglichen Antwort des Vatikans auf die Gemeinsame Erklärung zur Rechtfertigungslehre angemahnt wurde: „Besagte Vertiefung [sc. des Studiums der biblischen Grundlagen der Rechtfertigungslehre] sollte dem ganzen Neuen Testament und nicht nur den paulinischen Schriften gelten"[238], so geschah dies zweifellos in der Überzeugung, daß von anderen Schriften des Neuen Testaments auf einige ungelöste Streitfragen, wie z.B. die Mitwirkung des Menschen zum Heil, noch wichtige Argumente zugunsten der eigenen Position zu finden sein würden.

---

237 H. Küng, Der Frühkatholizismus im Neuen Testament.
238 S.o. S. 11 Anm. 2.

Wir können im Rahmen dieser Arbeit nur drei knappe Stichproben zu dieser Frage machen. Gibt es im Neuen Testament soteriologische „Kontrastmodelle" zur paulinischen Rechtfertigungslehre, die gerade dann beachtet werden müssen, wenn wir danach fragen, ob die Rechtfertigungslehre auch für die heutige Heilsverkündigung das entscheidende Kriterium darstellen muß und kann?

Dabei soll das Stichwort „Kontrastmodell" nicht notwendigerweise auf „Gegenentwürfe" beschränkt sein, wohl aber deutlich machen, daß es denkbar ist, in der Darstellung dessen, was Gott in Christus zum Heil für die Menschen getan hat, auch andere Wege zu gehen, als dies Paulus mit seiner Rechtfertigungslehre getan hat. Für diese „Stichproben" wähle ich einerseits Jakobus aus, da hier von vorne herein eine Auseinandersetzung mit der paulinischen Rechtfertigungslehre gegeben ist, andererseits aber auch Matthäus und Johannes, da diese beiden Evangelien zweifellos einen eigenständigen Einfluß auf die theologische Entwicklung christlicher Lehre hatten.[239]

Jakobus

Bei Jakobus sind die Verhältnisse eindeutig. Ihm geht es um einen Glauben, der sich in der Tat bewährt. Das zeigt sich nicht nur in der Auseinandersetzung um die paulinische Rechtfertigungslehre in 2,14–26.[240] Das bestimmt auch schon seine Kritik am Verhalten gegenüber Armen und Reichen in der Gemeinde (2,1–13). Wenn man, wie das die ganze Urchristenheit tut, von einer Erwählung der Armen spricht,[241] dann muß dem auch das Verhalten der Gemeinde entsprechen. Wird aber durch Nachlässigkeit gegenüber den Armen das Gebot der Nächstenliebe nicht erfüllt, dann verfehlt man das ganze Gesetz.

239 So auch Th. Söding, Kriterium der Wahrheit?; F. Hahn, Gerechtigkeit Gottes.

240 Vgl. E. Lohse, Glaube und Werke; R. Walker, Allein aus Werken; Ch. Burchard, Zu Jak 2,14–26.

241 Vgl. 1. Kor 1,26ff; Lk 6,20.

Jakobus spricht vom Gesetz – und speziell vom Dekalog – ganz pointiert als vom „Gesetz der Freiheit“ (vgl. auch 1,25). Dieses Gesetz richtet den Maßstab der Barmherzigkeit auf, und zwar für das Endgericht, aber damit auch für das gegenwärtige Handeln. Gerade damit befreit es zu einem Leben, das seine Erfüllung im Tun des Willen Gottes findet. So soll man lehren, aber so soll man eben auch handeln (2,12).[242]

Auf der Grundlage dieser Überzeugung beurteilt Jakobus die Aussage, daß allein der Glaube rette. Er kann einen Glauben ohne Werke nur für völlig verfehlt halten. Denn sonst wäre es ja möglich, daß jemand ungerührt an der Not des Nächsten vorbeigeht, ohne daß dies Konsequenzen für sein Verhältnis zu Gott haben würde. Das kann nicht sein. Ein Glaube ohne Werke gibt kein Lebenszeichen eines Lebens mit Gott von sich. Der Glaube, der sich nicht in der Tat beweist, ist für sich allein betrachtet tot.

Für Jakobus zeigt dies gerade die Aussage von Gen 15,6, daß Gott Abraham den Glauben zur Gerechtigkeit gerechnet hat. Mit der ganzen jüdischen Auslegungstradition bezieht Jakobus diese Aussage auf Gen 22: Abraham hat durch seine Bereitschaft, seinen einzigen Sohn zu opfern, seine Treue und sein Gottvertrauen unter Beweis gestellt, und das wurde ihm als Gerechtigkeit angerechnet. Also hat sein Glaube mit seinen Werken, seinem praktischen Gehorsam, zusammengewirkt und durch diese Werke ist der Glaube erst vollendet worden.

Hier zeigt sich allerdings, daß Jakobus einen ganz anderen Glaubensbegriff voraussetzt als Paulus (und im Grund auch als die jüdische Tradition, auf die er sich beruft). Der Glaube, von dem er spricht, ist das Bekenntnis Israels: „Einer ist Gott“, und zwar als intellektuelle Anerkennung dieser Wahrheit, die auch die Dämonen teilen – ohne daß sie dadurch der rettenden Kraft des Glaubens teilhaftig werden würden (2,19).

Das aber ist nicht das Glaubensverständnis des Paulus. Die Antwort des Paulus auf die Anfrage des Jakobus steht in

242 Es ist bemerkenswert, wie stark die Argumentation des Jakobus in 1,22–25 der des Paulus in Röm 2,12ff gleicht.

Gal 5,5: „In Christus gilt ... der Glaube, der durch Liebe wirksam wird." Diese Aussage entzieht der ganzen Argumentation des Jakobus ihre Basis. Ein Glaube, der an der Not des Nächsten vorüber geht, bedarf nicht nur der Ergänzung durch die Werke; er bedarf vielmehr der völligen Neubegründung in der Liebe Christi.

Ob es im Umkreis des Jakobusbriefes Anhänger der paulinischen Theologie gab, die das „allein durch den Glauben" so entstellt lehrten und lebten, wie es Jakobus beschreibt, wissen wir nicht. Vielleicht hat er auch mit einer simplifizierenden Karrikatur auf eine Theologie reagiert, deren Konsequenzen ihm gefährlich schienen bzw. die er in ihrem Ansatz nicht verstand.

Drei Dinge sind klar:

1. Die Rechtfertigungslehre des Paulus selbst ist von der Argumentation des Jakobus nicht getroffen.
2. Das Anliegen des Jakobus ist dennoch berechtigt. Ein Glaube, aus dem kein Handeln in der Liebe erwächst, ist fragwürdig. Darin bleibt die Anfrage des Jakobus eine wichtige Warnung an einen „Solafideismus", in dem das „allein durch Glaube" zur toten Formel erstarrt, die sich nicht in das Leben hinein auswirkt oder zum Vertrauen auf eine „billige Gnade" verführt.
3. Der Weg den Jakobus vorschlägt, ist von Paulus her nicht zu beschreiten und auch mit seiner Theologie nicht zu vermitteln. Das additive Verständnis von Glauben und Werke bzw. ihres Zusammenwirkens zum Heil würde den Menschen auf sich selbst und sein Wollen und Tun zurückwerfen, anstatt sein Leben und Handeln in Gottes Heilstat in Christus zu begründen. In dieser Frage muß man sich zwischen Paulus und Jakobus entscheiden.

Matthäus

Das Matthäusevangelium bietet kein vergleichbar eindeutiges Kontrastmodell zur paulinischen Theologie. Wirkungsgeschichtlich wird man allerdings vermuten können, daß der Einfluß des ersten Evangeliums vor allem in der alten Kirche und im Mittelalter viel dazu beigetragen hat, daß die Grundfragen der paulinischen Rechtfertigungsbotschaft an den Rand des geistlichen und theologischen Mühens geraten sind. Der Ruf zur besseren Gerechtigkeit (Mt 5,20) und die Einladung zur Vollkommenheit als Weg zum ewigen Leben (19,21) bestimmten Denken und Handeln gerade bei denen, die um eine glaubwürdige Begründung des Christseins rangen.

Bemerkenswert ist dabei, daß das Matthäusevangelium die einzige außerpaulinische Schrift ist, in der das Stichwort „Gerechtigkeit" programmatische Bedeutung erlangt. Es ist an allen Stellen, an denen es vorkommt, durch die matthäische Redaktion geprägt und hat daher besonders große Aussagekraft für die theologische Intention des Verfassers.[243]

Diese Intention scheint eindeutig zu sein. Mt 5,20 mahnt Jesus die Jünger: „Wenn eure Gerechtigkeit nicht besser ist als die der Schriftgelehrten und Pharisäer, werdet ihr nicht ins Himmelreich kommen." Auch in Mt 6,1, wo Luther bezeichnenderweise das Wort mit „Frömmigkeit" übersetzt, geht es offensichtlich um die von den Menschen geforderte Erfüllung des Willens Gottes, d.h. um das rechte Verhalten und die Rechtschaffenheit vor Gott. Eine ganze Reihe von Auslegern interpretieren von dieser eindeutigen Grundlage her auch alle anderen Belege des Stichwortes „Gerechtigkeit" bei Matthäus.[244]

Dem entspricht die Bedeutung des Endgerichtes bei Matthäus, das dazu dient, die Bösen „aus der Mitte der Gerechten auszusondern" (13,49; vgl. 13,41–43; 25,32.46). Maßstab dafür ist nach 25,33–46 das Verhalten gegen die notleidenden „geringsten Brüder" des Menschensohnes. Allerdings sind diejenigen, die als die „Gerechten" gekennzeichnet werden, sich bei ihrem Tun nicht bewußt, daß sie damit etwas für ihre Gerechtigkeit und ihre Annahme im Endgericht tun. Das sollte zur Vorsicht mahnen, allzu schnell

243 Am ehesten könnte der Begriff in Mt 21,32 schon der vormatthäischen Tradition angehört haben. Zum Begriff „Gerechtigkeit" bei Mt vgl. G. Strecker, Weg; M.J. Fiedler, Begriff; ders., „Gerechtigkeit"; H. Giesen, Christliches Handeln.

244 So G. Strecker, Weg, 157f, aber auch Luz, Mt I, 210.

zu vermuten, Matthäus vertrete eine „Rechtfertigung durch die Werke".

Was ist der Weg zum Heil nach Matthäus?

Es ist zweifellos der Weg der Nachfolge, der Weg der Jüngerschaft. Das ergibt sich nicht nur aus dem Gesamtduktus des Evangeliums, in dem z.B. die Bergpredigt als erste Entfaltung des Evangeliums vom Reich in einen ganz engen Zusammenhang mit der Berufung der ersten Jünger gestellt ist. Das zeigt vor allem auch der Schluß des Evangeliums mit dem Auftrag des Auferstandenen an seine Jünger: „Macht zu Jüngern alle Völker, indem ihr sie tauft auf den Namen des Vaters, des Sohnes und des Heiligen Geistes und sie lehrt all das zu halten, was ich euch geboten habe" (28,19). Taufe und Einweisung in die Lehre Jesu, das sind die entscheidenden Schritte in die Jüngerschaft und in die Gemeinde. Die Taufe auf den Namen des dreieinigen Gottes, d.h. die Eingliederung in Gottes heilvolle Offenbarung, ist der Weitergabe der Gebote vorgeordnet.[245]

Tragender Grund des Weges Jesu und seines Rufes zur Umkehr und in die Nachfolge ist das Kommen des Reiches Gottes, von Matthäus in jüdischer Umschreibung des Gottesbegriffs oft „Reich der Himmel" genannt. Welche Konsequenzen sich aus der unmittelbaren Nähe von Gottes Reich ergeben, welcher Zuspruch der heilvollen Gegenwart Gottes und welcher Anspruch auf ganzheitliche Hinwendung zu Gott daraus entstehen, das zeigt Matthäus insbesondere durch die Bergpredigt. In ihr kommt exemplarisch das „Evangelium vom Reich" zu Wort, das, was für Matthäus die Botschaft Jesu ausmacht.[246]

---

245 Den gleichen Akzent setzt Matthäus, wenn er in der Komposition seines Evangeliums den Stoff der Logienquelle in Aufriß und Tradition des Markusevangeliums einfügt durch eine Einordnung des paränetischen Materials „in die Geschichte Gottes mit seinem Sohn Jesus, die eine neue, tiefe Dimension der Gnade für die Hörer des ethischen Evangeliums erschließt", U. Luz, Mt I,59.

246 Vgl. die Rahmung des ersten großen Abschnittes des Evangeliums, der von Jesus als dem Messias in Wort und Tat erzählt durch 4,23 und 9,35.

Die Bergpredigt beginnt mit den Seligpreisungen, die beschreiben, wem die Heilszusage des kommenden Reiches gilt. Matthäus nimmt die überlieferten Seligpreisungen Jesu auf und erweitert sie durch erläuternde Zusätze und weitere Seligpreisungen aus seiner Tradition.

Besonders spannend ist diese Neuinterpretation bei der ersten Seligpreisung, in der bei Matthäus anstelle der „Armen" die „Armen im Geiste" selig gepriesen werden. Damit wird die Heilszusage an die Notleidenden und Bedürftigen verinnerlicht und spiritualisiert. Das muß keine Verfälschung der Aussage Jesu bedeuten. Schon im Alten Testament liegt in der Zusage der Heilshilfe für die Armen auch eine geistliche Dimension. Daran knüpft die frühjüdische Armenfrömmigkeit an, die nach dem Zeugnis der Schriften von Qumran zu ähnlichen Formulierungen wie Mt kommen.[247] Aber damit stellt sich die Frage, wem die Seligpreisung der „Armen im Geiste" gilt. Sind sie als die „Niedrigen vor Gott" im Grunde die wahren Frommen[248] oder sind die gemeint, die mit leeren Händen vor Gott stehen und wissen, daß sie vor ihm in jeder Hinsicht Bettler sind? Wird denjenigen das Himmelreich zugesprochen, die die richtige Haltung vor Gott einnehmen, oder denen, die allein von Gottes Schenken leben können?

Die Entscheidung wird erleichtert durch die Beobachtung, daß Matthäus die Seligpreisungen in zwei Gruppen zusammengestellt hat; die ersten vier gelten den Menschen, die ganz auf Hilfe angewiesen sind, während die zweite Gruppe diejenigen selig preist, deren Verhalten dem kommenden Reich entspricht.[249] So gilt die zweite Seligpreisung den Leidtragenden und die vierte, denen die nach *Gerechtigkeit* hungern und dürsten. Das Bild macht unmißverständlich deutlich,

247 1 QH 14,3 (neu VI,3); 1 QM 14,7.

248 In 1 QM 14,7 steht parallel zu den „Niedrigem im Geist" die Bezeichnung „Vollkommene des Weges".

249 Offen ist für mich hier die Bedeutung der dritten Seligpreisung. Sind die „Demütigen" oder „Freundlichen" gemeint (das legt die sonstige Verwendung des Begriffs in Mt nahe) oder die „Niedrigen", die „Machtlosen", worauf der Hintergrund in Ps 37 und die paradoxe Verheißung, daß sie die Erde besitzen werden, hindeuten.

daß es nicht um das Streben nach einer gottgefälligen Verhaltensweise geht, sondern um das Hungern und Dürsten nach dem, was den Mangel des Lebens wirklich ausfüllt, die Gabe der heilvollen Gegenwart Gottes in seiner Gerechtigkeit.[250] Daß die Gabe der Gerechtigkeit auch das Leben derer bestimmt, die sich dem Kommen des Reiches öffnen, macht dann die zweite Gruppe deutlich. Gerade die letzte dieser acht matthäischen Seligpreisungen, die mit ihrer Verheißung „ihnen gehört das Himmelreich" noch einmal auf die erste zurückweist, zeigt das Ineinander von Gottes Gabe und ihrer Verpflichtung im Begriff Gerechtigkeit. Denn die Gerechtigkeit, um derentwillen die Jünger verfolgt werden, umfaßt ja notwendigerweise beides: Gottes Heilswillen und Recht, dem sie in ihrem Leben Raum geben und für das sie öffentlich eintreten, und das eigene Verhalten, das sich von Gottes Gerechtigkeit bestimmen läßt.

Dieses Ineinander von Gottes Wirken und der Offenheit, mit der Menschen dem Wirken Gottes in ihrem Leben Raum geben, zeigt sich auch in 6,33, einer ersten Zusammenfassung der Botschaft der Bergpredigt. „Trachtet zuerst nach dem Reich und seiner [Gottes] Gerechtigkeit, dann wird euch alles andere hinzugefügt werden." Gegen die tägliche Sorge um Nahrung und Kleidung stellt Jesus als erstes und entscheidendes Ziel, sein Leben ganz auf Gottes Reich und auf seine Gerechtigkeit auszurichten. Die alttestamentliche Parallele von Herrschaft Gottes und Offenbarung seiner Gerechtigkeit klingt wieder an. Auch hier geht es um den Heilswillen Gottes, der das Leben der einzelnen so berührt, daß sie der ängstlichen Sorge um die Dinge des täglichen Bedarfs entnommen sind. Das Reich und Gottes Gerechtigkeit „zu suchen", es zum Zielpunkt des eigenen Lebens zu machen, meint aber zugleich sie zur lebensbestimmenden Kraft und Norm für das eigene Leben werden zu lassen. Es heißt, „ darauf hinstreben, daß Gottes Gerechtigkeit an einem handelt. Noch deutlicher

250 Die atl. Beispiele von U. Luz, Mt I, 210, für das „Hungern und Dürsten" widerlegen seine eigene Auffassung, daß es um das Streben nach dem richtigen Verhalten vor Gott gehe. Vgl. M.J. Fiedler, Begriff, 115–118.

gesagt: danach streben, daß Gott einem seine Gerechtigkeit übereignet",[251] und somit die Gerechtigkeit zum entscheidenden Faktor wird, der auch das eigene Verhalten prägt.

Das ist die Basis, von der dann auch die andere Seite der matthäischen Heilsverkündigung zu verstehen ist. Gottes Heilshandeln ist zutiefst verpflichtend. Darum muß die Gerechtigkeit der Jünger die der Schriftgelehrten und Pharisäer weit übersteigen, wenn sie wirklich ins Himmelreich kommen wollen. Das ist eine nicht ungefährliche Ausdrucksweise, wenn hier von „eurer Gerechtigkeit" gesprochen wird, als könne sie die eigene sein, und das Moment des Vergleichens eingebaut wird, das Jesus in Lk 18,9–14 so kritisch beleuchtet. Aber angesichts der Radikalität, mit der dies in den folgenden Antithesen entfaltet wird, muß jedes etwaige Rühmen einer „eigenen" Gerechtigkeit oder der Versuch des Schielens auf das Gelingen oder Mißlingen anderer schon im Ansatz unterbleiben. Hier werden nicht „Zusatzbedingungen" für den Einlaß ins Reich Gottes aufgestellt, sondern es wird die Lebensaufgabe beschrieben, Gottes Willen zu erfüllen und seine Barmherzigkeit und Liebe für andere zu leben. Die ungeteilte Hingabe ist Testfall für die Zugehörigkeit zu Gott. Das ist der Sinn des matthäischen Rufes zur Vollkommenheit, sei es in Mt 5,48 im Blick auf die ganzheitliche Barmherzigkeit Gottes, oder in 19, 21, wo es darum geht, einen Menschen aus dem Verfallensein an den Besitz zu befreien.

Das ist auch die Grundlage der offensichtlich stark antienthusiastisch geprägten Aussage in 7,21: „Es werden nicht alle, die zu mir sagen ‚Herr, Herr', in das Himmelreich kommen, sondern diejenigen, die den Willen meines Vaters tun, der im Himmel ist." Wer den Willen Gottes tut, zeigt, zu wem er gehört und was sein Leben trägt und bestimmt. Das macht auch der vorausgehende Vergleich mit einem Baum, den man an seinen Früchten erkennt, deutlich. Die Frage nach den „guten Werken" ist nicht die Frage nach dem, was wir aus

251 Fiedler, Gerechtigkeit, 69f; vgl. auch TestDan 6,10: „der Gerechtigkeit anhängen".

eigener Kraft hervorgebracht haben, sondern die Frage nach dem, was Wesen und Qualifikation unseres Lebens ausmacht. Ein solcher ganz vom Indikativ der Zusage Jesu getragener Imperativ findet sich auch in 5,13–16. „Ihr seid das Salz der Erde. Ihr seid das Licht der Welt“, das wird den Jüngern gerade auf dem Hintergrund der Seligpreisungen zugesprochen. Dennoch gibt es die ernste Frage, was geschehen wird, wenn das Salz „dumm“ würde (eigentlich eine unmögliche Möglichkeit!). Die „guten Werke“ der Jünger aber sind nichts anderes als die selbstverständliche Ausstrahlung und Aus-Wirkung des Lichtcharakters ihrer Jüngerexistenz. Daß die „guten Werke“ gesehen werden, stellt nicht die Jünger ins rechte Licht, sondern Gottes Werk, das die Menschen loben und preisen werden.

Auch dort, wo Matthäus die selig preist, die sich mühen, ihr Leben nach Gottes Willen zu gestalten, ist dies für ihn „voller und reiner Gnadenzuspruch“. „Der aktiv sich mühende, von Gott getragene Christ ... ist gerade nicht der, der aus eigenen Werken gerecht sein will.“[252]

Das zeigt auch mit großer Deutlichkeit der Abschnitt, den man in mehrfacher Hinsicht als Mitte des Matthäusevangeliums bezeichnen könnte: Mt 11,25–30. Die Offenbarung für die Einfältigen – das entspricht der Seligpreisung der Armen, der Einladung der Kinder ins Reich Gottes und auch der Erwählung der Törichten und Machtlosen, von der Paulus in 1. Kor 1,26ff spricht. Und dem entspricht auch die Einladung an alle, die unter der Last ihres Lebens zusammenzubrechen drohen. Die „Ruhe“, die ihnen verheißen wird und in der ihr Leben geborgen und gut aufgehoben ist, ist keine Entlastung, die ihrem Leben das Gewicht nehmen würde; es ist die Einladung zu einem Auftrag und zu einer Aufgabe, die nicht überfordert, sondern das Leben gerade in die Verantwortung hineinnimmt, für die es geschaffen ist. Die christologische Mitte dieses Textes macht zugleich deutlich, daß es hier nicht nur um die „bessere Lebenskunst“ geht, die durch Jesus vermittelt wird, sondern daß seine Person und die Offenbarung

252 U. Luz, Mt I, 218.

Gottes durch ihn (vgl. V.27!) im Zentrum des Evangeliums stehen. Auch für Matthäus ist die Frage „Wer ist Gott?“ und die Antwort: „In Jesus ist Gott mit uns“ die Kernaussage des Evangeliums (vgl. 1,23; 28,20).

Dieser Entwurf ist mit paulinischen Kategorien schwer zu greifen und zu beurteilen. Zweifellos hätte Matthäus für eine „Rechtfertigung allein aus Glauben“ oder gar eine „Rechtfertigung des Gottlosen“ wenig Verständnis gehabt.[253] Aber die matthäische Lösung wäre auch nicht durch Formeln wie „Glaube und Werke“ oder gar „Werke allein“ richtig getroffen. Matthäus sieht in Jesu Weg und Lehre Gottes Heilshandeln, das den Menschen ergreift, der dafür keinerlei Voraussetzungen hat und braucht, das ihn aber zugleich völlig in den Dienst stellt und sein Leben neu gestaltet. Es geht nicht um ein „Mitwirken“ am eigenen Heil, das zu dem, was Gott tut, noch etwas Zusätzliches hinzufügen müßte; wohl aber geht es darum, daß ein Mensch mit allem, was er ist und kann, hineingenommen wird in das Wirken Gottes für das Heil aller.

Dies führt zu einer paradoxen These im Blick auf die Beziehung von Rechtfertigungsbotschaft und Evangelium „nach Matthäus“: Wer das Matthäusevangelium direkt von der Rechtfertigungslehre her interpretieren will, wird es gründlich mißverstehen, wie die Beispiele aus der reformatorischen Auslegungsgeschichte zeigen, die U. Luz gesammelt hat; wer das Matthäusevangelium ohne die Rechtfertigungslehre verstehen möchte, setzt es der Gefahr aus, *nova lex* zu werden.

Johannes

Während das Matthäusevangelium äußerst praktisch ausgerichtet ist und man fast befürchten möchte, die „Werke“ seien nun doch wieder für das Heil eines Menschen entscheidend, scheint sich das Johannesevangelium eher in die entgegengesetzte Richtung zu bewegen. Vieles, was es berich-

---

253 Vgl. dazu G. Bornkamm, Der Auferstandene, 310

tet, erscheint merkwürdig unwirklich und das Leben ganz auf das Verhältnis Gott – Mensch reduziert.[254]

Inbegriff des Heils, von dem Joh spricht, ist das ewige Leben. Der zentrale Satz seiner Heilsbotschaft lautet: „So sehr hat Gott die Welt geliebt, daß er seinen einzig geborenen Sohn gab, damit alle, die an ihn glauben, nicht verloren werden, sondern ewiges Leben haben" (3,16). Als Begründung wird angefügt: „Denn Gott hat den Sohn nicht in die Welt gesandt, um die Welt zu richten, sondern damit die Welt durch ihn gerettet werde" (V. 17). Der Horizont des Gerichts ist nicht aufgegeben, auch wenn betont wird, daß der Sohn nicht die Aufgabe des Richters hat. Das Gericht vollzieht sich schon jetzt in der Annahme oder Ablehnung des Sohnes: „Wer an ihn glaubt, wird nicht verurteilt. Wer aber nicht glaubt, ist schon verurteilt, weil er nicht an den Namen des einzig geborenen Sohnes Gottes glaubt" (V. 18). Und auch diese Behauptung wird noch einmal begründet: „Denn das ist das Gericht, daß das Licht in die Welt gekommen ist und die Menschen die Finsternis mehr geliebt haben als das Licht" (V. 19). Die positive Entsprechung nennt ein Satz Jesu in Joh 5,24: „Wahrlich, wahrlich, ich sage euch: Wer mein Wort hört und dem glaubt, der mich gesandt hat, hat ewiges Leben und kommt nicht ins Gericht, sondern ist vom Tod zum Leben hinübergeschritten."

Wo Paulus von Rechtfertigung spricht, die zur endgültigen Errettung und zum ewigen Leben führt, verkündigt Johannes (ähnlich dem Eph) die Rettung durch den Glauben an Christus, die unmittelbar in die Gegenwart Gottes und die Gemeinschaft mit ihm hineinstellt und damit ewiges Leben schenkt.

Die Offenbarung der rettenden Gegenwart Gottes wird im Joh nicht als Offenbarung seiner Gerechtigkeit, sondern als Aufscheinen der Herrlichkeit Gottes im Wirken Jesu und als Begegnung mit der Wahrheit Gottes in seiner Person beschrieben.

---

254 Vgl. zum Folgenden W. Klaiber, Die Aufgabe einer theologischen Interpretation des 4. Evangeliums.

Zentral ist die Aussage im Prolog des Evangeliums: „Das Wort wurde Fleisch und wohnte unter uns, und wir sahen seine Herrlichkeit“ (1,14a), die im Evangelium in 2,11 und 11,40 ausdrücklich aufgenommen wird. Was im Joh „Herrlichkeit“ bedeutet, ist nur auf dem Hintergrund des griechischen Alten Testaments zu verstehen.[255] Unabhängig von sonstigem griechischem Sprachgebrauch bezeichnet *doxa* (Herrlichkeit) wie sein hebräisches Äquivalent *kabôd* die machtvolle und heilige Gegenwart Gottes bei seinem Volk oder in seinem Tempel. Sie ist im Wirken des „einzig geborenen Sohnes“ erschienen (vgl. die Gleichstellung von Herrlichkeit Jesu und Herrlichkeit Gottes in 2,11 und 11,40). So bestimmt schon das vorjohanneische Logoslied die Herrlichkeit des Gottessohnes als eine Herrlichkeit voller „Gnade und Wahrheit“ und nimmt damit das alttestamentliche Gottesprädikat *ḥæsæd wæ'ᵆmæt* auf, das Gott in seiner ewigen Güte und Huld und unverbrüchlich währenden Wahrheit kennzeichnet (vgl. Ex 34,6f).[256] Joh 2,11 und 11,40 beziehen das „Sehen der Herrlichkeit“ zunächst auf die Wunder Jesu.[257] Aber es ist nicht darauf beschränkt. So wie die Zeichen nur ein Teil des Werkes Jesu sind, so geschieht auch die Verherrlichung Gottes durch ihn in einem viel umfassenderen Sinn als nur im Aufscheinen der Herrlichkeit Gottes in den Wundern. Sie geschieht in der unverbrüchlichen Treue des Sohnes zu seinem Auftrag (vgl. 17,4) und darin, daß er nicht seine eigene Ehre *(doxa)* sucht (5,44; 8,54), sondern den Willen dessen tut, der ihn gesandt hat, und in Gottes Namen und nicht im eigenen Namen kommt. So wird sein Reden und Tun durchsichtig für das Wirken Gottes. In seiner völligen Abhängigkeit vom Vater vergegenwärtigt er Gottes Zuwendung zur Welt.

Das 4. Evangelium formuliert hier im Blick auf das Leben des irdischen Jesus den gleichen Sachverhalt, den Paulus aus

---

255 Der Zusammenhang mit den Wundern Jesu hat immer wieder dazu geführt, daß die Offenbarung der Herrlichkeit Jesu in Verbindung mit hellenistischen Epiphanievorstellungen zu bringen (so wieder U.B. Müller, Geschichte der Christologie, 36ff). Das ist aber nicht haltbar.

256 Vgl. H. Gese, Der Johannesprolog, 186f.

257 Vgl. im AT Ex 14,4.17f und 15 (passim).

nachösterlicher Perspektive in 2. Kor 4,6 beschreibt: „Gott, der sprach: Aus Finsternis soll Licht hervorleuchten!, er ist in unseren Herzen aufgeleuchtet, damit wir erleuchtet werden zur Erkenntnis der göttlichen Herrlichkeit auf dem Antlitz Jesu Christi".[258] Daß Menschen in Jesus Christus der Herrlichkeit Gottes begegnen, ist für Paulus in der Offenbarung der *Gerechtigkeit* Gottes begründet, der heilschaffenden Treue Gottes, die Geist und Leben schafft (vgl. 2. Kor 3,4ff).[259] Bei Johannes wird das Aufscheinen der Herrlichkeit Gottes im Leben und Sterben Jesu als Offenbarwerden der göttlichen *„Wahrheit"*, der *alētheia,* beschrieben. Ihr alttestamentliches Äquivalent 'ᵆmæt, das Parallelbegriff von ṣᵉdaqa (Gerechtigkeit) sein kann (vgl. Jes 48,1; 59,14 u.ö.), kennzeichnet die Verläßlichkeit und Treue des Gottes Israels.[260] Wo sich dieses alttestamentliche Verständnis, das im Judentum – insbesondere in den Qumranschriften – weitergeführt wurde, und die griechisch-hellenistische Geschichte des Begriffs Wahrheit begegnen, knüpft das 4. Evangelium an.[261]

Johanneisch ist *„Wahrheit"* die sich den Menschen in der Person Jesu erschließende *Wirklichkeit Gottes*, die sie aus der Lebenslüge, durch die sie sich in die Sünde verstrickt haben, befreit und in die lebendige Verbindung mit Gott stellt (8,30ff; vgl. 3,21; 18,37). Weil sich die Wahrheit in der „Wesens- und Liebeseinheit" von Vater und Sohn[262], die sich in seinem Wirken und seinem Weg zum Kreuz bewährt, als Gottes den Menschen rettend zugewandte Liebe ereignet und offenbart, ist Jesus nicht nur Zeuge für die Wahrheit, sondern selbst „der Weg, die Wahrheit und das Leben" (14,6). Die innere Nähe zur paulinischen Aussage, daß der „für uns ... zur Gerechtigkeit gemacht wurde", in dessen Tod am Kreuz sich Gottes Gerechtigkeit erwies und offenbarte (1. Kor 1,30; Röm 3,21ff), ist nicht zu übersehen.

---

258 Zu den Berührungen mit 2. Kor 3,1–4,6 vgl. M. Hooker, The Johannine Prologue 56f; weiter Müller, Christologie 40.

259 Zum traditionsgeschichtlichen Zusammenhang von *doxa* und *dikaiosynē* vgl. P. Stuhlmacher, Gerechtigkeit Gottes, 196f.

260 Vgl. H. Wildberger, Art. 'mn, THAT I, 204–208.

261 L. Goppelt, Wahrheit als Befreiung, 83.

262 Y. Ibuki, Die Wahrheit im Johannesevangelium, 356f.

Zu den eigenartigsten Aussagen des Johannesevangeliums gehört die, daß Jesus durch seinen Tod am Kreuz verherrlicht wird. Ein Blick auf den Sprachgebrauch Deuterojesajas in der Septuaginta mag helfen, das zu verstehen. Nicht nur 52,13 sondern auch 49, 3.5 wird das Ja Gottes zu seinem Knecht als „Verherrlichen" bezeichnet, in gleicher Weise die Wiederaufnahme Israels in 45,25; dort steht das Verherrlichtwerden parallel zum Gerechtfertigtwerden![263] Auf dem Hintergrund dieses Sprachgebrauchs ist Jesu Verherrlichung seine Rechtfertigung, analog zu der Formulierung in dem Christuslied in 1. Tim 3,16. Dort ist offensichtlich an die Auferstehung Jesu gedacht, während sich Johannes auf die Erhöhung des Menschensohnes am Kreuz bezieht. Daraus spricht die Überzeugung, daß dort, wo im Sohn Gott selbst in den Tod geht, der Tod nicht mehr Tod bleiben kann, sondern zum Tor ins ewige Leben und zum Weg in die unverstellte Wirklichkeit Gottes, seine Herrlichkeit, wird.

Damit ist die Tür zum ewigen Leben für alle geöffnet. Der Weg in die Gemeinschaft mit dem Vater und damit zum Leben besteht darin, zu Jesus zu kommen und an ihn zu glauben. Wer glaubt, hat das ewige Leben. Die Grundbedeutung von „Glauben" im 4. Evangelium ist, die göttliche Gegenwart in Jesus zu akzeptieren, d.h. ihn als Messias und Gottes Sohn anzunehmen (3,18; 4,39; 6,69; 11,27; 20,30f).[264] Solcher Glaube kann an seinen Zeichen oder an seinem wunderbaren Wissen entstehen (vgl. 1,50; 2,11.23; 4,53 u.ö.). Er führt aber nur zum Ziel, wenn aus ihm radikale Konsequenzen für die eigene Existenz gezogen werden. Dies wird in Kap. 3 an Nikodemus und in 8,30ff an den zum Glauben gekommenen Juden demonstriert. Wer all das, was sein Leben bestimmt hat, drangibt und sein Leben durch Gottes freies, nicht festlegbares wunderbares Handeln neu gestalten läßt (3,3–8), wer sich an den hält, den Gott vom Himmel her gesandt hat, und wer sich vertrauensvoll unter das Zeichen des erhöhten Menschsohn stellt und in ihm Gottes Liebe erkennt, der hat das ewige Leben und ist hineingenommen in

---

263 Weitere Beispiele bei Stuhlmacher, Gottes Gerechtigkeit, 196.
264 Vgl. G. Barth, Art. *pistis*, EWNT III, 226f.

die rettende und bergende Gemeinschaft mit Gott. Wer in der Begegnung mit der Wahrheit Gottes die Wirklichkeit seines eigenen Lebens erkennt und das Insistieren auf religiöse Absicherung und die Suche nach eigener Ehre als gottfeindliche Selbstmächtigkeit, d.h. Sünde entlarvt sieht, der kann wirklich frei werden (8,30ff).

Dabei geht es um mehr, als sich selbst neu von Gott her zu verstehen. Gott schafft neues Leben in einer dem Tod verfallenen Welt. „Die Stunde kommt, und sie ist schon da, in der die Toten die Stimme des Sohnes Gottes hören werden; und alle, die sie hören, werden leben“ (5,25). Es sind die Toten, die leben sollen, die Blinden, die sehend werden (während die Sehenden blind werden) (9,39). Das ist die johanneische „Rechtfertigungsbotschaft“. Fehlen im Evangelium auch die Begriffe einer ausformulierten Rechtfertigungslehre, so finden sich doch Grundelemente des durch sie beschriebenen Heilsgeschehens auch bei Johannes: Der totalen Verlorenheit derer, die trotz hoher religiöser Ansprüche Gott fern und feind geworden sind, tritt in Jesus die Gegenwart rettender göttlicher Liebe gegenüber. Wer sein Wort hört und sich dem Anspruch und Zuspruch göttlicher Wahrheit in ihm öffnet, wer „Scheinsicherheit und Lebenslüge“ preisgibt[265] und sich so wie jene samaritanische Frau zum Glauben führen läßt (Kap 4), der ist gerettet, das heißt eingefügt in jene Gemeinschaft mit Gott, die sich ihm aus der Einheit des Sohnes mit dem Vater als neuer Lebensraum auftut (15,9). So werden Verlorene gerettet und dem Gericht entrissen (3,16f), Sklaven der Sünde werden frei (8,32.36); wer im Teufelskreis fleischlicher Existenz gefangen ist, erfährt durch das schöpferische Wirken des Geistes das Wunder der Wiedergeburt (3,3ff), und solche, die dem Tod verfallen sind, empfangen ewiges Leben (5,24f).

Wenn der johanneische Christus sagt: „Größere Liebe hat niemand, als daß er sein Leben für seine Freunde hingibt“ (Joh 15,13), scheint dies freilich in scharfem Widerspruch zu der paulinischen Aussage zu stehen, daß Gott seine Liebe zu uns darin erwiesen hat, daß Christus für uns starb, „als wir

265 Bultmann, Theologie des NT, 428

noch Feinde waren“ (Röm 5,8–10). Zeigt sich hier nicht die Tendenz der johanneischen Gemeinde, zur in sich geschlossenen, alle anderen abweisenden Glaubensgemeinschaft zu werden? Aber es heißt nicht: Christus starb (nur) für die, die seine Freunde sind. Denn auch Johannes weiß darum, daß die Jünger nicht immer Freunde waren, sondern bisher Sklaven (15,15). Aber er formuliert in seinen Aussagen vom Ergebnis her, von dem, was Gottes Liebe bewirkt hat. Und darum muß, wie in jeder konsequenten Gnadentheologie, der Weg der Geretteten prädestinatianisch formuliert werden: „Nicht ihr habt mich erwählt, sondern ich habe euch erwählt ...“ (15,16). Feinde sind zu Freunden geworden, und im Rückblick Jesu können die Glaubenden nicht die sein, die zu ihm gekommen sind, sondern nur die, die ihm der Vater gegeben hat!

Umgekehrt bleibt die Entscheidung derer, die nicht glauben, in all ihren Konsequenzen als ihre eigene stehen. Sie wird nicht bestraft, sondern in allem Ernst bei dem behaftet, was sie ist: Ein Nein gegen Gott, ein Nein zum Leben, das Ja zur Finsternis. Ein Gericht ist nicht mehr nötig. Zugleich aber ist das ganze Evangelium eine einzige Einladung, zu glauben, daß „Jesus der Messias, der Sohn Gottes, ist“ und daß diejenigen, die glauben, in seinem Namen Leben haben (20,31).

7. Die Mitte der Schrift

Daß die paulinische Rechtfertigungslehre einen theologischen Höhepunkt innerhalb der biblischen Botschaft darstellt, dürfte unbestritten sein. Offen ist bis heute ihre Funktion innerhalb der ganzen biblischen Theologie. Ist sie eine von vielen Ausprägungen der urchristlichen Botschaft – vielleicht eine der bedeutendsten, möglicherweise aber auch eine der einseitigsten und situationsgebundensten? Oder ist sie die sachliche Mitte der Schrift, eine Art Kanon im Kanon und damit das entscheidende Kriterium für die Auslegung der biblischen Botschaft als Ganzes?[266]

---

266 Vgl. E. Käsemann, NT als Kanon; W. Schrage, Frage nach der Mitte;

Wie wir sahen, ist diese Frage auch für die paulinische Theologie selbst umstritten. Seit William Wrede und Albert Schweitzer wird immer wieder betont, daß die „Christusfrömmigkeit" des Paulus bzw. seine Auslegung des Christusgeschehens die Mitte der paulinischen Theologie sei, während die Rechtfertigungslehre eine „antijudaistische Kampfeslehre", einen „Nebenkrater" der paulinischen Erlösungslehre oder eine situationsgebundene, auf eine bestimmte heilsgeschichtliche Problemstellung bezogene Weiterentwicklung seiner Theologie darstelle.[267] Nicht immer ist mit dieser Feststellung eine kritische Haltung gegenüber der Rechtfertigungslehre verbunden; manchesmal steht dahinter nur das Bemühen, die verschiedenen Stränge der paulinischen Theologie einander historisch und systematisch adäquat zuzuordnen.[268]

Bevor wir das Thema weiter verfolgen, müssen wir zunächst klären, was wir mit „Mitte der Schrift" und vergleichbaren Bezeichnungen meinen. Die „Mitte" eines literarischen Werkes oder einer Sammlung von religiösen Dokumenten läßt sich ja nicht wie das arithmetische oder geometrische Mittel einer Zahlenreihe methodisch eindeutig feststellen. Ist die „Mitte" der Schrift das Thema, von dem sich alle anderen Themen in ihr als Variationen, Interpretamente oder gegebenenfalls auch als „Kontrapunkte" ableiten lassen? Oder wird damit der Maßstab beschrieben, an dem sich die Theologie der einzelnen biblischen Schriften auf ihre Sachgemäßheit messen lassen muß?

Es ist hier nicht der Ort, diese Frage im Detail durchzuarbeiten. Für uns ist nur wichtig, ob eine dieser Positionen sachgemäßer Ausdruck für die Bedeutung der Rechtfertigungslehre sein kann. Dabei dürfte klar sein, daß die Rechtfertigungslehre nicht beanspruchen kann, in einem historisch deskriptiven Sinn thematische Mitte der Schrift zu sein. Eine

---

J. Reumann, Righteousness, 181 ff; T. Söding, Kriterium der Wahrheit?.

267 S.o. S. 85.

268 So etwa die Vorordnung der Christologie vor die Rechtfertigungslehre bei W. Pannenberg, Systematische Theologie III, 240; W. Haubeck, Rechtfertigung und Sühne, 103; T. Söding, aaO. 241–246.

solche Behauptung würde der Vielfalt theologischer Themen und Ansätze innerhalb der biblischen Botschaft nicht gerecht. Wenn wir aber mit dem Begriff „Mitte der Schrift" die „leitende Perspektive" meinen,[269] die uns helfen soll, Gottes Offenbarung von ihrem Zentrum her zu verstehen, dann gibt es sehr gute Gründe dafür, die Rechtfertigungslehre als diese Mitte zu bezeichnen. So betrachtet ist die Rechtfertigungslehre nicht eine thematische Variation der biblischen Heilsverkündigung unter anderen, sondern das „hermeneutische Prinzip", die entscheidende Verstehenshilfe für die biblische Botschaft als ganze.[270]

Im Grunde ist schon durch diese Definition begründet, daß die Frage nach einer solchen Perspektive nicht aus einer neutralen Beobachterposition beantwortet werden kann. Sie ergibt sich vielmehr aus dem immer wieder neu zu durchschreitenden Zirkel des Verstehens zwischen der durch die Rechtfertigungsbotschaft gewonnenen Einsicht in das Wesen der Offenbarung Gottes und der Offenheit für die ganz unterschiedlichen Ausformungen dieser Offenbarung im Zeugnis der biblischen Schriften.

Damit sollte auch eine unserer Ausgangsfragen geklärt sein. Wenn wir unter der „Mitte der Schrift" die leitende Perspektive für deren Auslegung verstehen, kann es nicht zu einer Alternative „Christusgeschehen" oder „Rechtfertigungslehre" kommen.[271] Ohne Zweifel steht Gottes Heilshandeln in Christus in der Mitte der neutestamentlichen Botschaft. Aber zugleich ist die paulinische Rechtfertigungsbotschaft in ihrem inneren Zusammenhang mit der Kreuzestheologie die authentischste und eindeutigste Auslegung des Evangeliums von Gottes Handeln in Jesus Christus, die diese Mitte immer wieder neu als Mitte bestimmt.

Die Gestalt, Geschichte und Botschaft Jesu Christi kann ja sehr unterschiedlich verkündigt und ausgelegt werden. Jesus kann als neuer Mose und Gesetzgeber gesehen werden. Jesus kann auch als gnostischer Erlöser verstanden werden. Ob

269 So nach W. Härle, Dogmatik, 135–138.
270 G. Gloege, Rechtfertigungslehre als hermeneutische Kategorie.
271 Vgl. E. Käsemann, NT als Kanon, 405.

eine der neutestamentlichen Schriften eine solche Auffassung vertritt, ist umstritten. Zumindest waren das Matthäus- bzw. das Johannesevangelium in ihrer Wirkungsgeschichte für solche Auslegungen offen. Selbst die Verkündigung des Kreuzestodes Jesu kann unterschiedlich interpretiert werden. Zwischen einem Verständnis als beispielhaftes Martyrium eines leidenden Gerechten und der Deutung als kosmisches Erlösungsdrama liegen eine Fülle unterschiedlicher Interpretationsmöglichkeiten, die teilweise weit von dem entfernt sind, was Paulus als „Wort vom Kreuz" versteht.[272]

Demgegenüber hält die Rechtfertigungslehre in großer Eindeutigkeit fest, wie Gott sich in Jesus Christus der Menschheit offenbart und welche Konsequenzen das hat. Sie weist auf Gott, der in Jesus Christus sein verläßliches Ja zu seiner Schöpfung und zu uns Menschen bekräftigt und verbürgt hat. Sie zeigt zugleich den tiefsten Grund für unser menschliches Scheitern auf: die Entfremdung von Gott, die bewirkt, daß sowohl Erfolg als auch Versagen unseres selbstmächtigen Handelns uns unter die Herrschaft der lebensverneinenden Macht der Sünde führen. Sie macht deutlich, wie Gott in Tod und Auferweckung Jesu dieses Nein, das über unserem Leben steht, überwunden und damit die Möglichkeit und Wirklichkeit neuen Lebens in seiner Gemeinschaft eröffnet hat. Es ist Leben, das auch in der letzten Infragestellung unserer Existenz bestehen wird, weil es von Gott geschaffen und geschenkt ist. Es ist Leben, das wir leben, wenn wir uns im Vertrauen auf Christus in Gottes Ja zu uns hineinnehmen lassen. Es ist Leben, in dem Gottes Liebe und seine Gerechtigkeit unser Wollen und Handeln bestimmen, in dem uns Gottes heilige Gegenwart formt und uns zugleich in die Gemeinschaft mit anderen stellt, mit denen wir gemeinsam im Nehmen und Geben von Gottes Gnade leben. Die Rechtfertigungsbotschaft weist nicht zuletzt auf den Weg der Gerechtigkeit, auf dem wir Schritt für Schritt versuchen, Gottes Ja zu seinen Geschöpfen durch unser „Tun der Gerechtigkeit" nachzuvollziehen, durch ein Handeln, das Leben fördert und schützt, und auf dem wir zugleich kämpfend und leidend mit

272 Vgl. W. Schrage, Frage nach der Mitte, 439f.

dem Widerstand ringen, den andere Mächte dem entgegensetzen, bis Gott seine Gerechtigkeit und sein Reich endgültig aufrichten wird.

Diese Interpretation der Freiheitsbotschaft des Evangelium findet ihre tiefe Entsprechung in der Verkündigung Jesu von der hereinbrechenden Gottesherrschaft und dem befreienden Handeln, zu dem er sich durch sie bevollmächtigt wußte. In der Seligpreisung der Armen, im Zuspruch des Reiches Gottes an die Kinder und in der Annahme der Sünder hat Jesus die Rechtfertigung der Gottlosen gelebt. Dafür ist er mit der Hingabe seines Lebens „für die Vielen" eingetreten.

Von dieser leitenden Perspektive aus können wir dann auch eine Schrift wie das Matthäusevangelium auslegen und verstehen. Sie wird uns davor bewahren, das Ineinander von Indikativ und Imperativ, das für seine Botschaft kennzeichnend ist, als neues Gesetz zu verstehen. Sie macht deutlich, wie mit der Begegnung mit Jesu Lehre in Vollmacht auch die Ermächtigung zu einem Leben in der Kraft der Gerechtigkeit Gottes erfahren wird.

In dieser Perspektive wird auch die Begegnung mit Jesus als Offenbarer göttlicher Herrlichkeit und Wahrheit im Johannesevangelium zur Erfahrung der rettenden Gegenwart Gottes in der letzten existentiellen Verlorenheit der Menschen in einer (scheinbar) gottlosen Welt. Heil und Erlösung bedeuten aber nicht Heimholung der Gotteskinder, die sich in der Welt verloren haben; sie bedeuten Neugeburt der dem Tode Verfallenen und Befreiung der unter die Macht der Sünde Versklavten; sie führt nicht aus der Welt heraus, sondern befähigt zu einer von ihren Machtstrukturen unabhängigen missionarischen Existenz in ihr.

Und auch das kritische Anliegen des Jakobus läßt sich aus dieser Perspektive verstehen und aufnehmen, ohne daß damit sein theologischer Entwurf zur gleichwertigen Alternative werden könnte.

Eine solche Interpretation von der „Mitte der Schrift" her ist weit genug, um uns davor zu bewahren, die einzelnen biblischen Schriften in eine Zwangsjacke zu stecken oder gar zu zensieren. Sie „zentriert" ihre Botschaft von der Mitte her, läßt sie aber auch zugleich ihr eigenes Wort sagen und stellt damit ihrerseits die Rechtfertigungsbotschaft in einen weiteren Horizont. So wichtig für ein konsistentes und deutliches Bild vom Evangelium Jesu Christi die zentrale Perspektive ist, das Bild als ganzes ist reicher und vielfältiger als diese eine, zentrale Linie.

Dies gilt insbesondere auch für die Beziehung zum Alten Testament. Für das christliche Verständnis dieses Teils der Schrift ist beides gleich wichtig: Die klare Linie zu sehen, die seine Botschaft mit dem Zeugnis von Gottes Offenbarung in Jesus Christus verbindet, und die Offenheit zu haben, die Zeugen des Alten Testaments ihr eigenes Wort sagen zu lassen. Es gibt wenige neutestamentliche Themen, bei denen der Anspruch, daß ihre Botschaft schon durch Gesetz und Propheten bezeugt sei, so wohl begründet ist, wie für die Rechtfertigungslehre.[273] Hier ist eine Dimension der Begegnung zwischen Gott und Mensch angesprochen, die für die gesamte biblische Offenbarung grundlegend und typisch ist.

Daraus ergibt sich ein wechselseitiges Interpretationsgefälle. Die neutestamentliche Rechtfertigungslehre ist ohne ihre alttestamentliche Basis nur schwer verständlich. Erst auf diesem Hintergrund wird deutlich, wie umfassend die juristisch klingende Terminologie die soziale Dimension menschlicher Existenz als ganze anspricht und wie sehr „Rechtfertigung" Schuldverarbeitung, Vergangenheitsbewältigung und für die Zukunft offene Integration in die Gemeinschaft umschließt. Nur vom Alten Testament her ist verständlich, daß Gottes Gerechtigkeit ebenso für die verläßliche Ordnung der Schöpfung bürgt, wie sie das lebensdienliche Miteinander in der menschlichen Gemeinschaft begründet und erwartet. Es ist bezeichnend, daß gerade dort im Alten Testament der universale Aspekt von Gottes Anspruch auf diese Welt und der Zuspruch seines gnädigen Rechts für alle Menschen zu Ausdruck kommt, wo Gottes Gerechtigkeit als Grund für Gottes Heilshandeln an Israel geltend gemacht wird.[274] Und wenn auch nur schmal bezeugt, so hat auch die christologische Di-

---

273 Vgl. F. Crüsemann, Jahwes Gerechtigkeit, 450; Söding, aaO. 232ff.
274 Vgl. oben S. 26ff zu Deuterojesaja.

mension der Rechtfertigungslehre ihre Wurzel im Alten Testament, und zwar sowohl die Identifikation des messianischen Königs als des Repräsentanten der Gerechtigkeit als auch die Verbindung des stellvertretenden Leidens des Gottesknechtes mit der Rechtfertigung der Sünder. Erst aufgrund dieser Verbindung von Rechtfertigung und Sühne als „Zu-Gott-Kommen durch das Todesgericht hindurch“[275] wird die Rechtfertigung des Gottlosen, des dem Tode verfallenen Frevlers, im Neuen Testament auch begrifflich aussagbar.

Wird so die neutestamentliche Rechtfertigungsbotschaft von ihren alttestamentlichen Voraussetzungen her verständlich, so wird umgekehrt für die christliche Auslegung des Alten Testaments die Rechtfertigungslehre zur leitenden Perspektive, die dessen für verschiedene Deutungsmöglichkeiten offene Botschaft auf ihre Mitte hin ausgerichtet. Die Selbstoffenbarung Gottes: „Ich bin JAHWE, euer Gott“, erscheint im Licht der Offenbarung seiner schöpferischen und rettenden Gerechtigkeit. Die Schöpfungsgeschichte ist Ausdruck von Gottes Ja zur Welt und zu den Menschen; sie stellt die Menschen in eine besondere Gemeinschaft mit Gott, mit der Bestimmung, sein „Ebenbild“ zu sein, verantwortliches Gegenüber und „Statthalter“ in der Schöpfung. In dieser Bestimmung zeigt sich, „daß Schöpfung und Heil dasselbe *Gesicht* haben“.[276] Zugleich zeigt die Urgeschichte das Ringen Gottes mit dem Nein der Menschen zu seinem Ja, mit der Infragestellung und Verleugnung der Gottesgemeinschaft. Bestand hat menschliches Leben deshalb von Anfang an nur dadurch, daß Gott immer wieder durch das Todesgericht hindurch rettet, was sich in sehr unterschiedlicher Weise an Kain (Gen 4,14f) und Noah und seiner Familie zeigt (Gen 6,5–8,22).

Die Geschichte Abrahams und seiner Nachkommen ist Modell für die voraussetzungslose Berufung durch Gott, die in sich den Keim zur universalen Wirkung trägt (12,3); sie ist eine Geschichte des Gehorsams und des Versagens und gerade darin immer Glaubensgeschichte. Heilvolle Gemeinschaft

275 H. Gese, Die Sühne, 104.
276 H. Seebaß, Genesis I, 95.

mit Gott wird erfahren, wo man sich seinem Zuspruch ganz anvertraut. Insofern ist Gen 15,6 die authentische Zusammenfassung der Abrahamsgeschichte.

So ist auch die Grunderfahrung Israels, die Herausführung des Volkes aus Ägypten im tiefsten Sinne „Rechtfertigungserfahrung“. Zwar wird die Versklavung Israels in Ägypten nicht als Folge der Schuld des Volkes beschrieben. Aber sie ist ein Zustand tiefer Entfremdung von Gott und der eigenen Bestimmung, und die Herausführung aus Ägypten ist daher Befreiung für Gott und zu sich selbst: „Ich bin der Herr, der euch heiligt, der euch aus Ägypten geführt hat, um euer Gott zu sein“ (Lev 22,32f), das ist die Auslegung, die das Heiligkeitsgesetz der grundlegenden Selbstvorstellung Gottes für Israel (Ex 20,2) gibt.[277] Daß Gott sein Volk im Akt der Befreiung „heiligt“, beschreibt in kultischer Terminologie das gleiche, was die Aussage, daß Gott „rechtfertigt“, mit einem juristischen bzw. sozialen Begriff benennt (vgl. 1. Kor 6,11; 1,2.30): Gott stellt Menschen in seine heilvolle Gemeinschaft, in dem er all das beseitigt, was dieser Gemeinschaft im Wege steht. Für das alttestamentliche Gottesvolk war dies an den grundlegenden Akt der Befreiung aus der Sklaverei Ägyptens gebunden, für das neutestamentliche Gottesvolk an Gottes Handeln in Kreuz und Auferweckung Jesu. Die alttestamentliche Befreiungsgeschichte schließt das Passahgeschehen ein, die „Verschonung“ des Volkes angesichts des Todesgerichtes, und den Durchzug durch die Fluten des Meeres. Das neutestamentliche Heilsgeschehen findet seinen tiefsten Ausdruck in der Aussage, daß Gott seinen einzigen Sohn nicht verschont hat, damit er für alle den Weg durch die Fluten des Todesgerichts gehen würde. Nannte man Gott im Alten Testament den, „der die Israeliten aus Ägypten geführt hat“, so ist sein „neuer Name“ der, „der Jesus von den Toten auferweckt hat“.[278]

Was aber bedeutet das für das Thema, das sich auf den ersten Blick am stärksten einer Interpretation der beiden Testamente aus der Perspektive der Rechtfertigungslehre zu wi-

---

277 Vgl. W. Zimmerli, „Heiligkeit“.
278 H. Seebaß, Innere Einheit, 139 (analog zu Jer 16,14f).

dersetzen scheint, nämlich das Thema des Gesetzes? Spricht nicht das Alte Testament immer wieder neu von der Freude an Gottes Gebot, das den Weg zum Leben zeigt, während Paulus davon überzeugt ist, daß die Lebensverheißung des Gesetzes in die Irre führt (Gal 3,10–12) und daß der „Buchstabe" tötet (2. Kor 3,7)?

Gerade die letzte Stelle zeigt, daß auch für Paulus sich Gesetz und Evangelium nicht als abgegrenzte Teile der Bibel gegenüberstehen. Als „Schrift" (d.h. als schriftlich überliefertes Reden Gottes) bezeugt das Gesetz gerade die Glaubensgerechtigkeit und wird durch die Liebe erfüllt. Pointiert sagt Gese: „Nicht Evangelium und Gesetz stehen im Gegensatz, sondern Evangelium und der Versuch des Menschen, selbst Gesetz zu werden."[279] Indem die Rechtfertigungslehre hilft, diese Unterscheidung zu treffen, „richtet sie das Gesetz erst auf" (Röm 3,31). Gerade hier bewährt sich die Rechtfertigungslehre als hermeneutisches Prinzip für die Auslegung der ganzen Schrift.

279 H. Gese, Gesetz, 84, vgl. Jüngel, Evangelium, 195 A. 186; E. Käsemann, Geist und Buchstabe, 271f.

IV. Alles ist Gnade – Weichenstellungen der Tradition

Die Rechtfertigungslehre hat eine sehr wechselvolle Wirkungsgeschichte gehabt. Ihren Verlauf in der nötigen Genauigkeit zu beschreiben, würde ein umfangreiches Werk erfordern.[1] Dennoch können wir sie nicht einfach übergehen und unmittelbar von den biblischen Aussagen aus nach der heutigen Bedeutung der Rechtfertigungsbotschaft fragen. Denn jedes aktuelle Verständnis von Rechtfertigung ist bewußt oder unbewußt von einem traditionellen Vorverständnis mitgeprägt. Nur wenn wir uns das bewußt machen, kann die Rückfrage nach den grundlegenden biblischen Aussagen zum kritischen Gegenüber werden. Darum müssen in diesem Abschnitt wenigstens einige Merkpunkte aus der Geschichte der Rechtfertigungslehre genannt werden. Von den Grundentscheidungen, die hier gefällt wurden, führen dann auch klare Linien in die aktuelle ökumenische Diskussion. Die unterschiedlichen Akzente der verschiedenen Traditionen ergeben den heutigen Klärungsbedarf.

1. Geschichtliche Neuakzentuierungen

Dabei ist zunächst festzustellen, daß die Rechtfertigungslehre über weite Strecken der Geschichte der christlichen Theologie hinweg kaum beachtet oder höchstens als Bestandteil der traditionellen Gnadenlehre mitgeführt wurde. Diese Entwicklung beginnt schon in den späteren Paulusbriefen, in denen die Rechtfertigungslehre zwar noch stichwortartig er-

---

1 Vgl. G. Müller, Die Rechtfertigungslehre; O.H. Pesch/A. Peters, Einführung; W. Dettloff/G. Sauter, Art. Rechtfertigung III–VI, TRE 28, 1997, 308–352.

wähnt, aber nicht mehr entfaltet wird, und endet in einem „beredten Schweigen" der frühen Kirche zu dem ganzen Thema.[2] Die Frage nach dem Heil konzentriert sich auf die Frage nach der Inkarnation. Erlösung „geschieht dadurch, daß der Logos Gottes selbst Mensch wird und in sich selbst das Bild des Menschen als das Bild Gottes vollgültig enthüllt und durch seinen Geist den Menschen ermöglicht, diesem Bild wieder gleichzukommen".[3] Schon Irenäus formulierte: „Dazu nämlich ist das Wort Gottes Mensch geworden und der Sohn Gottes zum Menschensohne, damit der Mensch das Wort in sich aufnehme und, an Kindesstatt angenommen, zum Sohn Gottes werde. Denn anders konnten wir nicht die Unvergänglichkeit und Unsterblichkeit empfangen, als in dem wir mit der Unvergänglichkeit und Unsterblichkeit vereint würden."[4] Athanasius hat diese Überzeugung auf die Kernformel gebracht: „Er wurde Mensch, auf daß wir vergöttlicht würden."[5] Damit wird der Begriff der „Vergöttlichung" bzw. „Vergottung" (*theōsis*) zum zentralen Thema der Heilslehre der östlichen Kirche. Er darf nicht mißverstanden werden, als maße sich der erlöste Mensch göttliche Stellung an: „ ‚Vergöttlichung' des Menschen heißt gerade, daß der Mensch erst ganz *Mensch* wird – weil er wieder ganz Bild Gottes wird."[6] Das aber geschieht durch die in der Inkarnation vermittelte „Teilhabe" an Gott in seinem Wesen und bedeutet vor allem Teilhabe an der Unsterblichkeit. Sie wird zum Inbegriff des Heils in der orthodoxen Tradition.

Darin liegt begründet, daß die Rechtfertigungslehre in der Orthodoxie nie ins Zentrum trat und ihr eher fremd blieb.[7] So heißt es in der Dogmatik von D. Staniloae in Abgrenzung gegen protestantisches und römisch-katholisches Heilsverständnis:

---

2 O.H. Pesch in Pesch/Peters, Einführung, 11.
3 O.H. Pesch, aaO. 12f.
4 Adv Haer III, 19,1 (nach BKV, Irenäus I, 1912, 293).
5 De incarnatione 54.
6 Pesch, aaO. 13; vgl. K.Ch. Felmy, Orthodoxe Theologie, 133–145.
7 Zur Auseinandersetzung mit dieser Frage vgl. Felmy, aaO. 134–140; E. Maurer, Rechtfertigung, 59–69, 106–118; A. Kallis, Art. Rechtfertigung II, theosis, ÖL 1983, 1005–1007.

„Das Heil ist also nicht als Rechtfertigung zu verstehen, die den Glaubenden in juristischer Weise zugesprochen wird, auch nicht als Gabe, die von der Kirche aus dem Schatz der geschaffenen, von Christus verdienten Gnade ausgeteilt wird, sondern es ist neues Leben, das unmittelbar aus dem geheiligten und auferstandenen Leib Christi in die Glieder seines mystischen Leibes, der die Kirche ist, überströmt und somit das Ergebnis der persönlichen Gemeinschaft der Glaubenden mit Christus darstellt. Es ist also nicht ein äußerer, juristischer und statischer Zustand, sondern eine neue Qualität der Menschen, die sich in ständiger Entfaltung befindet."[8]

Das bedeutet nicht, daß die paulinischen Rechtfertigungsaussagen für die orthodoxe Theologie keine Bedeutung haben. Aber sie werden unter einer eigenen Perspektive betrachtet. So charakterisiert Staniloae das orthodoxe Verständnis wie folgt: „Kurz: Christus wurde zu unserer Gerechtigkeit. Und zwar wurde er nicht zu einer nur äußeren, sondern zu unserer inneren Gerechtigkeit, da wir in ihm selber leben (1. Kor 1,30). Er verleiht uns die Kraft, gerecht zu sein und gerecht zu leben, entsprechend seinem Bild, in das wir gestaltet werden."[9] Rechtfertigungsbotschaft und an der Inkarnation orientierte Soteriologie verschmelzen hier miteinander.

Daß die Entwicklung in der abendländischen Kirche anders verlief, ist vor allem auf *Augustin* zurückzuführen. Durch ihn treten die Begriffe von Sünde und Gnade ins Zentrum christlicher Heilslehre. Dabei wird Gnade verstanden als das helfende Erbarmen Gottes, das den Menschen aus dem Teufelskreis der Begierde und der durch sie begründeten Macht der Sünde befreit. Nicht Teilhabe an der göttlichen Natur ist Inbegriff des Heils, sondern die Befreiung zur Gemeinschaft mit Gott. Heil bedeutet Heilung der Beziehung zu Gott und darum wird die Liebe zur zentralen Dimension christlichen Lebens. Diese Liebe aber ist einzig und allein Geschenk der Gnade Gottes, „denn die Liebe Gottes ist ausgegossen in unsere Herzen durch den Heiligen Geist, der uns gegeben ist" (Röm 5,5). Seit Augustin ist dieses Pauluswort

---

8 D. Staniloae, Orthodoxe Dogmatik II, 260.
9 AaO. 258.

eine der grundlegenden Aussagen katholischer Gnadenlehre.[10]

Augustins Gnadenlehre ist aber erst im Hochmittelalter von den großen scholastischen Theologen wieder aufgenommen und weiterentwickelt worden. Innerhalb dieser Gnadenlehre wird dann auch die Rechtfertigung des Gottlosen zu einem wichtigen Teilthema – nicht mehr, aber auch nicht weniger.[11] Trotz großer Unterschiede der einzelnen Schulrichtungen und Systeme lassen sich zwei Grundtendenzen feststellen: Die Menschen verdanken ihr Heil allein der freien und durch keine Anstrengung des Menschen zu verdienenende Gnade. Diese Gnade aber durchdringt die Menschen so sehr, daß sie befähigt werden, sich von der Sünde abzuwenden und das von Gott geforderte Gute zu tun, als Frucht der Gnade und Ertrag eines von ihr erfüllten Lebens, was durchaus als „Verdienst" bezeichnet werden kann.

Das hängt mit der grundsätzlichen Wesensbestimmung von Gnade zusammen, deren Verständnis bei *Thomas von Aquin* von O.H. Pesch so charakterisiert wird:

> „Gnade ist das schöpferische Ankommen der ewigen Liebe Gottes in der Ich-Mitte des Menschen. Der Mensch wird dadurch aus der Begrenzung auf seine Natur heraus- und emporgerissen zur Lebensgemeinschaft mit Gott und zugleich mit den Fähigkeiten ausgestattet, die ihm das überhaupt möglich und es ihm sogar leicht und selbstverständlich machen: Aus der Gnade ‚fließen' Glaube, Hoffnung und Liebe. Dies Ganze aber ist das Werk eines Gottes, der seine Macht gerade darin erweist, daß er den Weg seiner Geschöpfe zu ihm ‚suaviter', auf sanfte Art beherrscht – durch die unwiderstehliche Anziehungskraft seiner Liebe."[12]

Zentrum dieser Auffassung ist die Gleichsetzung von Gnade und Liebe auf dem Hintergrund von Röm 5,5. Die „eingegossene Gnade" (*gratia infusa*) ist Träger des Rechtfertigungsgeschehens. Als „vorlaufende Gnade" (*gratia praeveniens*) bewegt sie den freien Willen des Menschen zur Hinkehr zu Gott im rechtfertigenden Glauben. Als „angenehm machende

---

10 Vgl. E. Mühlenberg in: C. Andresen (Hg.), Handbuch I, 459.
11 Vgl. W. Dettloff, TRE 28, 1997, 308–315, und Pesch, aaO. 55–107.
12 O.H. Pesch, aaO. 89 (man beachte Nähe und Differenz zu Röm 5,5!).

Gnade“ (*gratia gratum faciens*) bewirkt sie die Rechtfertigung des Menschen und zwar sowohl durch die Vergebung der Sünden als auch durch eine innere Verwandlung, die den Menschen vom Stand der Sünde in den Stand der Gerechtigkeit versetzt.[13]

Wird so die Rechtfertigung des Gottlosen durch die „wirkende Gnade“ (*gratia operans*) begründet, geschieht sie im Lebensvollzug durch das Wirken der „mitwirkenden Gnade“ (*gratia cooperans*), die auf „Verdienst, d.h. die Annehmbarkeit eines Lebens für die ewige Glückseligkeit“ zielt.[14] Damit will Thomas deutlich machen, daß die Wirkung der Gnade ein personales Geschehen ist, das den Menschen mit seinem Wollen und Handeln in ihr Wirken einbezieht und sein Mitwirken anerkennt und belohnt. Er will zugleich mit aller Entschiedenheit daran festhalten, daß der Grund für alle verdienstlichen Werke allein die Rechtfertigungsgnade ist, die völlig unverdienbar ist.[15]

Um diese Paradoxie auszubalancieren, bedurfte es freilich eines sehr komplexen Systems, in dem zwar das „allein aus Gnade“ (*sola gratia*) gewahrt blieb, aber das „allein aus Glauben“ (*sola fide*) als kritische Gegenprobe nicht zum Zuge kommt, oder doch höchstens in der Gestalt eines durch die Liebe geformten und wirksam gemachten Glaubens.[16] Ob aber die „Rechtfertigung aus der Liebe“ der „Rechtfertigung aus Glauben“ wirklich entspricht, ist zu bezweifeln.[17]

Luther hat sich mit der Gnadenlehre des Thomas von Aquin nicht direkt auseinandergesetzt. Die Vertreter der scholastischen Theologie, denen er in seinem Studium begegnete, waren William von Ockham und Gabriel Biel, deren

---

13 S.Th. I–II, q. 113 (vgl. E. Jüngel, Evangelium, 162).

14 M.A. Schmidt, in: C. Andresen, Handbuch I, 670.

15 M.A. Schmidt, aaO. 671; O.H. Pesch, aaO. 105.

16 Die *fides caritate formata* beschreibt in Anlehnung an Galater 5,5 (aber in deutlicher Unterscheidung zu dem dort intendierten Sinn) in der katholischen Theologie seit der Scholastik „die von der Liebe geformte Tugend des Glaubens“ im Unterschied zum „leeren, liebelosen Tatsachenglauben der bloßen Namenschristen und der Dämonen, der für das Heil belanglos ist“ (E. Gössmann, Art. Glaube V, TRE 13, 1984, 310).

17 Vgl. O.H. Pesch, Theologie, 746; Jüngel, Evangelium, 211f.

sehr stark philosophisch bestimmte Gotteslehre die Lehre von Gnade und Rechtfertigung merkwürdig entstellte.[18] Ob die Bekanntschaft mit Thomas und seinen subtilen Ausführungen über das Wirken der Gnade Luther in seinem Ringen um die Frage der Rechtfertigung wesentlich weitergeholfen hätte, ist letztlich eine hypothetische Frage. De facto hat Luther seine Rechtfertigungslehre durch die intensive Auslegung der Bibel und insbesondere der Paulusbriefe gewonnen und hat dadurch zu anders geprägten Antworten gefunden.

Die Rechtfertigung wird zur Mitte seiner Theologie. „Denn in der Rechtfertigungslehre kommt zur Sprache, wer Gott ist und wer der Mensch ist – vor diesem Gott."[19] Gott erweist seine Gerechtigkeit, indem er den Sünder, der sich ihm im Glauben an Jesus Christus anvertraut, gerecht macht.

In seinem berühmten Rückblick auf seine Lebensarbeit hat Luther das neue Verständnis von Gerechtigkeit Gottes in Röm 1,17 als den Wendepunkt seiner reformatorischen Erkenntnis bezeichnet. Gottes Gerechtigkeit ist nicht sein richtendes Gerechtsein, durch das er dem Sünder die verdiente Strafe zukommen läßt, sondern die Gabe, durch die er dem Sünder Gerechtigkeit verleiht und durch die der aufgrund des Glaubens Gerechte lebt.[20]

Aber das hat Luther nicht dazu geführt, die Gabe vom Geber zu lösen. Die dem Menschen um Christi Willen geschenkte Gerechtigkeit bleibt immer Gottes bzw. Christi Gerechtigkeit, in diesem Sinne also „fremde" Gerechtigkeit, die im Glauben zugeeignet, aber nie zur „eigenen" Gerechtigkeit wird. Weil Gottes Gerechtigkeit sowohl das Geschenk der fremden Gerechtigkeit als auch die Teilhabe an ihrer verwandelnden Kraft bedeutet, umfaßt Gottes rechtfertigendes Handeln „sowohl die Zurechnung der Gerechtigkeit als auch das wachsende Gerechtwerden".[21] „Rechtfertigung und Gerechtmachung gehören innerlich zusammen. Sie verhalten sich wie

18 Vgl. W. Dettloff, TRE 28, 1997, 313f.

19 G. Sauter, TRE 28, 1997, 315.

20 Vgl. die Wiedergabe des Textes bei G. Sauter (Hg.), Rechtfertigung, 32–35 (WA 54, 185, 12–186, 20), und die neuerliche Interpretation bei E. Jüngel, Evangelium, 58–63.

21 A. Peters, Rechtfertigung, 39.

Mittel und Zweck. Ein und derselbe Wille Gottes umspannt das Ganze seines Tuns am Menschen."[22] Mag die Vollendung erst im Jenseits erfolgen, für Luther steht fest: „Der Mensch wird tatsächlich vor Gott gerecht. So gerecht, daß er auch im Gericht bestehen kann."[23]

Dennoch kann bei Luther nicht von einer doppelten Rechtfertigung geredet werden, als würde in der anfänglichen Rechtfertigung durch den Glauben der Sünder gerechtfertigt, im Endgericht aber der tatsächlich gerecht Gewordene. Grundlage der Rechtfertigung bleibt immer Gottes Urteil, das als schöpferisches Wort Gottes das wirkt, was es zusagt.[24] Deshalb kann der Mensch sich immer nur an das halten, was Gott ihm zusagt; würde er auf sich selbst blicken, würde ihn das in Anfechtung und Verzweiflung oder zum Selbstruhm führen.

Das ist der Grund, warum für Luther die Erkenntnis so wichtig ist, daß der Mensch immer Gerechter und Sünder zugleich ist (*simul iustus et peccator*). Blickt er auf sich selbst, so bleibt er Sünder; schaut er auf das, was Gott verheißt, ist er gerecht. Das gilt grundsätzlich, bis Gott den Menschen im Tod vollendet. Aber das ist keine statische Feststellung. Luther kennt auch einen Fortschritt im Leben der Christen, weil durch das Wirken der Gerechtigkeit Gottes die Herrschaft der Sünde gebrochen und ein Leben in der Gerechtigkeit möglich wird. So kann Luther den Menschen auch teils als Sünder und teils als Gerechten sehen.[25] Es ist bemerkenswert, daß gerade an der Stelle, wo in Luthers Römerbriefvorlesung zum ersten Mal die Formel *simul peccator et iustus* vorkommt, dies im Vergleich mit einem Kranken geschieht, der

---

22 K. Holl, Rechtfertigungslehre, 123.

23 Holl, aaO. 122. Ganz anders akzentuiert G. Sauter, TRE 28, 1997, 319: „Die Rechtfertigung vollzieht sich also nicht als eine Verwandlung, sondern sie ruft den Gottlosen, sich selber zu verlassen."

24 Dies dürfte die zutreffendere Formulierung sein gegenüber der früher üblichen vom „synthetischen Urteil" in der Rechtfertigung; vgl. dazu Holl, Rechtfertigungslehre, 123f; W. Härle, Analytische und synthetische Urteile.

25 Vgl. dazu W. Joest, Gesetz und Freiheit, 65ff; dagegen stellt Sauter die Überzeugung, das *simul iustus et peccator* erlaube „keine qualitative oder quantitative Aufspaltung" (TRE 28, 318).

in den Augen des Arztes zugleich krank und gesund ist: „Krank in Wirklichkeit, gesund aber kraft der gewissen Zusage des Arztes, dem er glaubt, der ihn schon gleichsam für gesund rechnet, weil er dessen gewiß ist, daß er ihn heilen wird; denn er hat schon begonnen, ihn zu heilen, und er rechnet ihm darum die Krankheit nicht zum Tode an." So steht es auch mit dem Menschen, den „unser Samariter Christus ... zur Pflege in die Herberge aufgenommen hat". Er ist „zugleich ein Sünder und ein Gerechter; Sünder in Wirklichkeit, aber gerecht Kraft der Ansehung der gewissen Zusage Gottes, daß er ihn von der Sünde erlösen wolle, bis er ihn völlig heilt, und so ist er vollkommen heil in Hoffnung, in Wirklichkeit aber ein Sünder".[26] So will Luther zugleich die heilende Kraft des Evangeliums ernst nehmen, aber auch den Menschen davor bewahren, die Hoffnung auf Heilung auf irgend etwas anderes zu setzen, als allein auf die Zusage Christi, und nicht etwa auf einen an sich selbst zu beobachtenden Heilungsfortschritt.[27]

Luthers Rechtfertigungslehre ist von einer umfassenden Dynamik. Hier werden viele Aspekte der biblischen Rechtfertigungsbotschaft zusammengefaßt, die von seinen Nachfolgern, die ein System suchten, schwer zusammenzuhalten waren. Luther hat seine Rechtfertigungslehre ja keineswegs nur aus der Perspektive des geängsteten Sünders entfaltet. Die Souveränität des Handelns Gottes in der Offenbarung seiner Gerechtigkeit im Evangelium Jesu Christi bleibt für ihn der entscheidende Bezugspunkt. Deshalb gibt es für Luther auch keine Trennung zwischen Gerecht*erklärung* und Gerecht*machung*.

Die Gerechterklärung des Sünders war für ihn kein Urteil, das ergeht, „als ob" der Mensch gerecht wäre, aber „den Menschen unverändert den bleiben läßt, der er ist. Vielmehr sah er in dem ge-

---

26 WA 56, 272, 7ff (Übersetzung E. Ellwein). Diese Stelle ist viel diskutiert worden, vgl. K. Holl, Zur Verständigung, 155ff; Jüngel, Evangelium, 186f.

27 Ob deshalb so grundsätzlich von der „Unanschaulichkeit der Rechtfertigung" geredet werden kann, wie dies G. Sauter (TRE 27, 319) tut, ist für mich fraglich.

rechtsprechenden Urteil das Machtwort des Schöpfers und Erlösers, der, was er zuspricht, auch verwirklichen wird. [...] Dieses Geschehen hebt jetzt schon an, so gewiß Christus durch seinen Geist dem Glaubenden *wirksam* gegenwärtig wird. Wohl ist in ihm noch Sünde, erst durch den Tod hindurch wird er ihr ganz entnommen werden. Aber ihre Herrschaft über ihn wird gebrochen, der Geist wirkt ihr entgegen den Anfang neuen Lebens. Darum bleibt der Glaube, der in Beziehung auf das eigene Teil nur nacktes Empfangen sein kann, in Richtung auf den Nächsten in der Welt durchaus nicht passiv. Weil Glauben heißt, in die Lebensmacht Christi kommen, gehen aus ihm spontan die Werke der Liebe hervor; ja Luther kann sagen, daß wahrer Glaube gar nicht sein kann ohne solche Werke."[28]

Es war nicht leicht, Luthers Rechtfertigungslehre zu systematisieren. *Melanchthon* fiel diese Aufgabe zu, und er hat mit seinem Versuch, dies zu leisten, eine Reihe schwieriger innerprotestantischer Streitigkeit provoziert. In seinen *Loci* von 1535 gibt er eine zusammenfassende Definition von Rechtfertigung: „Rechtfertigung bedeutet die Vergebung der Sünden und die Wiederaussöhnung oder Annahme der Person zum ewigen Leben."[29]

Obwohl auch für Melanchthon Gerechtsprechung als Annahme durch Gott und Erneuerung durch den Geist sachlich zusammengehören, will er um der begrifflichen Klarheit willen doch Rechtfertigung und Heiligung trennen. Damit aber provoziert er das Problem ihres genauen Verhältnisses. Wird die Heiligung zum Imperativ, der dem Indikativ der Rechtfertigung folgt, oder bleibt sie die selbstverständliche Frucht des Geistes, der in der Rechtfertigung empfangen wird?[30]

Calvin versucht die beiden Linien wieder zu verklammern. Die Rechtfertigung gründet sich allein auf den Glauben, aber Glaube und Rechtfertigung sind nicht „leer von allen guten Werken". Wir werden im Glauben gerechtfertigt, „weil wir im Glauben die Gerechtigkeit Christi ergreifen, durch die wir allein mit Gott versöhnt werden. Diese aber kann man gar nicht ergreifen, ohne zugleich auch die Heiligung zu erfassen!

28 W. Joest, Dogmatik 2, 440f.
29 CR 21, 421, zitiert nach Pesch/Peters, Einführung, 132.
30 Vgl. dazu W. Joest, Dogmatik 2, 443.

Denn Christus ist uns gegeben ‚zur Gerechtigkeit und zur Weisheit, zur Heiligung und zur Erlösung!' ... Christus rechtfertigt also keinen, den er nicht zugleich heiligt!"[31]

Die Antwort der Römisch-katholischen Kirche auf die Herausforderung, die die reformatorische Rechtfertigungslehre darstellte, war das Rechtfertigungsdekret des *Konzils von Trient*. In ihm werden stillschweigend wichtige Positionen der Reformation aufgenommen bzw. durch eine revidierte Neufassung der klassischen Gnadenlehre der Scholastik, insbesondere der des Thomas von Aquin, in der Sprachform der katholischen Gnadenlehre berücksichtigt. Andererseits werden zentrale Anliegen der reformatorischen Theologie durch die in diesem Dekret ausgesprochenen Lehrverurteilungen verworfen.

Dieses doppelte Gesicht des Rechtfertigungsdekrets ist der Grund dafür, daß das protestantische Urteil über Trient zwiespältig und schwankend ist. Während manche vermutet haben, es hätte keiner Reformation bedurft, wenn Trient schon zu Beginn des 16. Jahrhunderts in Gültigkeit gewesen wäre, sehen andere in diesem Dekret geradezu die klassische Zusammenfassung all dessen, wogegen die Reformatoren gekämpft haben.[32]

Charakteristisch für die Rechtfertigungslehre von Trient ist die enge Verknüpfung von Gottes Gnadenhandeln mit der dadurch ermöglichten Mitwirkung des Menschen zum Heil.

Das beginnt schon am Anfang des Heilsweges, an dem die „vorlaufende Gnade" im Sünder den „Glauben an die Wahrheit der Heilsverkündigung ... verbunden mit einer ersten Regung von Hoffnung und Liebe zu Gott erweckt" und ihn damit gleichzeitig befähigt in freier Zustimmung mit Gottes Gnade zu kooperieren. Dies wird ausdrücklich dem reformatorischen *sola fide* entgegengestellt.[33]

---

31 Institutio 1559, III, 16,1 (Übersetzung O. Weber).

32 Positiv, trotz Kritik im Einzelnen, sehen das Ergebnis z.B. A. v. Harnack, Dogmengeschichte III, 711; P. Brunner, Rechtfertigungslehre; negativ W. Joest, Die tridentinische Rechtfertigungslehre; K. Barth, KD IV, 1,697–700 (trotz H. Küng, Rechtfertigung!), V. Subilia, Rechtfertigung, 72–89.

33 Vgl. Pesch/Peters, Einführung, 182ff; W. Joest, Dogmatik II, 444f.

So ist auch die Rechtfertigung aus Glauben nur der Beginn des Rechtfertigungsgeschehens. Der Glaube ist „Grundlage und Wurzel aller Rechtfertigung“, aus der dann in einem lebenslangen Prozess durch ein Zusammenwirken von Glaube und Werken, die der geschenkten Gerechtigkeit entspringen, sich die tatsächliche Gerechtwerdung vollzieht. Trient versteht das Zusammengehören der drei Wesensmerkmale christlicher Existenz, Glaube, Liebe und Hoffnung, additiv. Zum Glauben muß die Liebe und die Hoffnung hinzukommen. Darum gibt es für Trient keine Rechtfertigung *sola fide*, der Glaube gehört zur Vorbereitung, gerechtfertigt wird der Mensch durch die von Gott eingegossene Liebe.[34] So ergibt sich der eindrückliche Befund, daß der Konzilstext sehr intensiv mit der paulinischen Begrifflichkeit arbeitet, aber mit der Verwerfung des *sola fide* in Gefahr gerät, Paulus selber zu verwerfen.

Im protestantischen Bereich finden wir eine der eigenständigsten Weiterentwicklungen der reformatorischen Theologie bei *John Wesley*. Seine Rechtfertigungslehre scheint in manchen Merkmalen Trient sehr nahe zu kommen.[35] Das Rechtfertigungsgeschehen ist für Wesley eingebettet in Gottes Heilsweg mit den Menschen, der mit dem Werk der „vorlaufenden Gnade“ beginnt, die in ihm ein erstes Erwachen der Frage nach Gott und die Ahnung, von ihm getrennt zu sein, bewirkt.[36] Gottes Heilswirken wird dann durch die „überführende Gnade“ fortgesetzt, die den Menschen zur Buße und zur Umkehr führt. Darauf folgt die „eigentliche christliche Erlösung“, das Werk der „rechtfertigenden und heiligenden Gnade“, durch die wir „aus Gnaden gerettet werden durch den Glauben“ (Eph 2,8). „Sie besteht aus jenen zwei herrlichen Zweigen: *Rechtfertigung* und *Heiligung*. In der Rechtfertigung werden wir aus der Sündenschuld errettet

34 Vgl. Joest, aaO. 446; Pesch/Peters, aaO. 191ff und im Rechtfertigungsdekret cap. 7–9 (DH 1530–1534). Die Rechtfertigung *sola fide* wird ausdrücklich verworfen (can. 9, 11f,14; DH 1559ff).

35 Deshalb wird sie von Subilia, Rechtfertigung, 269ff konsequent abgelehnt!

36 Wir folgen der Skizze, die Wesley in Predigt 85, II, 1 für den Heilsweg gibt (vgl. Klaiber/Marquardt, Gelebte Gnade, 222f).

und in die Huld Gottes zurückversetzt. In der Heiligung werden wir von der Macht und Wurzel der Sünde losgelöst und in die Gottesebenbildlichkeit zurückgebildet."

Durch Gottes rechtfertigendes und heiligendes Handeln beginnt die innere Verwandlung des Menschen, deren Ziel die Vollendung ist, in der „das Herz von aller Sünde gereinigt und reiner Gottes- und Nächstenliebe erfüllt ist".

Für Wesley ist also der „aktive" Charakter und das schöpferische Werk der Gnade zentral. „Gnade ist ein reales Handeln Gottes im Herzen des Menschen; sie ist die tatsächliche Wirkung der Liebe Gottes auf die menschliche Existenz."[37] Auch für Wesley ist also Röm 5,5 zentrale Beschreibung des Heilshandelns Gottes am Menschen.[38] Zugleich aber hält Wesley mit großer Eindeutigkeit fest, daß dies alles allein Gottes Werk ist. Rechtfertigung „schließt in sich, was Gott durch seinen Sohn *für uns* tut", Heiligung, „was er durch seinen Geist *in uns* wirkt".[39] Deswegen hält Wesley auch mit Nachdruck fest, daß wir nicht nur *sola fide* gerechtfertigt, sondern auch allein durch den Glauben geheiligt werden, denn nur der Glaube empfängt die Liebe, die Gott uns schenkt.[40]

Dennoch gab es schon am Beginn der Wirksamkeit Wesleys klare Vorbehalte von Seiten reformatorisch ausgerichteter Theologen gegen Wesleys Verbindung von „zugerechneter" und „innewohnender" Gerechtigkeit. Herrnhuter und Calvinisten befürchteten, die Annahme einer in den Herzen der Menschen innewohnenden Gerechtigkeit könnte diese verführen, sich auf sie als eigene Gerechtigkeit zu verlassen.[41]

In seiner Predigt „Der Herr, unsere Gerechtigkeit" versucht Wesley deutlich zu machen, daß die „innewohnende" Gerechtigkeit nicht Grund für unsere Annahme bei Gott ist, sondern deren Frucht.

---

37 So A. Outler, Theologische Akzente, 97.

38 Er hält diese Aussage für das wahre Kennzeichen eines „Methodisten".

39 Predigt 5, II,1 (1746; Lehrpredigten, 95).

40 Vgl. Predigt 43, III, 3; 45, III, 1.

41 Vgl. das denkwürdige Gespräch zwischen Zinzendorf und Wesley über diese Frage, dokumentiert u.a. bei J. Moltmann, Geist des Lebens, 178–185.

„Ich glaube, daß Gott jedem Gerechtigkeit *einpflanzt*, dem er sie zugerechnet hat. Ich glaube, daß ‚Jesus Christus uns gemacht ist von Gott zur Heiligung' wie auch zur Gerechtigkeit; daß Gott also alle, die an ihn glauben, heiligt und auch rechtfertigt. Wem die Gerechtigkeit Christi zugerechnet ist, der wird auch durch den Geist Christi gerecht gemacht. Solche Menschen sind erneuert nach dem Ebenbild Gottes, nach dem Bild worin sie erschaffen werden in Gerechtigkeit und wahrer Heiligkeit."[42] Gerade deshalb ist die Gerechtigkeit Christi „der ganze und der einzige *Grund* für all unsere Hoffnung"; nicht einmal der Glaube tritt an ihre Stelle. „Durch den Glauben befähigt uns der Heilige Geist, auf diesen Grund zu bauen. Gott schenkt diesen Glauben, und damit sind wir bei Gott angenommen – nicht aufgrund dieses Glaubens, sondern aufgrund dessen, was Christus für uns getan und erlitten hat."

Dies ist ein eindrucksvoller Versuch, katholische (im umfassenden Sinne) Soteriologie mit reformatorisch biblischer Erkenntnis zu vereinigen. Unter dem Vorzeichen des *solus Christus* wird die schöpferische Kraft seiner Gerechtigkeit betont.

Es ist hier nicht möglich, den weiteren Weg der Rechtfertigungslehre bis heute ausführlich darzustellen.

Besondere Akzente im 20. Jahrhundert waren:

- Die Neuentdeckung von Luthers Rechtfertigungslehre am Beginn unseres Jahrhunderts durch die Entdeckung und Erforschung seiner frühen Vorlesungen;[43]
- die Integration der Rechtfertigungslehre in die Lehre von der Versöhnung bei Karl Barth, mit der er die „anthropozentrische Engführung" des Neuprotestantismus aufbricht, zugleich aber das Rechtfertigungsgeschehen aus dem Zentrum rückt;[44]
- die hermeneutische Funktion der Rechtfertigungslehre in der Theologie von Paul Tillich und Rudolf Bultmann, die sie aus dem Kontext der klassischen Soteriologie herauslöst, sie in den Bereich des Denkens einbezieht und so zu einem Grundprinzip protestantischer Theologie macht;[45]

---

42 Predigt 20, 12f (Lehrpredigten, 370).

43 Vgl. K. Holl, Gesammelte Aufsätze I, Luther, 1948.

44 Vgl. K. Barth, KD IV, 1, 573–718; A. Peters, Rechtfertigung, 128–170 (Zitat S. 166); E. Jüngel, Evangelium, 15–26.

45 Tillich spricht von der „Rechtfertigung des Zweiflers" (vgl. P. Tillich,

– die Neuinterpretation der Rechtfertigungslehre durch die Theologie der Befreiung, die Elemente des alttestamentlichen Gerechtigkeitsbegriffs in die neutestamentlichen Aussagen mit aufnimmt und die soteriologischen Aussagen des Paulus in ihrem sozialen Kontext interpretiert und auf heutige Situationen von Unterdrückung und Marginalisierung bezieht.[46]

2. *Ökumenischer Klärungsbedarf*

Überblickt man die zwischen- und innerkirchlichen Auseinandersetzungen um die Rechtfertigungslehre, so wird deutlich: Einig ist man sich darüber, daß christliche Theologie immer Gnadentheologie sein muß. Es ist Konsens, daß Grundlage und Inhalt aller christlichen Verkündigung die Botschaft ist, daß Gott in Jesus Christus auf die Menschen zugegangen ist und *vor* all ihrem Wollen und Vollbringen ihnen zum Heil gehandelt hat. Die offene Frage ist, in welchem Maße die Mitwirkung der Menschen in dieses Geschehen einbezogen ist. Hier kommt es zu sehr unterschiedlichen Akzentsetzungen, und zwar nicht nur zwischen lutherischer und römisch-katholischer Theologie, sondern auch in der innerprotestantischen Diskussion oder im Blick auf die Lehre der orthodoxen Kirchen.

Diese Unterschiede rühren aber nicht daher, daß es manche Menschen nicht aushalten, sich beschenken zu lassen. Die Spannungen liegen schon im Neuen Testament begründet:

– Wenn Paulus aufgrund von Gen 15,6 den Glauben als die Haltung beschreibt, die Gottes rechtfertigendes Handeln empfängt, ist die Frage unvermeidlich, ob dann die Glaubensentscheidung des einzelnen zur Bedingung der Rechtfertigung wird.

Syst. Theologie III, 257–263; A. Peters, Rechtfertigung, 107–127); R. Bultmann von der Entmythologisierung als der „konsequenten Durchführung" der Rechtfertigungslehre „für das Gebiet des Erkennens" (ders., Zum Problem der Entmythologisierung, 207).

46 E. Tamez, Gegen die Verurteilung zum Tod.

– Weil der Tod Christi bei Paulus nicht nur „exklusive“ Stellvertretung bedeutet (Christus hat unsere Strafe getragen), sondern auch „inklusiv“ verstanden wird („Wir sterben mit Christus“), stellt sich die Frage, wie die Menschen in das Christusgeschehen einbezogen sind.
– Weil die Anrechnung der Gerechtigkeit um Christi willen nicht als Verrechnungsvorgang auf einem himmlischen Konto vorzustellen ist, sondern uns in den Wirk- und Machtbereich der Gerechtigkeit Gottes versetzt, bleibt die Frage nach der Bedeutung dessen, was Gottes Gerechtigkeit im Leben eines Menschen bewirkt, offen.
– Wenn Christen gewarnt werden müssen, die Freiheit des Evangeliums nicht zur „Operationsbasis des Fleisches“ (Gal 5,13) werden zu lassen, muß auch gefragt werden, welche Bedeutung ihre Anstrengung im Kampf mit der Sünde und im Bemühen, dem Geist der Liebe in ihrem Leben Raum zu geben, hat.
– Weil Rechtfertigung unmittelbar zwischen Gott und den einzelnen, aber doch nicht unabhängig von der Einbindung in das Volk Gottes und den Leib Christi geschieht, kann das Verhältnis zwischen individueller Heilserfahrung und kirchlicher Vermittlung unterschiedlich bestimmt werden.

Eine ernsthafte Auseinandersetzung mit den unterschiedlichen traditionellen Standpunkten ist nur möglich, wenn auch ihr Ursprung in bestimmten biblischen Fragestellungen erkannt wird. Nur so sind auch gemeinsame Antworten zu finden, die der heutigen Verständigung weiterführende Impulse geben können.[47]

Wir wollen das für einige Teilfragen wenigstens andeutungsweise versuchen:

Der Weg zum Glauben

Zu den umstrittensten Fragen der Reformations- und Nachreformationszeit gehört die nach der „Mitwirkung“ der Menschen an ihrem Glauben. Luther hatte u.a. in seiner

47 Vgl. dazu jetzt auch U. Wilckens, Gemeinsame Erklärung.

Schrift „Vom unfreien Willen“ (*De servo arbitrio*), anknüpfend an Joh 1,12f gesagt, daß die Menschen an ihrem Christwerden „ausschließlich passiv“ (*mere passive*) beteiligt sind.[48] Damit war ein wichtiges Stichwort für das Verständnis der Reformation von der Gnade gegeben.[49] Weil Gottes Gnade voraussetzungslos ist, kann sie nicht von irgendeiner Aktivität des Menschen abhängig sein.

Das sah das Konzil von Trient anders und verwarf diese Auffassung. „Wer sagt, der von Gott bewegte und erweckte freie Wille des Menschen wirke durch seine Zustimmung zu der Erweckung und dem Ruf Gottes nichts dazu mit, sich auf den Empfang der Rechtfertigungsgnade zuzurüsten und vorzubereiten, und er könne nicht widersprechen, wenn er wollte, sondern tue wie etwas Lebloses überhaupt nichts und verhalte sich rein passiv: der sei mit dem Anathema belegt.“[50]

Die inhaltlichen Ausführungen des Konzils sind freilich differenzierter. Hier versuchen die Konzilsväter darzulegen, daß es die Wirkung der „vorlaufenden Gnade“ ist, daß sich Menschen durch „freie Zustimmung und Mitwirkung mit dieser Gnade zu ihrer eigenen Rechtfertigung bekehren“ können. Der Mensch tut „weder überhaupt nichts ..., noch kann er sich ... ohne die Gnade Gottes durch seinen freien Willen auf die Gerechtigkeit vor ihm zubewegen“.[51]

Diesem Versuch, eine vermittelnde Linie zu ziehen, setzt die Konkordienformel eine klare Position entgegen: „Aber zuvor und ehe der Mensch durch den heiligen Geist erleuchtet, bekehret, wiedergeboren, verneuert und gezogen wird, kann er vor sich selbst und aus seinen eignen natürlichen Kräften in geistlichen Sachen und seiner selbst Bekehrung und Wiedergeburt etwas anzufangen, wirken oder mitzuwirken, gleich sowenig als ein Stein oder Block oder Ton.“[52]

Zwar wird zugegeben, daß der Mensch nicht einfach als Block oder Stein angesehen werden kann. Aber dem Ruf

---

48 WA 18, 697, 27f.

49 Auch Calvin hat es aufgenommen: Institutio (1559) III, 13,5.

50 Can. 4, DH 1554.

51 Cap. 5, DH 1525.

52 SD II, 24 (BSLK 882, 9–17).

Gottes gegenüber verschärft das die Situation, weil sich der Mensch dem Wirken Gottes widersetzt, was ein Stein nicht könnte.[53]

Auch im Protestantismus hat sich diese Position nicht in dieser Schärfe durchgehalten. So kennt z.B. auch die methodistische Theologie ein Wirken der „vorlaufenden Gnade", die im Menschen „das erste Verlangen Gott zu gefallen, das erste Aufdämmern einer ersten Erkenntnis seines Willens und das erste, schwache und flüchtige Gefühl, gegen ihn gesündigt zu haben," erweckt, ohne daß allerdings in diesem Zusammenhang von einem „Mitwirken" des Menschen gesprochen würde.[54] In der Evangelisations- und Erweckungsbewegung werden Menschen im „Ruf zur Entscheidung" auf die Notwendigkeit und Möglichkeit, „sich zu bekehren", angesprochen. Dem gegenüber steht freilich die These, daß wir nicht zur Entscheidung zu rufen haben, sondern den Menschen sagen müssen, daß über sie entschieden ist.[55]

Der biblische Befund scheint beiden Seiten recht zu geben. Schon das Trienter Konzil berief sich (in cap. 5) für seine Mittelposition auf biblische Aussagen, die sowohl sagen: „Kehrt um zu mir, und ich werde zu euch umkehren" (Sach 1,3) als auch: „Kehre uns um, Herr, zu dir, und wir werden umkehren" (Klgl 5,21).

Diese doppelte Linie zieht sich auch durch das Neue Testament. Menschen werden zur Umkehr und zum Glauben gerufen. Der Gefängnisaufseher in Philippi bekommt auf seine Frage „Was muß ich tun, um gerettet zu werden?" die schlichte Antwort „Glaube an den Herrn Jesus, so wirst du und dein Haus gerettet" (Apg 16, 30) und keineswegs die theologisch viel korrektere Auskunft, daß er gar nichts tun könne, um gerettet zu werden, sondern daß dies allein Gottes Werk sei.

Zugleich aber wird alles „zum Glauben Kommen" als Wirken Gottes beschrieben. Nur einige Verse vorher heißt es

53 SD II, 59 (BSLK 895f).

54 Vgl. J. Wesley, Predigt 85, II, 1; W. Klaiber/M. Marquardt, Gelebte Gnade 222f.

55 Vgl. W. Klaiber, Ruf und Antwort, 191ff.

in Apg 16,14 von der Purpurhändlerin Lydia: „Ihr tat der Herr das Herz auf, so daß sie darauf acht hatte, was von Paulus geredet wurde." Und das Johannesevangelium betont immer wieder: „Nicht ihr habt mich erwählt, sondern ich habe euch erwählt" (15,16) oder: „Es kann niemand zu mir kommen, es sei denn, ihn ziehe der Vater, der mich gesandt hat" (6,44).

Man kann diese beiden Linien nicht einfach unterschiedlichen Schichten des biblischen Zeugnisses zuordnen. Sie sprechen offensichtlich eine Sachdialektik an. Der Mensch wird auf sein Ja zu Gottes Ja angesprochen. Wenn er zu diesem Ja findet, kann er es nicht anders als dadurch erklären und begründen, daß Gott sein Ja zu ihm gesprochen hat. Es ist die gleiche Dialektik, die Paulus ausdrückt, wenn er davon spricht, daß wir Gott erkennen, weil wir von ihm erkannt sind (Gal 4,9; 1. Kor 13,12).

Darüber besteht zwischen evangelischen und römisch-katholischen Theologen in der Sache heute grundsätzlich Einigkeit. Nur über die Nuancierung in der Beschreibung der Art und Weise, wie Menschen in dieses Geschehen hineingenommen sind, bleiben Differenzen. So heißt es in dem Text von „Lehrverurteilungen – kirchentrennend?": „Die Antwort des Glaubens ist selbsterwirkt durch das unerzwingbare und von außen auf den Menschen zukommende Wort der Verheißung. ‚*Mit*wirkung' kann es nur in *dem* Sinne geben, daß das Herz beim Glauben dabei ist, wenn das Wort es trifft und den Glauben schafft." Es wird aber zugegeben, daß das Wort „Mitwirkung" Mißverständnissen ausgesetzt ist.[56] So sagt denn auch die Gemeinsame Erklärung zur Rechtfertigungslehre (20), daß Katholiken in der „Mitwirkung" des Menschen „bei der Vorbereitung auf die Rechtfertigung und deren Annahme durch seine Zustimmung zu Gottes rechtfertigendem Handeln" ... „kein Tun des Menschen aus eigenen Kräften" sehen, sondern „Wirkung der Gnade". Im Grunde beschreibt E. Jüngel den Glauben ganz ähnlich „als das von Herzen kommende Ja des Menschen zu Gottes Wort", schließt aber „jede eigene Mitwirkung" dabei aus.[57] Entsprechend heißt es GE 21 für die lutherische Seite, das *„mere passive"* der lutherischen Lehre verneine „jede Möglichkeit eines eigenen Beitrags des Men-

56 Vgl. K. Lehmann/W. Pannenberg, Lehrverurteilungen I, 53.
57 E. Jüngel, Evangelium, 205.

schen zu seiner Rechtfertigung, nicht aber sein volles personales Beteiligtsein im Glauben, das vom Wort Gottes selbst gewirkt wird".

H. Weder hat dieses Paradox treffend gekennzeichnet: „Glaube ist [...] keine subjektive menschliche Möglichkeit, keine seelische Tätigkeit, wozu ich mich selbst aufschwingen könnte. Glaube entsteht, wo das Rettende erscheint. Glaube ist etwas, das mir zugespielt werden muß, so wie das Lachen durch den Witz zugespielt wird, oder der Tanz durch die Musik."[58] Mit diesem Vergleich weist Weder zugleich auf das eigentliche Problem heutiger Glaubensverkündigung hin. Denn angesichts um sich greifender Glaubenslosigkeit kann die Frage nicht nur sein, wie viel oder wie wenig „Mitwirkung" am Zustandekommen des Glaubens wir den Menschen zumuten wollen oder müssen, sondern wie Glaube überhaupt entsteht. Treffen wir die Pointe des Evangeliums, so daß Menschen gar nicht anders können als zu glauben? Könnte gerade eine engagierte Weitergabe der Rechtfertigungsbotschaft diese Pointe sein? Haben wir den Mut (die *parrēsia*) diese Botschaft mit dem Ziel und in der Zuversicht zu verkünden, daß sie Glauben weckt?

Aus Glauben, damit aus Gnaden

Der eindeutigste Schritt hin zur Einigung in der Rechtfertigungslehre ist die gemeinsame Bezeugung des *sola fide*. War es in der Gemeinsamen Erklärung zur Rechtfertigungslehre noch nicht völlig klar, ob dies wirklich gemeinsam geschieht,[59] sagt die Gemeinsame offizielle Feststellung eindeutig: „Rechtfertigung geschieht ‚allein aus Gnade' ... ‚allein durch Glauben', der Mensch wird ‚unabhängig von Werken' gerechtfertigt."[60] Das ist ein wirklicher Durchbruch, denn diese Aussage ist von Trient noch verurteilt worden.[61] Damit ist eindeutig festgestellt, daß es nicht die vom Menschen ge-

58 H. Weder, Die Entdeckung des Glaubens im NT, 58.
59 Vgl. GE 25 mit 26!
60 GOF Anhang C (mit einem Zitat von Thomas von Aquin!).
61 Can. 9 und 12 (DH 1559 und 1562).

lebte Liebe ist, die rechtfertigt, sondern allein der Glaube: „Rechtfertigung ist reines Geschenk, ist immer Gnade."

Daß sich gegen diese Gemeinsame Feststellung weiter Mißtrauen erhebt, hängt möglicherweise weniger mit zwischenkirchlichen Unklarheiten zusammen, sondern mit dem innerprotestantischen Dilemma, daß manchen Theologen um der „Unanschaulichkeit der Rechtfertigung" willen[62] auch der Glaube nicht unanschaulich genug sein kann. Hier besteht die Gefahr, daß Glaube nur noch als „Nicht-Tun" und „Nicht-Leistung" definiert wird. Weil das *sola fide* jeder Werkgerechtigkeit wehren soll, besteht die Sorge, der Glaube könne zum Werk gemacht werden,[63] und das führt zu Aussagen wie der, daß der Mensch im Glaubensgeschehen „weder aktiv noch passiv" beteiligt sei[64], und zu dem Eindruck, daß das *sola fide,* radikal zu Ende gedacht, auf ein *sine fide* („ohne Glauben") zielt.[65] Damit aber würde der personale Aspekt des Rechtfertigungsgeschehens verfehlt, der neutestamentlich gerade durch das Glaubensmotiv festgehalten wird. Das *sola fide* trägt ein doppeltes Befreiungspotential in sich: Es befreit aus der Zwangsvorstellung, unser Verhältnis zu Gott sei von unseren moralischen oder ekklesialen Vorleistungen abhängig. Es befreit zugleich zu einer personalen Gemeinschaft des Vertrauens, in der unsere Kräfte und Möglichkeiten in Anspruch genommen und mobilisiert werden. Diese Seite des Rechtfertigungsgeschehens beschreibt Paulus in Röm 5,5: „Die Liebe Gottes ist ausgegossen in unsere Herzen durch den Heiligen Geist." Die Liebe muß nicht zum Glauben „hinzutreten", damit die Rechtfertigung des Gottlosen geschieht.[66] Indem die Liebe Gottes das Zentrum unseres Personseins in Besitz nimmt (vgl. auch Gal 2,19f), vollzieht sich die Rechtfertigung durch den Glauben und wird im „Frieden mit Gott" (5,1) zur Wirklichkeit unseres Lebens.

---

62 Vgl. dazu G. Sauter, TRE 28, 1997, 362.

63 Vgl. Christsein gestalten, 45; dazu W. Klaiber, Aus Glauben, damit aus Gnaden.

64 I. Dalferth, Existenz Gottes, 243, der so das *„mere passive"* radikalisiert.

65 Vgl. G. Wainwright, Rechtfertigung, 206.

66 So in cap. 7 des Trienter Rechtfertigungsdekrets (DH 1531).

Die Mitwirkung zum Heil

Daß der Glaube in der Liebe wirksam ist, wird durch das *sola fide* nicht in Frage gestellt, sondern unterstrichen. Das sollte jetzt ökumenischer Konsens sein. „Gottes Gnadenwirken schließt das Handeln der Menschen nicht aus.“[67] Im Gegenteil: Es fordert es heraus und setzt es in seinen positiven Möglichkeiten frei.

Luther wurde nicht müde, darüber zu sprechen, welch „ein lebendig, geschäftig, tätig, mächtig Ding“ es um den Glauben ist, „daß es unmöglich ist, daß er nicht ohne Unterlaß sollte Gutes wirken“.[68] In diesem Zusammenhang kann auch er davon sprechen, daß Gott, wo er uns seinen Geist mitteilt, „uns zu seinen Mitarbeitern macht“.[69] Auch die Konkordienformel hält fest, daß sobald der Heilige Geist durch das Wort und Sakrament „sein Werk der Wiedergeburt und Erneuerung in uns angefangen hat, so ist es gewiß, daß wir durch die Kraft des Heiligen Geistes mitwirken können und sollen“.[70] Hier wird aufgenommen, was Paulus in seinem oft übersehenen paradoxen Wort in Phil 2,12f sagt: „Müht euch um euer Heil mit Furcht und Zittern. Denn Gott ist es, der in euch das Wollen und Vollbringen bewirkt nach seiner Gnade.“ Wenn hier vom „Mitwirken“ und „Mühen“ am eigenen Heil die Rede ist, so gerade nicht in einem additiven Verhältnis gegenseitiger Ergänzung von Gottes Tun und menschlichem Handeln. Im Gegenteil: „Weil Gott alles wirkt, darum sollt ihr alles tun, darum könnt ihr aber auch all das tun.“[71]

---

67 GOF Anhang 2 C

68 Vorrede zum Römerbrief (WA.DB 7,11).

69 De servo arbitrio (1525), WA 18,695, 29; vgl. E. Jüngel, Amica exegesis, 268.

70 SD II, 65 (mit Hinweis auf 2. Kor 6,1; BSLK 897).

71 G. Barth, Phil 49; vgl. auch Wesleys Auslegungen in seiner Predigt über diesen Text, Predigt 85: „Erstens, Gott wirkt in euch; deshalb könnt ihr wirken – anders wäre es unmöglich [...] Zweitens Gott wirkt in euch; deshalb müßt ihr wirken: Ihr müßt ‚seine Mitarbeiter sein‘ (genau das sind die Worte des Apostels!); sonst wird er aufhören zu wirken“ (III, 3.7).

Ist damit eine Brücke zu schlagen zu den Positionen in der christlichen Tradition, für die die „Mitwirkung" des Menschen an seinem Heil ein zentrales Anliegen ist? Das ist ja nicht nur die Tradition der Römisch-katholischen Kirche, sondern noch viel intensiver in der Theologie der Orthodoxie. „Synergeia", das heißt das Zusammenwirken von Gott und Mensch, ist „ein Zentralbegriff der östlich-orthodoxen und patristischen Soteriologie".[72] Um ihn richtig zu verstehen, ist es wichtig, sich klar zu machen, „daß das östlich-orthodoxe theologische Denken insgesamt weniger an den Anfängen des Heilsweges, an der Bekehrung und der Rechtfertigung des Sünders, als an der Vervollkommenung, Heiligung und Vergöttlichung des Menschen orientiert ist. ‚Synergeia' ist demnach nicht Mitwirkung an der Rechtfertigung speziell, sondern Mitwirkung an dem ganzen Prozeß der Erlösung, der Rechtfertigung, Heiligung und Vergöttlichung umfaßt und den – im Lobpreis zurückblickend – auch der orthodoxe Theologe allein auf Gottes Gnade zurückführt."[73]

Vom Neuen Testament her kann Mitwirkung am Heil auf keinen Fall additiv als Zusammenwirken des Handelns Gottes und des Mühens des Menschen verstanden werden. Die Christen sind vielmehr hineingenommen in das Wirken Gottes zum Heil der Menschen. Wichtig und wenig beachtet ist dabei, daß Paulus, wo immer er davon spricht, das er oder andere „Mitarbeiter Gottes" sind, dies in dem Zusammenhang tut, daß durch den apostolischen Dienst Gottes Gnade anderen nahe gebracht wird (1. Kor 3,9; 2. Kor 6,1). Das Mitwirken zum Heil ist also gerade nicht individualistisch auf die Frage nach dem eigenen Heil zentriert, sondern geschieht in der Einbeziehung unseres Dienstes in Gottes Heilswerk für alle.

Diese Verschränkung von missionarischem Auftrag und eigener Existenz ist nirgends so deutlich ausgedrückt wie in

---

72 Vgl. K. Ch. Felmy, Orthodoxe Theologie, 140.

73 Felmy, aaO. 140f. Diese „Mitwirkung", in der der Mensch die Hinwendung zu Gott aktiv vollzieht, wird allerdings recht unterschiedlich beschrieben und kann sowohl als Nebeneinander von Gnade und menschlicher Tat aufgefaßt werden, z.B. in dem Bild von den „zwei Flügeln, mit denen der Mensch zum Himmel fliegt"; es kann aber auch betont werden, daß alles, was der Mensch in der ihm von Gott geschenkten Freiheit tut, der Gnade Gottes entspringt.

1. Kor 9,22b.23, wo Paulus schreibt: „Ich bin allen alles geworden, damit ich auf alle Weise einige rette. Das aber tue ich um des Evangeliums willen, um an ihm teilzuhaben.“ Der Apostel ist hineingenommen in die Bewegung des Evangeliums auf die Menschen zu. Nur so ist und bleibt er „Teilhaber“ des Evangeliums auch im Blick auf sein eigenes Leben. In der Erfüllung dieses Auftrags geschieht die Bewährung und Bewahrung in der Gnade. Dies geschieht ohne Berechnung auf ein „verdienstliches“ Handeln, es liegt einfach in der Natur der Sache des Evangeliums.

Es wäre gut, wenn sich die ökumenische Theologie der Zukunft von der sich gegenseitig blockierenden Terminologie der Vergangenheit lösen, und diese diakonisch-missionarische Dynamik des Evangeliums von der Rechtfertigung unmißverständlich entfalten könnte.

Der Sieg über die Sünde

Das führt zu der Frage nach der bleibenden Bedeutung der „Gegenwirklichkeit“, nämlich der Sünde für das Leben der Christen. Als logisches Pendant zu der Aussage, daß unsere Gerechtigkeit immer Christi Gerechtigkeit bleibt, also „fremde“ und nicht unsere eigene, hat Luther sehr früh die Formel vom Christen als *simul iustus et peccator* (zugleich gerecht und Sünder) geprägt.[74] Sie bildet ein Herzstück der lutherischen Interpretation des Rechtfertigungsgeschehens. Denn durch sie wird das *extra nos* der Rechtfertigungswirklichkeit gewahrt und festgehalten, daß wir nie im Leben so etwas wie eine eigene Gerechtigkeit bei uns feststellen können. Das ist auch der Grund für die Zurückhaltung, den guten Werken als „Früchten des Glaubens“ über das hinaus, was sie für andere bewirken, eine heilvolle Bedeutung für die Bewahrung oder Vertiefung der eigenen Gerechtigkeit zuzubilligen.

Umgekehrt möchte katholische Lehre, aber z.B. auch methodistische Theologie, festhalten, daß Christen die Gnade Gottes nicht vergeblich, d.h. nicht ohne Wirkung, empfangen haben (vgl. 2. Kor 6,1). Deshalb ist die Befreiung von der

---

74 Vgl. WA 56, 272, 7ff.

Sünde auch existentiell erfahrbar und das von der Gnade ermöglichte und getragene Handeln der Glaubenden trägt mit zum Wachstum und zur Vertiefung im Glauben und der Gemeinschaft mit Gott bei.

Blickt man von dieser Kontroverse zurück in das Neue Testament, ergibt sich eine merkwürdige Beobachtung. Kaum einer hat die bedrohliche Wirklichkeit der Sünde, wie sie das Neue Testament sieht, so klar dargestellt wie Luther. Demgegenüber sind die katholische Auffassung oder auch die Wesleys eher verharmlosend.[75] Und kaum einer hat die paulinische Botschaft von der befreienden Wirklichkeit des Sieges Jesu über die Sünde so vollmächtig ausgelegt wie Luther. Und dennoch ergibt sich hier eine tiefgreifende Differenz. Paulus nennt die Gerechtfertigten nicht Sünder. Er nennt sie zwar auch nicht „Gerechte", denn, daß sie „gerecht werden", ist eschatologische Wirklichkeit (Röm 5,19).[76] Aber die Glaubenden sind „gerechtfertigt" und haben darum Frieden mit Gott und stehen in Bewährung und Hoffnung, bis Gott sein Werk mit ihnen vollendet (Röm 5,1–11). Ihr Sündersein ist grundsätzlich Vergangenheit (Röm 5,8 – 6,15). Auch Röm 7 beschreibt nicht das Leben der Christen, sondern das Leben der Menschen unter dem Gesetz, allerdings aus der Perspektive eines Menschen, der durch Christus von der Herrschaft des Gesetzes befreit wurde. Paulus schildert diesen Zustand so, daß darin eine auch die Christen bedrohende Möglichkeit sichtbar wird. Daß diese Schilderung gerade von sehr ernsthaften Christen als Beschreibung ihres Lebens identifiziert worden ist, macht nachdenklich.[77] Paul Althaus meinte sogar, daß wir hier Luther gegen Paulus „sachlich recht geben müssen", weil sein „Blick in die Seele ... eindringlicher" und seine „Reflexion schärfer" sind.[78]

75 Vgl. G. Wainwright, Rechtfertigung, 200.

76 So Käsemann, Röm, 149; anders Wilckens, Röm I, 328.

77 Vgl. die Auslegungsgeschichte bei Wilckens, Röm II, 101f. Daß J.D.G. Dunn, Theology, 472–477, die Schilderung des Ichs in Röm 7 offen auch für die Erfahrung von Christen sieht, zeigt, daß die Frage immer noch im Fluß ist.

78 P. Althaus, Paulus und Luther, 94.

Gesamtbiblisch könnte man dafür auch auf die Dialektik des 1. Johannesbriefes hinweisen (vgl. 1,8–2,2 mit 3,4–8). Aber gerade weil bei Johannes wie bei Paulus die Begegnung mit Christus „zugleich Entmachtung der Sünde, die den Menschen gefangen hält, durch Gott" bedeutet[79], muß das „theologische Ungleichgewicht" zwischen der Wirklichkeit der Gnade und der Wirklichkeit der Sünde in der christlichen Botschaft zum Ausdruck gebracht werden.[80]

Ob dies mit den traditionellen Formeln zu leisten ist, scheint mir gerade aufgrund der Diskussion um die Gemeinsame Erklärung zur Rechtfertigungslehre zweifelhaft. Für die, die nicht in der jeweiligen Sprachtradition beheimatet sind, sind sie mit zu vielen Mißverständnissen behaftet.[81] Wir müssen versuchen, gemeinsam das Zeugnis der Schrift von der Überwindung der Macht der Sünde durch Gottes rechtfertigendes Handeln zu hören, zugleich aber auch den Hinweis auf die bleibende Bedrohung durch diese Macht ernst zu nehmen, deren Wirklichkeit noch in das Leben der Christen hineinragt und ihr Leben immer dann regieren wird, wenn es nicht von Christus her bestimmt ist.

In diesem Zusammenhang wird es wichtig sein, die Frage nicht nur individualistisch im Blick auf den Widerstreit dieser Mächte im Leben der einzelnen zu betrachten, sondern zu versuchen, die Realität der Befreiung von der Sünde auch angesichts einer gesellschaftlichen Wirklichkeit zu proklamieren, in der sich die zerstörerischen Kräfte der Sünde mehr denn je dokumentieren.

Die kirchliche Vermittlung

Nicht lange nach dem 2. Vatikanischen Konzil faßte ein lutherischer Beobachter seinen Eindruck mit den Worten zu-

---

79 Klauck, 1. Joh, 189 (zu 1. Joh 3,4–6); vgl. Joh 8,34–36; Röm 5,17–7,6.

80 Jüngel, Amica exegesis, 264; ders., Evangelium, 187, der dieses Ungleichgewicht auch in der Formel *simul iustus et peccator* herausarbeiten möchte und darauf verweist, daß sie im Dienst eines dynamischen Verständnisses des Rechtfertigungsgeschehens steht (s.o. S. 196f).

81 Vgl. U. Wilckens, Gemeinsame Erklärkung, 48–56; H. Hübner, Rechtfertigungslehre, 94–103.

sammen: „Nach dem letzten Konzil der römischen Kirche ist bei genauem Zusehen die Entscheidung noch eindeutiger als früher von uns gefordert: Kirche oder Rechtfertigung, Einheit oder Wahrheit.“[82]

Das war wohl schon 1969 eine Vereinfachung und weist doch auf ein immer noch ungelöstes Problem hin.[83] So hat auch 25 Jahre später die Studie „Kirche und Rechtfertigungslehre“ der „Gemeinsamen römisch-katholischen/evangelisch-lutherischen Kommission“ 1994 zwar eine weitgehende Annäherung im „Verständnis der Kirche im Licht der Rechtfertigungslehre“ feststellen können, mußte aber gleichzeitig weiterbestehende Differenzen in der Zuordnung von Heil und Kirche konstatieren.[84] Das hat zu der kritischen Rückfrage geführt, ob man sich denn in der Rechtfertigungslehre wirklich einig sein könne, so lange eine solche Einigung nicht auch die Kirchen- und Abendmahlsgemeinschaft einschließe.

Bevor dieses Argument von protestantischer Seite allzu selbstgerecht ins Feld geführt wird, sollte man sich daran erinnern, daß die Kirchengemeinschaft zwischen Lutheranern und Reformierten erst 1974 durch die Leuenberger Konkordie erreicht wurde, obwohl es in der Rechtfertigungslehre nie kirchentrennende Differenzen oder gegenseitige Lehrverurteilungen gegeben hat. Daß die Rechtfertigungslehre als „Meister und Fürst, Herr, Lenker und Richter über alle Arten von Lehre“ angesehen wurde,[85] konnte offensichtlich nicht verhindern, daß man wegen der Differenzen in der Abendmahlslehre für mehr als 450 Jahre getrennt blieb.

In diesen Zusammenhang gehören auch die eigentümlichen Verschränkungen zwischen offizieller Lehre und kirchlichem Erscheinungsbild. Man hat immer wieder auf „die kompensatorische Rollenverteilung zwischen Theologie und Praxis“ in dieser Frage hingewiesen: „Die Protestanten verkünden die Rechtfertigung durch den Glauben und sind rastlos werkge-

82 G. Maron, Kirche und Rechtfertigung, 267.

83 Zur Auseinandersetzung mit Maron und zum grundsätzlichen Diskussionsstand vgl. S. Pemsel-Maier, Rechtfertigung durch Kirche?

84 Diese betreffen vor allen Dingen die Bedeutung des kirchlichen Amtes für die Heilsvermittlung, Kirche und Rechtfertigung, §§ 198–204.

85 So die bekannte Definition aus WA 39 I, 205,2.

recht; die Katholiken vertreten die Rechtfertigung durch die Werke und leben so ihres Glaubens."[86]

Zweifellos hat diese Verschränkung von Theorie und Praxis mit der ekklesiologischen Vermittlung des Heils zu tun. Durch die institutionelle und sakramentale Repräsentation der Gnade macht die katholische Kirche, die mit der lutherischen Lehre von der Heilsgewißheit große Schwierigkeiten hat, ihre Glieder ihres Heils gewisser als die evangelische Kirche, für die diese Lehre ein sehr wichtiger Haftpunkt für die Wahrheit der Rechtfertigungslehre darstellt, die sie aber in absichtlicher Abstraktion beläßt, aus Sorge, die Heilsgewißheit würde an bestimmten „Erfahrungen" festgemacht.

Aber gerade weil sich der Mensch das Heil nicht selbst zusprechen kann, ist es nicht ohne Mitwirkung von Menschen erfahrbar, die die Botschaft des Evangeliums weitersagen. Offen freilich ist, ob damit auch eine bestimmte institutionelle Gestalt dieser „kirchlichen Vermittlung" vorgegeben ist und welcher Stellenwert ihr im Heilsgeschehen zukommt. Hier stellt auch heutige katholische Theologie fest: „Die Priorität göttlichen Gnadenhandelns muß gewahrt werden und kritischer Maßstab der Ekklesiologie bleiben. Andererseits ist die sozial-ekklesiale Vermittlung des darin souverän bleibenden Handeln Gottes (vermittelte Unmittelbarkeit Gottes zu jedem Menschen) gegenüber individualistischen Verkürzungen der Unmittelbarkeit kritisch zur Geltung zu bringen."[87]

Die kritische Funktion, die die Rechtfertigungslehre für diese Fragen wahrnimmt, finden wir im Neuen Testament dort, wo um der Wahrung der eigenen kirchlichen Identität willen andere ausgegrenzt werden (Gal 2,11–14), wo bestimmte „Identitätsmerkmale" als heilsnotwendig eingefordert werden (Gal 3–5)[88] und wo geistliche Autorität mit der

86 C.F. v. Weizsäcker, Der Garten des Menschlichen, 506 (natürlich ist hier die katholische Lehre vergröbert dargestellt!).

87 B.-J. Hilberath, in: Th. Schneider, Handbuch 2, 43.

88 Spannend ist natürlich die Frage, ob dies auch für christliche „Identitätsmerkmale", z.B. die Taufe, gilt. Die differenzierte Formulierung in Mark 16,16 weist darauf hin, daß man sich im Urchristentum dieses Problems bewußt war.

Legitimation durch formale Voraussetzungen oder eigene spirituelle Erfahrungen begründet werden soll (1. u. 2. Kor).

Die Bedeutung der Rechtfertigungslehre für die Ekklesiologie erschöpft sich aber nicht in dieser kritischen Funktion. Sie hat auch gestaltende Kraft. Dies ist im evangelischen Bereich vielleicht zu wenig gesehen worden, möglicherweise, weil man wirklich meinte, man müsse sich zwischen Kirche und Rechtfertigung entscheiden.

- Für die Ordnung der Kirche ist die Autorität des Evangeliums grundlegend. Auch die Autorität des Apostels ist an sie gebunden; apostolische Tradition und Sukzession orientieren sich an der Weitergabe und Bewahrung des Evangeliums. Damit ist aber nicht nur eine Abgrenzung gegen eine zu sehr formal abgesicherte Autorität gegeben, sondern auch die Aufforderung, die kirchliche Ordnung so zu gestalten, daß sie wirklich dem Evangelium Gelegenheit gibt, seine Autorität auszuüben.
- Gemeinde und Kirche sind Sozialgestalt des Evangeliums. Die Wirklichkeit von Versöhnung und Annahme durch Gott prägt auch das Miteinander der Menschen in den Gemeinden und die Art, wie sie Menschen außerhalb der Kirche begegnen. Das konstruktive Füreinander von unterschiedlichen Diensten und Gaben ist Konsequenz der Rechtfertigung aus Glauben.
- Kirche ist Gemeinschaft der Glaubenden. Die personale Dimension des Heilsgeschehens muß auf Gestalt und Leben der Kirche ebenso Einfluß haben wie die Tatsache, daß Glaube immer Geschenk bleibt. Deshalb hat die Diskussion um die Rechtfertigungslehre auch Bedeutung für das Gespräch zwischen Volkskirchen und Freikirchen.

Die soziale Verpflichtung

Der kontroverstheologische Streit um die Frage nach der „Mitwirkung“ am Evangelium wirft eine bedrängende Frage auf. Ist die Tatsache, daß hier immer wieder um Grundsätze und Nuancen gestritten wird, nicht tatsächlich ein Indiz dafür, daß die Theologie der abendländischen Kirche die Rechtfertigungslehre zu sehr als Ausdruck eines „introspektiven

Gewissens des Westens“ mißverstanden hat?[89] Liegt in dieser Frage nicht die Gefahr der ständigen Selbstbeschäftigung, selbst dort, wo man jede Mitwirkung entschieden verneint, aber sie eben auch in der Negation noch zum entscheidenden Thema macht?

In keinem Fall sollten über diesen Fragen die sozialen Herausforderungen, die sich von der Rechtfertigungslehre aus stellen, vernachlässigt werden. Das ist die Anfrage, die uns heute die ökumenische Theologie der jungen Kirchen stellt. Die paulinische Fokussierung der Rechtfertigungsaussagen auf das Verhältnis von Gott und Mensch schließt keineswegs aus, all das in Verkündigung und Handeln der Kirche einzubeziehen, was alttestamentliche Rechtfertigungstheologie über die gesellschaftlichen Auswirkungen der Offenbarung der Gerechtigkeit Gottes sagt.[90] Wenn Paulus in Röm 6,12ff die Gerechtfertigten aufruft, ihre Glieder als Werkzeuge der Gerechtigkeit zur Verfügung zu stellen, dann „instrumentalisiert“ er sie dazu, durch ihr Leben Gottes soziale Gerechtigkeit zu verleiblichen und zu verwirklichen.

Angesichts einer Gesellschaft, in der immer mehr Menschen von der Möglichkeit, ihr Leben in Würde zu leben, ausgeschlossen sind, stellt sich die Herausforderung der Inklusivität, die in der Rechtfertigungsbotschaft begründet liegt, ganz besonders. Daran knüpfen neuere Arbeiten der Befreiungstheologie zurecht an.[91]

Die wichtigste Frage die sich der ökumenischen Beschäftigung mit der Rechtfertigungsbotschaft stellt, ist die: Hilft uns die neu gewonnene gemeinsame (oder die weiter festgehaltene eigene) Rechtfertigungslehre, aus der permanenten kirchlichen und ökumenischen Selbstbeschäftigung herauszufinden und statt dessen Gottes Gerechtigkeit in dieser Welt zu leben und ihr Offenbarwerden in Jesus Christus den Menschen weiterzusagen?

---

89 Vgl. K. Stendahl, Der Apostel Paulus und das „introspektive“ Gewissen des Westens; dazu E. Käsemann, Rechtfertigung und Heilsgeschichte.

90 So K. Nürnberger, Wider die Verengung, 157.

91 Vgl. Elsa Tamez, Gegen die Verurteilung zum Tod; und W. Altmann, Rechtfertigung in einem Kontext der Ausgrenzung.

Die missionarische Herausforderung

Damit stehen wir noch einmal an der Stelle, die für die Ausformung der paulinischen Rechtfertigungslehre entscheidende Bedeutung erlangt hat. Daß sich im Evangelium von Jesus Christus Gottes Gerechtigkeit offenbart, gibt ihm seine grenzüberschreitende, alle Menschen berührende Kraft. Es ist nicht von ungefähr, daß mit dieser Traditionslinie schon im Alten Testament die Gegenwart Gottes in Israel für die Völkerwelt heilvolle Bedeutung gewinnt.

Darum stellt sich bei einer Einigung in der Rechtfertigungslehre nicht nur die Frage nach „innen": Was bedeutet dies für das Verhältnis der Kirchen untereinander, insbesondere ihre Tischgemeinschaft?, sondern auch die Frage nach „außen": Was bedeutet das für die gemeinsame Verkündigung des Evangeliums an die Menschen unserer Gesellschaft? Wird deutlich, daß sich die Kirchen in dem einig geworden sind, was letzter Grund ihrer Existenz aus Gottes Gnade ist und daß sie diese Basis auch für den Lebensgrund aller Menschen halten, der ihnen durch alles, was in der Kirche und durch sie geschieht, nahegebracht und aufgeschlossen werden soll?[92]

92 Vgl. W. Klaiber, Missionarische Ökumene; ders., Hintergrund und Ziele.

V. Was ist Rechtfertigung? – Zusammenfassende Thesen

Ich versuche, in wenigen Sätzen eine Antwort auf die Frage „Was ist Rechtfertigung?“ zu geben:

Rechtfertigung ist Freispruch zum Leben, Geschenk eines neuen Lebens, eines Lebens, das seine Kraft, seinen Raum und sein Ziel in der Gemeinschaft mit Gott findet, die durch sein gerechtsprechendes Urteil eröffnet wird.

Rechtfertigung ist Freispruch vom Tod, Freispruch von der Anklage eines verfehlten Lebens und Befreiung aus tödlicher Beziehungslosigkeit.

Rechtfertigung ist Freispruch von dem Wahn und der Sorge, wir müßten oder könnten unser Leben selbst rechtfertigen und für seinen Wert und Sinn aufkommen.

Rechtfertigung ist Freispruch zu der Bestimmung unseres Lebens, gemeinsam als Gottes mündige Söhne und Töchter seine Gerechtigkeit zu leben.

Rechtfertigung geschieht um Christi willen: In seinem Tod hat Gott die Last und das Leid unserer Entfremdung von ihm getragen und verarbeitet.

Rechtfertigung geschieht aufgrund des Glaubens: Sie geschieht, wo Gott Menschen das Herz auftut, so daß sie sein Ja zu ihrem Leben vernehmen und es voll Vertrauen für sich gelten lassen.

Rechtfertigung macht offen für das Wirken des Geistes und befähigt zum Handeln aus Gottes Liebe – sich selbst vergessend und doch selbst-bewußt, immer im Wissen, daß wir alles seinem Wirken verdanken.

Rechtfertigung ist Teil des Heilshandelns Gottes an der ganzen Welt. Gottes gnädiges Ja, das die Glaubenden im Wort des Evangeliums für sich vernehmen, ist auch Gottes Ja zu seiner Welt, das wir als Grundwort der biblischen Botschaft proklamieren, als Auftrag unseres Lebens in der Welt leben und als eschatologische Erfüllung erhoffen.

Diese Botschaft weiterzugeben – gleich, ob in der Predigt, im Gespräch oder im Unterricht – ist Auftrag unserer Rechtfertigungsverkündigung. Dieser Botschaft in einer ausformulierten und reflektierten Rechtfertigungslehre immer wieder neu die nötigen klaren Konturen zu geben, ist unsere gemeinsame theologische Verantwortung. Dazu abschließend 10 Thesen:[1]

1. Die Rechtfertigungsbotschaft verkündet Gott, der sich in seiner heilvollen Treue allen Menschen zuwendet und der das Ja seiner Liebe zu ihnen spricht.

Die Verkündigung der Rechtfertigung allein aus Glauben ist die Aus-Wirkung der Selbstoffenbarung Gottes in Jesus Christus. Sie ist nicht an eine bestimmte Fragestellung der Menschen gebunden. Wir sind das Evangelium von Gottes rechtfertigendem und heilschaffendem Handeln in Jesus Christus allen schuldig, ob sie danach fragen oder nicht. Die Frage nach dem „gnädigen Gott" ist nicht begrenzt auf die Verzweiflung eines geängsteten Gewissens angesichts der drohenden Verurteilung im Jüngsten Gericht. Sie ist recht verstanden die Frage nach Gott überhaupt, insofern sie nicht nur Frage nach einer letzten schöpferischen und ordnenden Kraft im Universum, sondern die Frage nach einem Gott ist, der zu uns in eine heilvolle Beziehung tritt.[2] Aber selbst wenn Menschen auch diese Frage nicht (mehr) stellen, sagen wir es ihnen weiter, daß Gott in der Person und der Geschichte Jesu von Nazareth das Ja seiner Liebe zu ihnen gesprochen hat. Rechtfertigungsverkündigung ist Gottesverkündigung und Heilsverkündigung zugleich.

2. Die Rechtfertigungsbotschaft ruft die Menschen zu ihrer eigentlichen Bestimmung zurück, in der Gemeinschaft mit Gott und im verantwortlichen Gegenüber zu ihm zu leben.

---

1 Zu diesen Thesen vgl. W. Klaiber, Ökumenische Verantwortung.
2 Jüngel, Evangelium, 39.

Das Rechtfertigungsgeschehen nimmt ernst, worin Würde und Wert menschlichen Lebens besteht. Es ist Leben in Verantwortung. Es geht um Verantwortung vor dem gnädigen Gott, der niemand überfordert und doch alle nach ihren Möglichkeiten fragt. Die Bedeutung der juridischen Sprachform der Rechtfertigungslehre liegt nicht zuletzt darin, daß sie diese Dimension festhält. Auch wenn der säkularisierte Mensch nichts mehr von einer Verantwortung vor Gott weiß oder wissen will, so ist ihm doch die besondere Verantwortung der Menschen füreinander und für das Leben auf diesem Planeten bewußt, die aus der einzigartigen menschlichen Befähigung zur Gestaltung und Zerstörung entspringt. Auch den heutigen Menschen ist das Gesetz ins Herz geschrieben (Röm 2,16)!

Die biblische Botschaft beschreibt diese grundlegende Prägung menschlichen Seins durch die Bestimmung der Menschen zur Gottebenbildlichkeit. Gottes rechtfertigendes Handeln führt die Menschen zu dieser Bestimmung zurück.[3] Denn im Rechtfertigungsurteil erfolgt nicht nur der Freispruch von begangener Schuld, sondern auch die Wiederaufnahme in die zu Bruch gegangene Gemeinschaft mit Gott und die Einsetzung in die von Gott geschenkte, aber vom Menschen selbst verspielte Würde. Das Rechtfertigungsgeschehen beseitigt nicht nur eine unheilvolle Vergangenheit, sondern setzt eine neue, zukunftsträchtige Wirklichkeit: die Wirklichkeit einer neuen Schöpfung in Christus und des Gerechtfertigtseins durch ihn.[4] Als Werk der Gnade Gottes an und im Menschen greifen Rechtfertigung und Heiligung ineinander über. Rechtfertigung ist mehr als eine permanente Generalamnestie. Rechtfertigung ist Rehabilitation, nicht in dem Sinne, daß ein unschuldig Verurteilter rehabilitiert wird, son-

3 W. Härle, Zur Gegenwartsbedeutung, 128f.

4 Daß erneut darüber gestritten wird, ob die Rechtfertigung des Sünders Gerechtsprechung oder Gerechtmachung sei, ist exegetisch nicht nachzuvollziehen. Paulus kennt „*keinen* Unterschied zwischen nur imputativer oder effektiver Rechtfertigung“. Rechtfertigung ist „ein von Gott gewirkter schöpferischer Rechtsakt“; P. Stuhlmacher, Biblische Theologie I, 334f.

dern daß diejenigen, die sich mit ihren Möglichkeiten am Ende sehen, befähigt werden, Gott zu dienen und gerade so ein eigenes Leben zu leben. Gottes rechtfertigendes Handeln begründet die wahre Würde menschlichen Seins und weist ihm erneut sein Ziel zu.

3. Die Rechtfertigungsbotschaft deckt die Ursache des Scheiterns der Menschen auf: ihre unheilbare Entfremdung von Gott und sich selbst, durch die die Sünde zur bestimmenden Macht über ihr Leben wird. Sie proklamiert zugleich deren Überwindung durch Gottes Handeln in Jesus Christus, der die zerstörerische Macht der Sünde und die Folgen der menschlichen Feindschaft gegen Gott auf sich genommen hat und so die Beziehung der Menschen zu Gott heilt.

Der Zusammenhang von Kreuzestheologie und Rechtfertigungsbotschaft macht die Totalität menschlicher Verlorenheit sichtbar und bezeugt zugleich die Radikalität der rettenden Liebe Gottes. Darin liegt der Ernst, aber auch die wunderbare Tiefe des Rechtfertigungsgeschehens begründet. Die Rechtfertigungsbotschaft sagt dem Menschen ja nicht einfach: „Du bist o.k.“. Sie sagt ihm: Gott nimmt dich an, wie du bist, weil er in Christus all das, was an dir unannehmbar ist, auf sich genommen hat. Erst dann, wenn sie wissen, daß ihr Leben in der Liebe Gottes geborgen ist, können Menschen überhaupt erkennen und begreifen, wie es wirklich um ihr Leben steht. In dieser befreienden Wirkung des Rechtfertigungsgeschehens liegt auch seine verändernde Kraft. Es ist gerade die paulinische Kreuzestheologie, die nachdrücklich unterstreicht, daß wir durch Christi Tod nicht nur von der Schuld der Sünde, sondern auch von ihrer Macht befreit sind (vgl. Röm 3,23–26; 4,25; 5,12–21; 6,1–23; 8,3f). Weil Christus, und damit Gottes Liebe, die Mitte ihres Lebens geworden ist, erfahren Menschen, daß sie nicht sündigen müssen. Sie wissen zugleich, daß sie weiter eingebunden bleiben in die Widersprüchlichkeit menschlichen Lebens, die ihr Leben angreifbar für die Macht der Sünde macht. Aber sie wissen auch, daß sie sich von diesem Machtkampf nicht mehr zerreißen lassen müssen, sondern der Vergebung gewiß von sich selbst absehen dürfen und sich immer wieder neu von dem leiten lassen können, wozu sie Gottes Liebe treibt.[5] Angesichts einer gesellschaftlichen Wirklichkeit, in der die zerstörerischen Kräfte der Sünde ihre todbringende Herrschaft ausüben, werden Christen zu Botschaftern und Trägern des Lebens, das Gott mit seiner Liebe schenkt.

4. Im Rechtfertigungsgeschehen erfahren Menschen, daß Gott sie voraussetzungs- und bedingungslos annimmt, daß er das, was sie von ihm trennt, ohne ihr Zutun beseitigt und ihr Leben durch seine Liebe neu gestaltet. Daß Menschen befähigt werden, sich für dieses Geschehen zu öffnen und Gottes Wirken für sich anzunehmen, ist ein Wunder, das Gottes Geist durch das Wort der Verkündigung wirkt (Gal 3,2–5; Röm 10,17). Dieses Wunder vollzieht sich im Glauben an Jesus Christus.

Mit dem Verweis auf den Glauben wird sowohl die Art und Weise beschrieben, wie Menschen das Heil annehmen, als auch festgehalten, daß dies ganz ohne „Eigenleistung" der Menschen geschieht.

Daß im Blick auf das *sola fide* inzwischen wirklich ein Konsens zwischen der lutherischen und der römisch-katholischen Kirche festgestellt werden konnte, gehört zu den wichtigen und großen Schritten auf dem Weg zur Wiedererlangung der Einheit.[6] Um so mehr sind wir es den Menschen schuldig, zu erklären, was wir unter „Glauben" verstehen. Es muß deutlich werden, daß es dabei nicht um eine religiöse Ersatzleistung anstelle von nichtvorhandenen guten Werken geht, auch nicht um ein *sacrificium intellectus* oder um die Anstrengung eines Gehorsams, der sich der Lehre der Kirche unterwirft. Aber es muß ebenso deutlich sein, daß der Glaube nicht nur eine abstrakte Umschreibung für das „Nicht-Tun" der Menschen ist, an dem letztlich der Mensch möglichst überhaupt nicht beteiligt ist, um jedwede „Mitwirkung" aus-

5 Ich versuche so das Anliegen des *simul iustus et peccator* aufzunehmen.
6 GOF, Anhang C.

zuschließen. Glaube ist die vertrauensvolle Annahme dessen, was uns das Evangelium zuspricht. Glaube ist die Öffnung des Lebens für Gottes heilschaffenden Zuspruch. Glaube ist „kreative Rezeptivität und Passivität“[7] und damit zugleich „aktiv gelebte Gnade“[8].

Deshalb gehört der Ruf zum Glauben untrennbar zur Rechtfertigungsbotschaft und die eindringliche Bitte „Laßt euch versöhnen mit Gott!“ zur Weitergabe des Evangeliums.

5. Die Rechtfertigungsbotschaft befreit Menschen sowohl von dem zerstörerischen Zwang, ihr Leben durch Erfolg, Leistung oder Besitz rechtfertigen zu müssen, als auch aus der tödlichen Verzweiflung zu meinen, mangels solcher Selbstrechtfertigung sei das eigene Leben verfehlt und ohne Wert und Sinn. Sie schenkt Identität, die in der Annahme durch Gott gründet.

In unserer Gesellschaft scheint die Frage nach der Rechtfertigung aus Werken verstummt zu sein. Dennoch ist diese Gesellschaft durchdrungen von der Überzeugung, daß sich der Wert und der Sinn menschlichen Lebens durch das ergibt, was einer macht oder leistet oder hat. Diese Grundbestimmung heutiger Existenz tritt äußerlich ganz säkular auf, ist aber existentiell ein zutiefst religiöses Phänomen, eine „letzte“ Frage nach der Rechtfertigung, der Sinngebung und der Wertschätzung eines Lebens. Viele in unserer Gesellschaft spüren schmerzlich, wie aufgrund von Leistung und Erfolg über den Lebensweg entschieden wird und leiden darunter, daß sie abgeschrieben sind.

Wenn es zutrifft, daß solche Selbstrechtfertigung ohne und gegen Gott Konsequenz der Sünde ist, an der nicht nur diejenigen zugrunde gehen, die nicht mithalten können, sondern auch diejenigen, die meinen, so ihr Leben selbst rechtfertigen zu können, dann braucht unsere Zeit keine Botschaft so dringend wie die Predigt von der Rechtfertigung allein aus Gnaden. Es ist nötig, daß wir mit den Erfolglosen und den

---

7 E. Jüngel, Kirche als Sakrament, 326.
8 W. Klaiber/M. Marquardt, Gelebte Gnade, 250.

Erfolgreichen, mit den Selbstzufriedenen und den an sich Zweifelnden und Verzweifelnden durchbuchstabieren, was Annahme ihres Lebens durch Gott bedeutet: Befreiung zu einem Wert des Lebens, der nicht im „Produkt" unseres Tuns liegt oder an unerfüllten Leistungen scheitert, sondern in der Liebe Gottes zu uns gründet. „Die eigene Lebensgeschichte wird somit zum Ort, an dem die Rechtfertigung ihre Geltung gewinnt und zugleich den Menschen aus Selbstrechtfertigungen und Selbstverwirklichungen befreit."[9]

In der Rechtfertigungsbotschaft steckt damit zugleich auch ein Plädoyer für den Wert eines jeden Menschenlebens vor Gott, gleich, ob ein Mensch dies schon im Glauben realisiert hat oder nicht. Für Gott gibt es kein „lebensunwertes" Leben.

6. Die Rechtfertigungsverkündigung geschieht im Dienst der grenzüberschreitenden Kraft des Evangeliums und ist immer wieder neu unter der Perspektive zu formulieren, wie wir über alle ekklesiologischen, religiösen, sozialen, ethnischen oder kulturellen Grenzen hinweg Menschen sagen können, daß Gottes Treue und Liebe auch ihnen gilt.

Wenn Paulus davon sprach, daß Gott nicht nur ein Gott der Juden, sondern auch der Heiden sei (Röm 3,29), müssen wir heute gemeinsam bedenken, was es bedeutet, daß Gott nicht nur ein Gott der Christen, sondern auch der Buddhisten, Muslime und der Atheisten sein will. Paulus hat aus seiner Feststellung nicht die Konsequenz einer pluralistischen Religionstheorie gezogen, die die Wahrheit Gottes in allen Religionen repräsentiert sieht. Er hat an der Einzigartigkeit der Offenbarung Gottes in Jesus Christus festgehalten und zu-

9 I. Schoberth, Rechtfertigung und Schülersehnsucht, 56. „Rechtfertigung erinnert an den Schöpfer, der sein Geschöpf erhalten will und ihm einen *Lebensraum* gibt, den Menschen brauchen: in diesem Raum kommt ihm ein Leben zu, das der Sorge Gottes anvertraut bleibt" (aaO. 55). Schoberth zeigt die Relevanz der Rechtfertigungsbotschaft für die Religionsunterricht (und streift mit ihrem Plädoyer für die Zusammenschau von „Heiligkeit und Glück" [58] – ohne es zu wissen – die Auffassung Wesleys von „holiness and happiness" als Gabe der Rechtfertigung.)

gleich versucht, die Bindung des Heilshandelns Gottes an menschliche Vorgaben zur überwinden und jede vorgängige Zuweisung von Menschen an Heils- oder Unheilsbereiche zu durchbrechen. Die Wirkung des Evangeliums ist auch nicht an die soziokulturellen Bedingungen traditionellen Christentums gebunden. Seine grenzüberschreitende Kraft immer wieder neu zu entdecken und sich ihr anzuvertrauen, gehört zu den wichtigsten ökumenischen Herausforderungen der Rechtfertigungslehre.

7. Das Evangelium von Gottes rechtfertigendem Handeln in Jesus Christus hat eine Sozialgestalt. Es begründet eine Gemeinschaft von Menschen, die zusammengeführt werden, weil sie von Gottes Wort und von der Gegenwart Christi in seinem Mahl leben. Sie nehmen einander in ihrer Verschiedenheit an, weil Gott sie in Christus angenommen hat (Röm 15,7); sie halten ihr Ja zueinander durch, auch wo sie zu bestimmten Verhaltensweisen der anderen Nein sagen müssen.[10]

Das Rechtfertigungsgeschehen begründet eine Sozialstruktur, deren wichtigstes Merkmal ihre Inklusivität ist (Gal 3,28). Ihr äußeres Merkmal ist die Mahlgemeinschaft. Wer sie verweigert, verstößt gegen die Wahrheit des Evangeliums (Gal 2,11–14). Es kann keinen wirklichen Konsens in den Fragen der Rechtfertigungslehre geben, der nicht die gegenseitige eucharistische Gemeinschaft oder zumindest Gastfreundschaft in sich schließt. Darauf zu beharren, ist nicht nur eine Frage der inneren Logik des Evangeliums, sondern auch der Glaubwürdigkeit unserer gemeinsamen Verkündigung nach außen. Wir stehen hier in gemeinsamer ökumenischer Verantwortung für das Evangelium, die sich auch daran bewähren muß, daß die Rechtfertigungslehre sich immer wieder als kritisches Ferment gegenüber allen Bestrebungen erweisen wird, die Existenz als wahre Kirche Jesu Christi an bestimmte Verfassungstrukturen zu binden. Daß Kirche Kirche Jesu Christi ist, kann nur an ihrer Bindung an das Evan-

10 *W. Härle*, Zur Gegenwartsbedeutung, 134.

gelium liegen, und diese Bindung formt das Leben in ihr zu einer Gemeinschaft von Verschiedenen, die durch Christi Ruf und die Begnadung durch Gottes Geist geeint sind.

Daraus folgt:

- Kirche ist Gemeinschaft der Glaubenden und Berufenen. Der Ruf, der Menschen in beglückender Totalität in die persönliche Gemeinschaft mit Gott stellt, zielt auch auf ihre verbindliche und engagierte Zugehörigkeit zu seiner Gemeinde. Weil aber Glaube Geschenk ist, unerzwingbare Reaktion auf Gottes Ruf, ist die Kirche immer auch eine Gemeinschaft von Glaubenden und Suchenden.
- Kirche ist Kirche der Armen, der Verachteten, derer, die an den Rand gedrängt sind. Aber gerade deshalb gilt auch, daß Kirche Raum für alle bietet, ohne Rücksicht auf Herkunft und Einkommen.
- Kirche ist von außen gesehen „irdenes Gefäß", gekennzeichnet durch Verfolgung, Bedrängnis und Ängste, durch Schwäche und Versagen, aber gerade so auch immer wieder neu Instrument der Gnade. Menschen erfahren in ihr die Schönheit Gottes und die Wärme geschwisterlicher Liebe.
- Kirche ist Mission, lebendiger Ausdruck dafür, daß das Evangelium immer neu Grenzen zu anderen überschreitet und Leben und Evangelium mit ihnen teilt (1. Th 2,8).

8. Die Rechtfertigungsbotschaft stellt die Gerechtfertigten in ein Leben hinein, das der Sorge um die eigene „Wertstellung" enthoben und zur liebenden Zuwendung für andere befreit ist. Das Gebot der Nächstenliebe wird zur dankbar wahrgenommenen Möglichkeit, die von Gott geschenkte und neu geschaffene Existenz im Miteinander mit anderen zu leben und die lebensfördernde Kraft zu erfahren, die Gott in sie gelegt hat.

Daß der Glaube in der Liebe wirksam wird (Gal 5,6), beschreibt kein zusätzliches Attribut menschlichen Verhaltens, sondern die Art, wie sich der Glaube in das Wirken Gottes hineinnehmen läßt. „Mitwirken" am Heil kann deshalb nie ein zusätzliches, additiv zu Gottes Wirken verstandenes Handeln des Menschen sein, sondern nur aktives Hineingenommensein in das Wirken Gottes.[11]

„Mitarbeiter Gottes", Mitwirkende bei seinem Handeln sind Christen daher dort, wo es darum geht, in Verkündigung, Gemeindeaufbau und helfender Tat für das Heil anderer zu wirken (vgl. 1. Kor 3,9–14). Die Rechtfertigung schließt solche „Mitwirkung" am Heil nicht aus, sondern gerade ein; denn es gibt keine glaubwürdigere Form der Annahme und Wertschätzung eines anderen, als ihm zu sagen, daß man ihn braucht. Darum ist für Paulus die Indienstnahme für das Evangelium Begnadung und die Berufung eines Verfolgers tiefster Ausdruck der Rechtfertigung des Gottlosen (1. Kor 15,9f; Gal 1,15f; Röm 12,3–8). In diesem Dienstverhältnis kann als Ausdruck der bleibenden Verantwortung vor Gott auch von Anerkennung, Lohn oder Lob durch Gott geredet werden (1. Kor 3,14; 4,5); aber es gibt in diesem Verhältnis kein „Verdienst", das wir beanspruchen oder für das wir die Anerkennung und Wertschätzung unseres Lebens vor Gott geltend machen könnten. Das Befreiende und Beglükkende an dieser Form der „Mitwirkung" am Heil liegt ja gerade darin, daß die Gerechtfertigten der Sorge um das eigenen Heil enthoben sind. Gerade darum können sie sich auch dankbar darüber freuen, was Gott in ihrem Leben wirkt.[12] Daß der allmächtige Gott Mitarbeiter und Mitarbeiterinnen braucht, die er nicht nach den Maßstäben menschlichen Leistungsvermögens und Könnens aussucht, sondern als Ausdruck seiner gnädigen Zuwendung beruft, könnte gerade für unsere Zeit eine wichtige Ausformung der Rechtfertigungsbotschaft sein.

9. Die Rechtfertigungsbotschaft stellt in den Dienst der Gerechtigkeit Gottes, die Ja sagt zum Leben, das Gott geschaffen hat, und alles fördert, was diesem Leben dient.

11 Vgl. die dialektische Aussage in Phil 2,12f!

12 Den Satz Luthers: „Es ist doch unser Tun umsonst auch in dem besten Leben" (EG 299,2), hätte Paulus im Blick auf das Leben des Christen nicht mitsprechen können. Daß er mit seinem Dienst nicht „ins Leere" laufen möge und nicht „vergeblich" gearbeitet hat und die Gnade nicht „umsonst" empfangen hat, das ist ein wichtiges Anliegen für ihn.

Dies schließt die grundsätzliche Kritik an allen lebensverachtenden Systemen und Verhaltensweisen ein.

Die Rechtfertigungslehre kann nicht in direkte politische Handlungsanweisungen umgesetzt werden. Aber weil sie nichts anderes tut, als Gottes Gerechtigkeit für alle geltend zu machen, wird sie auch gesellschaftliche Auswirkungen haben, wenn es darum geht, das Lebensrecht und den Lebensraum für Gottes Geschöpfe zu bewahren und wieder neu zu gewinnen.[13] Und das kann im Konfliktfall sehr eindeutige politische Konsequenzen haben.

Gesamtbiblisch ist die Heillosigkeit menschlicher Existenz in all ihren verschiedenen Dimensionen der Erfahrungshorizont von Gottes rechtfertigendem Handeln und der Offenbarung seiner Gerechtigkeit. Darum bricht die Rechtfertigungsproblematik nicht nur an der Schuld der Menschen auf, sondern auch generell am Leiden in dieser Welt, „am versehrten Leben, an der versehrten Gesellschaft, an der versehrten Natur".[14] Das alttestamentliche Erbe der Rechtfertigungslehre, die Sorge um die Integrität der Gesellschaft, die auf einer sozial verpflichtenden Rechtsordnung beruht, hat bleibende kritische und konstruktive Funktion. Wo es nicht als Weg zum Heil mißbraucht wird, kann Gottes Gebot seinen ursprünglichen Sinn als Anweisung zum rechten Leben wiedergewinnen.

Das Rechtfertigungsgeschehen stellt die Gerechtfertigten zugleich hinein in den Prozeß der Rechtfertigung Gottes, dessen Gerechtigkeit in Frage gestellt ist. Daß Gott sie angesichts all des Unheils in Jesus Christus durch sein Mitleiden mit und in dieser Welt unter Beweis stellt, bestimmt auch den Weg derer, die von seiner Gerechtigkeit leben. „Die Rechtfertigungslehre will dem Menschen nicht alle Schuld für das Übel und die Leiden in der Welt aufladen. Sie will ihn vielmehr herausfordern, sich dem brüderlichen Gericht Gottes zu stellen und – ohne Angst vor Verurteilung und Strafe – die

13 Vgl. E. Jüngel, Evangelium, 229ff; W. Schlichting (Hg.), Rechtfertigung und Weltverantwortung.

14 K. Nürnberger, Wider die Verengung der Rechtfertigungslehre, 157.

Verantwortung für den eigenen Anteil an der Unheilsgeschichte der Menschheit zu übernehmen."[15]

10. Die Rechtfertigungsbotschaft macht uns gewiß, daß der Weg, den Gott in Jesus Christus hinein in das Leben, das Leiden und den Tod von uns Menschen gegangen ist, unseren Gottes-Mangel ausfüllt, dadurch auch den Tod überwindet und uns durch ihn hindurch in eine letzte, vollendete Gemeinschaft mit Gott führen wird.

Gottes Ja zu uns ist der tragende Grund unserer Existenz. Das gilt auch über den Tod hinaus. Rechtfertigung ist Leben. Darum begründet Rechtfertigung Hoffnung: Hoffnung, die nicht beschränkt ist auf unsere eigene Existenz, sondern zugleich Hoffnung auf die Erlösung der ganzen Schöpfung einschließt (Röm 8,18ff). Die Rechtfertigung des Gottlosen ist Ausdruck der Schöpferkraft Gottes, die aus dem Nichts schafft, und darum auch zugleich Grund der Hoffnung auf den, der die Toten auferweckt (Röm 4,17).

---

15 Vgl. J. Werbick, Rechtfertigung des Sünders – Rechtfertigung Gottes, 50. Er fährt fort: „Die Frage nach der letzten Verantwortung für diese Unheilsgeschichte darf unbeantwortet bleiben; dem Glaubenden genügt die Gewißheit, daß diese Unheilsgeschichte ihn nicht von Gottes Liebe trennen kann (Röm 8,38f.), da Gott sie ‚am eigenen Leib' – in unserem Bruder Jesus Christus – ‚ausgehalten' hat."

Literaturverzeichnis

Die Literatur zur Rechtfertigungslehre ist fast unübersehbar. Dieses Literaturverzeichnis enthält daher nur die bibliographischen Angaben für die in den Anmerkungen mit Kurztitel genannten Monographien und Artikel in Zeitschriften und Sammelbänden. Kommentare werden in den Anmerkungen mit der Abkürzung des jeweiligen biblischen Buches zitiert. Lexikonartikel sind im Literaturverzeichnis nicht aufgeführt. Die Abkürzungen der Lexika, der Zeitschriften und Sammelwerke, sowie der Standard-Textausgaben folgen dem Abkürzungsverzeichnis der Theologischen Realenzyklopädie (hg. v. S.M. Schwertner, Berlin-New York ^{2}1994).

Althaus, P.: Paulus und Luther über den Menschen, Gütersloh ^{4}1963

Altmann, W.: Rechtfertigung in einem Kontext der Ausgrenzung, ÖR 48, 1999, 448–458

Andresen, C. (Hg.): Handbuch der Dogmen- und Theologiegeschichte I, Göttingen 1982

Assmann, J.: Ma'at. Gerechtigkeit und Unsterblichkeit im alten Ägypten, München ^{2}1995

Avemarie, F.: Tora und Leben. Untersuchen zur Heilsbedeutung der Tora in der frühen rabbinischen Literatur, TSAJ 55, 1996

Bachmann, M.: 4QMMT und Galaterbrief, ZNW 89, 1998, 91–113

Barbiero, G.: Das erste Psalmbuch als Einheit, ÖBS 16, 1999

Barth, G.: Der Brief an die Philipper, ZBK NT 9, 1979

– : Die Eignung des Verkündigers in 2 Kor 2,14–3,6, in: D. Lührmann/ G. Strecker (Hg.), Kirche. FS G. Bornkamm, Tübingen 1980, 257–270

Barth, K.: Die kirchliche Dogmatik IV, 1: Die Lehre von der Versöhnung, Zürich 1953

Baumann, R.: „Gottes Gerechtigkeit" – Verheißung und Herausforderung für diese Welt, Freiburg-Basel-Wien 1989

Becker, J.: Das Heil Gottes, StUNT 3, 1964

– : Jesus von Nazaret, Tübingen 1996

– : Johannes der Täufer und Jesus von Nazareth, BSt 63, 1972

– : Paulus. Der Apostel der Völker, Tübingen 1989

Betz, H.D.: Der Galaterbrief, München 1988

Betz, O.: Rechtfertigung in Qumran, in: J. Friedrich u.a. (Hg.), Rechtfertigung. FS E. Käsemann, Tübingen/Göttingen 1976 17–36

Blank, J.: Der leidende Gottesknecht (Jes 53), in: ders., Studien zur biblischen Theologie, SBA 13, 1992, 37–96

– : Warum sagt Paulus: „Aus Werken des Gesetzes wird niemand gerecht"?, in: ders., Paulus: Von Jesus zum Christentum, München 1982, 42–68

– : Paulus und Jesus, StANT 18, 1968

Boecker, H.J.: Recht und Gesetz im Alten Testament und im Alten Orient, NStB 10, 1976

– : Redeformen des Rechtslebens im AT, WMANT 14, 1964

Bornkamm, G.: Der Auferstandene und der Irdische, MT. 28,16–20, in: ders./G. Barth/H.J. Held, Überlieferung und Auslegung im Matthäusevangelium, WMANT 1, [5]1968, 289–310

– : Die Offenbarung des Zornes Gottes, in: ders., Das Ende des Gesetzes (GA I), BevTh 16, [5]1966, 9–33

Braulik, G.: Die Entstehung der Rechtfertigungslehre in den Bearbeitungsschichten des Buches Deuteronomium. Ein Beitrag zur Klärung der Voraussetzungen paulinischer Theologie, ThPh 64, 1989, 321–333

– : Gesetz als Evangelium. Rechtfertigung und Begnadigung nach der deuteronomischen Thora, ZThK 79, 1982, 127–160

Breytenbach C.: Versöhnung. Eine Studie zur paulinischen Soteriologie, WMANT 60, 1989

–: Versöhnung, Stellvertretung und Sühne, NTS 39, 1993, 59–79

Brox, N.: Die Pastoralbriefe, RNT 7/2, 1969

Brunner, P.: Die Rechtfertigungslehre des Konzils v. Trient, in: ders., Pro ecclesia II, 1966, Berlin-Hamburg 141–169

Burchard, Ch.: Zu Jak 2,14–26, ZNW 71, 1980, 27–45

Bultmann, R.: ΔΙΚΑΙΟΣΥΝΗ ΘΕΟΥ, Exegetica, Tübingen 1967, 470–475

– : Römer 7 und die Anthropologie des Paulus, ebd. 198–209

– : Theologie des Neuen Testaments, hg. von O. Merk, UTB 630, [7]1977

– : Zum Problem der Entmythologisierung, KuM 2, 179–208

Camponovo, O.: Königtum, Königsherrschaft und Reich Gottes in den frühjüdischen Schriften, OBO 58, 1984

Christsein gestalten. Eine Studie zum Weg der Kirche. Hg. v. Kirchenamt im Auftrag des Rates der EKD, Hannover 1986

Cremer, H.: Biblisch-theologisches Wörterbuch der Neutestamentlichen Gräcität, Gotha [9]1902

– : Die paulinische Rechtfertigungslehre im Zusammenhange ihrer geschichtlichen Voraussetzungen, Gütersloh [2]1909
Crüsemann, F.: Jahwes Gerechtigkeit (s[e]daqa/sädäq) im Alten Testament, EvTh 36, 1976, 427–450
Dahl, N.A.: The Doctrine of Justification: Its Social Function and Implications, in: ders., Studies in Paul, Minneapolis 1977, 95–120
– : The Missionary Theology in the Epistle to the Romans, ebd. 70–94
– : The One God of Jews and Gentiles, ebd 178–191
Dalferth, I.U.: Existenz Gottes und christlicher Glaube, BevTh 93, 1984
Delling, G.: Partizipiale Gottesprädikationen in den Briefen des NT, StTh 17, 1963, 1–59
Dietzfelbinger, Ch.: Die Berufung des Paulus als Ursprung seiner Theologie, WMANT 58, [2]1989
Dodd, C.H.: The Bible and the Greeks, London [3]1964
Donfried, K. (Hg.): The Romans Debate, Edingburgh [2]1991
Dunn, J.D.G.: Works of the Law and the Curse of the Law (Galatians 3.10–14), in: ders., Jesus, Paul and the Law, London 1990, 215–241
– : Yet once more – „The Works of the Law“: A Response, JStNT 46,1992, 99–117
– : The Justice of God, JThSt NS 43, 1992, 1–22
– : 4 QMMT and Galatians, NTS 43, 1997, 147–153
– : Romans 1–8/Romans 9–16, Dallas 1988
– : The Theology of Paul the Apostel, Grand Rapids 1998
Ebach, J.: Streiten mit Gott. Hiob, Teil 1, Hiob 1–20, Neukirchen-Vluyn 1995
Eckstein, H.-J.: „Denn Gottes Zorn wird vom Himmel her offenbar werden“. Exegetische Erwägungen zu Röm 1,18, ZNW 78, 1987, 74–89
Elliger, K.: Deuterojesaja (40,1–45,7), BK XI/1, [2]1989
Fahlgren, K.H.: ṣedaka, nahestehende und entgegengesetzte Begriffe im AT, Uppsala 1932
Felmy, K.C.; Die orthodoxe Theologie der Gegenwart, Darmstadt 1990
Fiedler, M.J.: Der Begriff δικαιοσύνη im Matthäus-Evangelium, Diss.theol. Halle 1957
– : „Gerechtigkeit“ im Matthäusevangelium, ThV 8, 1977, 63–75
Fiedler, P.: Röm 8,31–39 als Brennpunkt paulinischer Botschaft, ZNW 68, 1977, 23–34
Fitzmyer, J.A.: Romans, AncB 33, 1993

Fohrer, G.: Das Buch Hiob, KAT 16, ²1988
Gese, H.: Die Frage nach dem Lebenssinn: Hiob und die Folgen, ZThK 79, 1982, 162–179
– : Das Gesetz, in: ders., Zur biblischen Theologie, BEvTh 78, 1977, 55–84
– : Der Johannesprolog, ebd. 152–201
– : Die Sühne, ebd. 85–106
– : Der Tod im Alten Testament, ebd. 31–54
Gese, M.: Das Vermächtnis des Paulus. Die Rezeption der paulinischen Theologie im Epheserbrief, WUNT II, 99, 1997
Giesen, H.: Christliches Handeln. Eine redaktionskritische Untersuchung zum δικαιοσύνη-Begriff im Matthäusevangelium, EHS.T 181, 1982
Gloege, G.: Die Rechtfertigungslehre als hermeneutische Kategorie, ThLZ 89, 1964, 161–176
Gnilka, J.: Der Epheserbrief, HThK X,2, ⁴1990
Goppelt, L.: Wahrheit als Befreiung. Das neutestamentliche Zeugnis von der Wahrheit nach dem Johannesevangelium, in: Was ist Wahrheit?, hg. v. H.-R. Müller-Schwefe, Göttingen 1965, 80–93
Groß,H.: „Rechtfertigung“ nach dem Alten Testament, in: P.G. Müller/W. Stenger (Hg.), Kontinuität und Einheit. Für Franz Mußner, Freiburg-Basel-Wien 1981, 17–29
Haacker, K.: Der Brief des Paulus an die Römer, ThHK NT 6, 1999
Hafemann, S.: ‚Self-Commendation‘ and Apostolic Legitimacy in 2 Corinthians: a Pauline Dialectic? NTS 36, 1990, 66–88
Hahn, F.: Genesis 15,6 im Neuen Testament, in: H.W. Wolff (Hg.), Probleme biblischer Theologie. FS Gerhard von Rad, München 1971, 90–107
– : Gerechtigkeit Gottes und Rechtfertigung des Menschen nach dem Zeugnis des Neuen Testaments, EvTh 59, 1999, 335–346
– : Gibt es eine Entwicklung in den Aussagen über die Rechtfertigung bei Paulus? EvTh 53, 1993,342–366
– : Taufe und Rechtfertigung, in: J. Friedrich u.a. (Hg.), Rechtfertigung, FS E. Käsemann, Tübingen/Göttingen 1976, 95–124
Härle, W.: Analytische und synthetische Urteile in der Rechtfertigungslehre, NZSTh 16, 1974, 17–34
– : Dogmatik, Berlin-New York 1995
– : Zur Gegenwartsbedeutung der Rechtfertigungslehre, ZThK 95, 1998, 101–139
Harnack, A. v.: Lehrbuch der Dogmengeschichte I–III, Tübingen ⁵1931
Haubeck, W.: Loskauf durch Christus, Giessen 1985
– : Rechtfertigung und Sühne bei Paulus, JETh 11, 1997, 93–104

Heckel, U.: Kraft in Schwachheit, WUNT II/5, 1993
Hengel M.: Der Sohn Gottes, Tübingen [2]1977
Hengel M. – Schwemer, A.M.: Paulus zwischen Damaskus und Antiochien, WUNT 108, 1998
Hermisson, H.-J.: Deuterojesaja, BK XI/2 (Lfg. 7–9: 45,8–48,11), 1991/2
– : Diskussionsworte bei Deuterojesaja, EvTh 31, 1971, 665–676
– : Der Lohn des Knechts, in: J. Jeremias/L. Perlitt (Hg.), Die Botschaft und die Boten, FS H.W. Wolff, Neukirchen-Vluyn 1981, 269–287
Hill, D.: Greek Words and Hebrew Meanings: Studies in the semantics of soteriological terms, NTS.MS 5, 1967
Herrenbrück, F.: Wer waren die „Zöllner"?, ZNW 72, 1981, 178–194
Hofius, O.: Erwägungen zur Gestalt und Herkunft des paulinischen Versöhnungsgedankens, in: ders., Paulusstudien, WUNT 51, 1989, 1–14
– : Das Gesetz des Mose und das Gesetz Christi, ebd. 50–74
– : Gesetz und Evangelium nach 2. Korinther 3, ebd. 75–120
– : „Gott hat unter uns aufgerichtet das Wort von der Versöhnung" (2. Kor 5, 19), ebd. 15–32
– : Herrenmahl und Herrenmahlparadosis, ebd. 203–240
– : „Rechtfertigung des Gottlosen" als Thema biblischer Theologie, ebd. 121–147
– : Sühne und Versöhnung. Zum paulinischen Verständnis des Kreuzestodes Jesu, ebd. 33–49
– : Jesu Tischgemeinschaft mit Sündern, CwH 86, 1967
– : Vergebungszuspruch und Vollmachtsfrage. Mk 2,1–12 und das Problem priesterlicher Absolution im antiken Judentum, in: H.-G. Geyer u.a. (Hg.), „Wenn nicht jetzt, wann dann?", FS H.J. Kraus, Neukirchen-Vluyn 1983, 115–128
– : Das vierte Gottesknechtslied in den Briefen des Neuen Testaments, NTS 39, 1993, 414–43.
Holl, K.: Die Rechtfertigungslehre in Luthers Vorlesung über den Römerbrief mit besonderer Rücksicht auf die Frage der Heilsgewißheit, in: ders., Gesammelte Aufsätze zur Kirchengeschichte I, Luther, Tübingen [7]1948, 111–154
– : Zur Verständigung über Luthers Rechtfertigungslehre, in: G. Sauter (Hg.), Rechtfertigung, ThB 78, 1989, 152–174
Hooker, M.: The Johannine Prologue and the Messianic Secret, NTS 21, 1974, 40–58
Hossfeld, F.-L.: Gedanken zum alttestamentlichen Vorfeld der

Rechtfertigungslehre, in: T. Söding (Hg.), Worum geht es in der Rechtfertigungslehre?, QD 180, 1999, 13–26
Hübner, H.: Das Gesetz bei Paulus, FRLANT 119, ²1980
– : Die paulinische Rechtfertigungslehre als ökumenisch-hermeneutisches Problem, in: T. Söding (Hg.), Worum geht es in der Rechtfertigungslehre? QD 180, 1999, 76–105
– : Rechtfertigung und Sühne bei Paulus, in: ders., Biblische Theologie als Hermeneutik, Göttingen 1995, 272–285
– : Was heißt bei Paulus „Werke des Gesetzes"?, ebd. 166–174
Ibuki, Y.: Die Wahrheit im Johannesevangelium, BBB 39, 1972
Janowski, B.: Auslösung des verwirkten Lebens. Zur Geschichte und Struktur der biblischen Lösegeldvorstellung, ZThK 79, 1982, 25–59
– : Er trug unsere Sünden. Jesja 53 und die Dramatik der Stellvertretung, ZThK 90, 1993, 1–24
– : JHWH der Richter – ein rettender Gott. Psalm 7 und das Motiv des Gottesgerichtes, JBTh 9, 1994, 53–86
– : Die Tat kehrt zum Täter zurück. Offene Fragen im Umkreis des ‚Tun-Ergehen-Zusammenhangs', ZThK 91, 1994, 247–271
Jeremias, J.: Die Gleichnisse Jesu, Göttingen ⁴1984
– : Neutestamentliche Theologie, Erster Teil: Die Verkündigung Jesu, Gütersloh 1971
Joest, W.: Dogmatik, Bd. 2: Der Weg Gottes mit dem Menschen, UTB 1413, 1986
– : Gesetz und Freiheit, Göttingen ³1961
– : Paulus und das Luthersche Simul Iustus et Peccator, KuD 1, 1955, 269–320
– : Die tridentinische Rechtfertigungslehre, KuD 9, 1963, 41–69
Jüngel, E.: Amica Exegesis einer römischen Note, ZThK.B 10, 1998, 252–279
– : Die Autorität des bittenden Christus, in: ders., Unterwegs zur Sache, BevTh 61,1972, 179–188
– : Das Evangelium von der Rechtfertigung des Gottlosen als Zentrum des christlichen Glaubens, Tübingen 1998
– : Die Kirche als Sakrament?, in: ders., Wertlose Wahrheit, BevTh 107, 1990, 311–334
– : Paulus und Jesus, HUTh 2, ⁵1979
Käsemann, E.: Amt und Gemeinde im Neuen Testament, in: ders., Exegetische Versuche und Besinnungen (EVB) I, Göttingen ⁶1970, 109–134
– : An die Römer, HNT 8a, ³1974
– : Geist und Buchstabe, Paulinische Perspektiven, ²1972, 237–285
– : Der Glaube Abrahams in Römer 4, ebd. 140–177

– : Rechtfertigung und Heilsgeschichte im Römerbrief, ebd. 108–139
– : Gottes Gerechtigkeit bei Paulus, EVB II, [4]1970, 181–193
– : Die Legitimität des Apostels. Eine Untersuchung zu II. Korinther 10–13 (ZNW 41, 1942, 33–71), in: K.H. Rengstorf (Hg.), Das Paulusbild in der neueren Forschung, WdF 24, 1964, 475–521
– : Das Neue Testament als Kanon, Göttingen 1970
– : Zum Verständnis von Römer 3,24–26, EVB I, 96–100
Kertelge, K.: Paulus zur Rechtfertigung allein aus Glauben, in: T. Söding (Hg.), Worum geht es in der Rechtfertigungslehre?, QD 180, 1999, 64–75
– : „Rechtfertigung" bei Paulus, NTA NF 3, [2]1972
Kessler, R.: „Ich weiß, daß mein Erlöser lebet". Sozialgeschichtlicher Hintergrund und theologische Bedeutung der Löser-Vorstellung in Hiob 19,25, ZThK 89, 1992, 139–158
Kim, S.: The Origin of Paul's Gospel, WUNT II, 4, 1981
Klaiber, W.: Die Aufgabe einer theologischen Interpretation des 4. Evangeliums, ZThK 82, 1985, 300–324
– : Aus Glauben, damit aus Gnaden. Der Grundsatz paulinischer Soteriologie und die Gnadenlehre John Wesleys, ZThK 88, 1991, 313–338
– : Hintergrund und Ziele des ACK-Konsultationsprozesses, in: Aufbruch zu einer missionarischen Ökumene, Hamburg (EMW) 1999, 115–134
– : Missionarische Ökumene – ökumenische Mission, ÖR 47, 1998, 291–306
– : Ökumenische Verantwortung für die Rechtfertigungsbotschaft heute, in: K. Raiser/D. Sattler (Hg.), Aufbrechen, FS T. Schneider, Freiburg-Basel-Wien 2000, 209–224
– : Rechtfertigung und Gemeinde. Eine Untersuchung zum paulinischen Kirchenverständnis, FRLANT 127, 1982
– : Rechtfertigung und Kirche. Exegetische Anmerkungen zum aktuellen ökumenischen Gespräch, KuD 42, 1996, 285–317
– : Ruf und Antwort. Biblische Grundlagen einer Theologie der Evangelisation, Stuttgart 1990
– /M. Marquardt: Gelebte Gnade. Grundriß einer Theologie der Evangelisch-methodistischen Kirche, Stuttgart 1993
Klauck, H.-J.: Der erste Johannesbrief, EKK XXIII/1, 1991
Koch, K.: Die Entstehung der sozialen Kritik bei den Profeten, in: ders., Spuren des hebräischen Denkens (GA Bd. 1), 1991, Neukirchen-Vluyn 146–166
– : Gibt es ein Vergeltungsdogma im AT?, ebd. 65–105

– : Die hebräische Sprache zwischen Polytheismus und Monotheismus, in: ebd. 25–64
– : Tempeleinlaßliturgien und Dekaloge, in: ebd. 169–183
– : Wesen und Ursprung der „Gemeinschaftstreue“ im Israel der Königszeit, ebd. 107–127
– : Ṣädäq und Ma‘at. Konnektive Gerechtigkeit in Israel und Ägypten?, in: J. Assmann/B. Janowski/M. Welker (Hg.), Gerechtigkeit. München 1998, 37–64
– : ṣdq im Alten Testament, Diss. theol. Heidelberg 1953
Köhler, L.: Die hebräische Rechtsgemeinde, in: ders., Der hebräische Mensch, Tübingen 1953, 143–172
Kraus, H.-J.: Das Evangelium der unbekannten Propheten. Jesaja 40–66, Neukirchen-Vluyn 1990
– : Psalmen, BK XV/1.2, [5]1978
– : Theologie der Psalmen, BK XV/3, [2]1989
Kraus, W.: Das Volk Gottes. Zur Grundlegung der Ekklesiologie bei Paulus, WUNT 85, 1996
Kuhn, W.: Die Bedeutung der Qumrantexte für das Verständnis des Galaterbriefes, in: G.J. Brooke (Hg.), New Qumran Texts and Studies, StTDJ XV, 1994, 169–222
Kümmel, W.G.: Röm 7 und die Bekehrung des Paulus, in: ders., Römer 7 und das Bild des Menschen im Neuen Testament, ThB 53, 1974, IX-160
Küng, H.: Der Frühkatholizismus im Neuen Testament als kontroverstheologisches Problem, in: E. Käsemann (Hg.), Das Neue Testament als Kanon, 1970, 165–204
– : Rechtfertigung. Die Lehre Karl Barths und eine katholische Besinnung, München [5]1986
Levin, Ch.: Altes Testament und Rechtfertigung, ZThK 96, 1999, 161–176
Lindemann, A.: Die Kirche als Leib Christi, ZThK 92, 1995, 140–165
– : Paulus im ältesten Christentum, BHTh 58, 1976
Löning, K.: Paulinismus in der Apostelgeschichte, in: K. Kertelge (Hg.), Paulus in den neutestamentlichen Spätschriften, QD 89, 1981, 202–234
Lohse, E.: Die Gerechtigkeit Gottes in der paulinischen Theologie, in: ders., Die Einheit des NT, Göttingen 1973, 209–227
– : Glaube und Werke. Zur Theologie des Jakobusbriefes, ebd. 285–306
– : Taufe und Rechtfertigung bei Paulus, ebd. 228–244
– : Paulus. Eine Biographie, München 1996
– : Die Texte aus Qumran, München [4]1986

Lohfink, G.: Paulinische Theologie in der Rezeption der Pastoralbriefe, in: K. Kertelge (Hg.), Paulus in den neutestamentlichen Spätschriften, QD 89, 1981, 70–121

Lührmann, D.: Abendmahlsgemeinschaft? Gal 2,11ff, in: D. Lührmann/G. Strecker (Hg.), Kirche. FS G. Bornkamm, Tübingen 1980, 271–286

– : Christologie und Rechtfertigung, in: J. Friedrich u.a. (Hg.), Rechtfertigung, FS E. Käsemann, Tübingen/Göttingen 1976, 351–363

Lutherischer Weltbund/Päpstlicher Rat zur Förderung der Einheit der Christen: Gemeinsame Erklärung zur Rechtfertigungslehre – Gemeinsame offizielle Feststellung, Frankfurt-Main/Paderborn 1999

Luz, U.: Das Evangelium nach Matthäus, 1. Teilband (Mt 1–7), EKK I/1, ^{2}1989

– : Rechtfertigung bei den Paulusschülern, in: J. Friedrich u.a. (Hg.), Rechtfertigung, FS E. Käsemann, Tübingen/Göttingen 1976, 365–383

Maier, J.: Die Qumran-Essener: Die Texte vom Toten Meer II, UTB 1863, 1995

Maron, G.: Kirche und Rechtfertigung, KiKonf 15, 1969

Maurer, E.: Rechtfertigung, BensH 87, 1998

Merkel, H.: Die Pastoralbriefe, NTD 9/1, 1991

Merklein, H.: Die Bedeutung des Kreuzestodes Christi für den paulinische Gerechtigkeits- und Gesetzesthematik, in: ders., Studien zu Jesus und Paulus, WUNT 43, 1–106

– : Paulinische Theologie in der Rezeption des Kolosser- und Epheserbriefes, ebd. 409–453

– : Jesu Botschaft von der Gottesherrschaft, SBS 111, ^{3}1989

– : Der Sühnetod Jesu nach dem Zeugnis des Neuen Testaments, in: ders., Studien zu Jesus und Paulus II, WUNT 105, 1998, 31–59

– : Die Umkehrpredigt bei Johannes dem Täufer und Jesus von Nazaret, Studien I, 109–126

Michel, D.: Das Ansehen des Glaubens als Gerechtigkeitstat: Gen 15,6, in: S. Beyerle u.a. (Hg.), Recht und Ethos im AT – Gestalt und Wirkung. FS H. Seebass, Neukirchen-Vluyn 1999, 103–113

Michel, O.: Der Brief an die Römer, KEK IV, ^{14}1978

Moltmann, J.: Der Geist des Lebens, München 1991

Mosis, R.: „Glauben“ und „Gerechtigkeit“ in Gen 15,6, in: M. Görg (Hg.), Die Väter Israels, Stuttgart 1989, 225–257

Müller, G.: Die Rechtfertigungslehre. Geschichte und Probleme, Gütersloh 1977

Müller, P.G.: Der „Paulinismus“ in der Apostelgeschichte, in: K. Kertelge (Hg.), Paulus in den neutestamentlichen Spätschriften, QD 89, 1981, 157–201

Müller, U.B.: Die Geschichte der Christologie in der johanneischen Gemeinde, SBS 77, 1975

Mußner, F.: Eph 2 als ökumenisches Modell, in: J. Gnilka (Hg.), Neues Testament und Kirche. FS R. Schnackenburg, Freiburg-Basel-Wien 1974, 325–336

– : Theologie der Freiheit nach Paulus, QD 75, 1976

– : „Das Wesen des Christentums ist συνεσθίειν“, in: H. Roßmann/ J. Ratzinger (Hg.), Mysterium der Gnade, FS Johann Auer, Regensburg 1975, 92–102

Neugebauer, F.: In Christus, Göttingen 1961

Niebuhr, K.-W.: Die paulinische Rechtfertigungslehre in der gegenwärtigen exegetischen Diskussion, in: T. Söding (Hg.), Worum geht es in der Rechtfertigungslehre?, QD 1980, 1999, 106–130

Niehr, H.: Rechtsprechung in Israel, SBS 130, 1987

Nürnberger, K.: Wider die Verengung der Rechtfertigungslehre. JbM 25, 1993, 141–171

Oberlinner, L.: Die Pastoralbriefe – Der 2. Timotheusbrief, HThK XI/2,2, 1995

Oeming, M.: Ist Genesis 15,6 ein Beleg für die Anrechnung des Glaubens zur Gerechtigkeit?, ZAW 95, 1983, 182–197

Outler, A.C.: Theologische Akzente, in: C.E. Sommer (Hg.), Der Methodismus, KW VI, 1968, 84–102

Pannenberg, W.: Systematische Theologie, Bd. 1–3, Göttingen 1988/1991/1993

Pemsel-Maier, S.: Rechtfertigung durch Kirche? Das Verhältnis von Kirche und Rechtfertigung in Entwürfen der neueren katholischen und evangelischen Theologie, SSSTh 5, 1991

Perlitt, L.: Anklage und Freispruch Gottes. Theologische Motive in der Zeit des Exils, ZThK 69, 1972, 290–303

Pesch, O.H.: Theologie der Rechtfertigung bei Martin Luther und Thomas von Aquin, Mainz 1967

– /Peters, A.: Einführung in die Lehre von Gnade und Rechtfertigung, Darmstadt ^{2}1989

Pesch, R.: Zur Exegese Gottes durch Jesus von Nazaret. Eine Auslegung des Gleichnisses vom Vater und seinen beiden Söhnen, in: B. Casper u.a. (Hg.), Jesus, Ort der Erfahrung Gottes. FS B. Welte, Freiburg-Basel-Wien 1976, 140–189

Peters, A.: Rechtfertigung, HST 12, ^{2}1990

Preuß, H.D.: Theologie des Alten Testaments, Band II, Stuttgart 1992

Rad, G. v.: Anrechnung des Glaubens zur Gerechtigkeit, in: ders., Gesammelte Studien zum AT, ThB 8, ^{2}1958, 130–135
– : „Gerechtigkeit" und „Leben" in der Kultsprache der Psalmen, ebd. 225–247
– : Theologie des Alten Testaments I, München ^{10}1992
Reumann, J.: „Righteousness" in the New Testament, Philadelphia/New York 1982
Reventlow, H. Graf: Rechtfertigung im Horizont des Alten Testaments, BevTh 58, 1971
Roloff, J.: Anfänge der soteriologischen Deutung des Todes Jesu (MK X.45 und LK XXII.27), NTS 19,1972/73, 38–64
– : Der erste Brief an Timotheus, EKK XV, 1988,
Sanders, E.P.: Paul and Palestinian Judaism, London 1972
– : Paul, the Law, and the Jewish People, Philadelphia 1983
Sauter, G. (Hg.): Rechtfertigung als Grundbegriff evangelischer Theologie, ThB 78, 1989
Schille, G.: Die Apostelgeschichte des Lukas, ThHK 5, 1983
Schlatter, A.: Gottes Gerechtigkeit. Ein Kommentar zum Römerbrief, Stuttgart ^{4}1965
Schlichting, W. (Hg.): Rechtfertigung und Weltverantwortung, Neuendettelsau 1993
Schmid, H.H.: Gerechtigkeit als Weltordnung, BHTh 40, 1968
– : Gerechtigkeit und Glaube. Genesis 15,1–6 und sein biblisch-theologischer Kontext, EvTh 40, 1980, 396–419
Schmidt, W.H.: „Rechtfertigung des Gottlosen" in der Botschaft der Propheten, in: J. Jeremias/L. Perlitt (Hg.), Die Botschaft und die Boten. FS H.W. Wolff, Neukirchen-Vluyn 1981, 157–168
– : Werk Gottes und Tun des Menschen. Ansätze zur Unterscheidung von „Gesetz und Evangelium" im Alten Testament, JBTh 4, 1989, 11–28
Schneider, T. (Hg.): Handbuch der Dogmatik, Bd. 2, Düsseldorf 1992
Schnelle, U.: Einleitung in das Neue Testament, UTB 1830, ^{2}1996
– : Gerechtigkeit und Christusgegenwart. Vorpaulinische und paulinische Tauftheologie, GTA 24, 1983
Schniewind, J.: Das Evangelium nach Matthäus, NTD 2, ^{9}1960
Schoberth, I.: Rechtfertigung und Schülersehnsucht, EvTh 59, 1999, 49–61
Schottroff, L./Stegemann, W.: Jesus von Nazareth – Hoffnung der Armen, UB 639, ^{2}1981
Schrage, W.: Der erste Brief an die Korinther, 1. Teilband (1. Kor 1,1–6,11), EKK VI/1, 1991
– : Die Frage nach der Mitte und dem Kanon im Kanon des Neuen

Testaments in der neueren Diskussion, in: J. Friedrich u.a. (Hg.), Rechtfertigung. FS E. Käsemann, Tübingen/Göttingen 1976, 415–442
– : Heiligung als Prozeß bei Paulus, in: D.A. Koch u.a. (Hg.), Jesu Rede von Gott und ihre Nachgeschichte im frühen Christentum, FS W. Marxsen, Gütersloh 1989, 222–234
Schreiner, J.: „Deklatorische Formel“ und rechtsgültige Feststellung im AT, in: ders., Leben nach der Weisung Gottes, Würzburg 1992, 282–300
Schweitzer, A.: Die Mystik des Apostels Paulus, Tübingen 1930
Seebass, H.: Genesis I, Urgeschichte (1,1–11,26), Neukirchen-Vluyn 1996
– : Über die innere Einheit von Altem und Neuem Testament, in: C. Dohmen/T. Söding (Hg.), Eine Bibel – zwei Testamente, UTB 1893, 1995, 131–142
Seifrid, M.A.: Justification by Faith, NT.S 68, 1992
Söding, T.: Der Erste Thessalonicherbrief und die frühe paulinische Evangeliumsverkündigung, in: ders., Das Wort vom Kreuz, WUNT 93, 1997, 31–56
– : Kreuzestheologie und Rechtfertigungslehre, ebd. 153–184
– : Kriterium der Wahrheit? Zum theologischen Stellenwert der paulinischen Rechtfertigungslehre, in: ders. (Hg.), Worum geht es in der Rechtfertigungslehre? Das biblische Fundament der „Gemeinsamen Erklärung“ von Katholischer Kirche und Lutherischem Weltbund, QD 180, 1999, 193–246
Spieckermann, H.: Heilsgegenwart. Eine Theologie der Psalmen, FRLANT 148, 1989
Stahl, R.: Die glaubenden Gerechten. Rechtfertigung im Alten Testament, in: C. Kähler (Hg.), Gedenkt an das Wort. FS W. Vogler, Leipzig 1999, 243–251.
Staniloae, D.: Orthodoxe Dogmatik II, München 1990
Stendahl, K.: Der Jude Paulus und wir Heiden: Anfragen an das abendländische Christentum, München 1978
– : Der Apostel Paulus und das „introspektive“ Gewissen des Westens (1963), KuI 11, 1996, 19–33
Strecker, C.: Paulus aus einer „neuen Perspektive“, KuI 11, 1996, 3–18
Strecker, G.: Befreiung und Rechtfertigung. Zur Stellung der Rechtfertigungslehre in der Theologie des Paulus, in: ders., Eschaton und Historie, Göttingen 1979, 229–259
– : Der Weg der Gerechtigkeit. Untersuchung zur Theologie des Matthäus, FRLANT 82, ³1971
– : Theologie des Neuen Testaments, Berlin-New York 1996

Stuhlmacher, P.: Biblische Theologie des Neuen Testaments, Bd. 1, Grundlegung. Von Jesus zu Paulus, Göttingen 1992
– : Gerechtigkeit Gottes bei Paulus, FRLANT 87, ^{2}1966
– : Das paulinische Evangelium, FRLANT 95, 1968
– : „Er ist unser Friede“ (Eph 2,14). Zur Exegese und Bedeutung von Eph 2,14–18, in: ders., Versöhnung, Gesetz und Gerechtigkeit, 1981, 224–245
– : Existenzstellvertretung für die Vielen, Mk 10, 45 (Mt 20,28), ebd. 27–42
– : Die Gerechtigkeitsanschauung des Apostel Paulus, ebd. 87–116
– : Zur neueren Exegese von Röm 3,24–26, ebd. 117–135.
Subilia, V.: Die Rechtfertigung aus Glauben. Gestalt und Wirkung vom NT bis heute, Göttingen 1981
Tamez, E.: Gegen die Verurteilung zum Tod. Paulus oder die Rechtfertigung durch den Glauben aus der Perspektive der Unterdrückten und Ausgeschlossenen, Luzern 1998
Theißen, G.: Soziale Schichtung in der korinthischen Gemeinde, in: ders., Studien zur Soziologie des Urchristentums, WUNT 19, 1979, 231–271
– : Psychologische Aspekte paulinischer Theologie, FRLANT 131, 1983
Theobald, M.: Der Kanon von der Rechtfertigung (Gal 2,16; Röm 3,28) – Eigentum des Paulus oder Gemeingut der Kirche?, in: T. Söding (Hg.), Worum geht es in der Rechtfertigungslehre?, QD 180, 1999, 131–192
Thilo, H.J.: Paulus – Die Geschichte einer Entwicklung psychoanalytisch gesehen, WzM 37, 1985, 2–14
Tillich, P.: Systematische Theologie III, Stuttgart 1966
Umbach, H.: In Christus getauft – von der Sünde befreit. Die Gemeinde als sündenfreier Raum bei Paulus, FRLANT 181, 1999
Vouga, F.: An die Galater, HNT 10, 1998
Wainwright, G.: Rechtfertigung: Lutherisch oder Katholisch? Überlegungen eines methodistischen Wechselwählers, KuD 45, 1999, 182–206
Walker, R.: Allein aus Werken. Zur Auslegung von Jak 2,14–26, ZThK 61, 1964, 155–192
Weder, H.: Die Entdeckung des Glaubens im Neuen Testament, in: Glauben heute. Christ werden – Christ bleiben, Gütersloh 1988, 52–64
– : Die Gleichnisse Jesu als Metaphern, FRLANT 120, ^{2}1980
– : Das Kreuz Jesu bei Paulus, FRLANT 125, 1981
– : Die „Rede der Reden“. Eine Auslegung der Bergpredigt heute, Zürich 1985

Weizsäcker, C.F.v.: Der Garten des Menschlichen, München [5]1978
Wellhausen, J.: Israelitische und jüdische Geschichte, Berlin [7]1914
Werbick, J.: Rechtfertigung des Sünders – Rechtfertigung Gottes, KuD 27, 1981, 45–57.
Wesley, J.: Die 53 Lehrpredigten, Stuttgart 1986–92
– : The Works of John Wesley 1–4 (Sermons I-IV), Nashville 1984–1987
Westerholm, S.: Paul and the Law in Romans 9–11, in: J.D.G. Dunn (Hg.), Paul and the Mosaic Law, WUNT 89, 1996, 215–237
Westermann, C.: Boten des Zornes. Der Begriff des Zornes Gottes in der Prophetie, in: J. Jeremias/L. Perlitt (Hg.) Die Botschaft und die Boten, FS H.W. Wolff, Neukirchen-Vluyn 1981, 149–156
– : Das Buch Jesaja: Kap. 40–66, ATD 19, [5]1986
Wilckens, U.: Die „Gemeinsame Erklärung zur Rechtfertigungslehre“ (GE) und ihre biblische Grundlage, in: T. Söding (Hg.), Worum geht es in der Rechtfertigungslehre? QD 180, 1999, 27–63
– : Der Brief an die Römer, 1. u. 2. Teilband (Röm 1–5/6–11), EKK VI/1.2, [2]1987
– : Was heißt bei Paulus: „Aus Werken des Gesetzes wird kein Mensch gerecht“?, in: ders., Rechtfertigung als Freiheit. Paulusstudien, Neukirchen-Vluyn 1974, 77–109
Wildberger, H.: Jesaja (1–12), BKX/1, [2]1980; (13–27), BK X/2, [2]1989; (29–39), BK X/3, 1982
Wilkens, E. (Hg.) : Helsinki 1963, Berlin-Hamburg 1964
Wolff, C.: Der erste Brief des Paulus an die Korinther, ThHK 7, 1996
Wolff, H.: Neuer Wein – Alte Schläuche, Stuttgart 1981
Wolff, H.-W.: Dodekapropheton 2. Joel und Amos, BK XIV/2, [3]1985
Wolter, M.: Die Pastoralbriefe als Paulustradition, FRLANT 146, 1988
– : Rechtfertigung und zukünftiges Heil: Untersuchung zu Röm 5,1–11, BZNW 43, 1978
Wrede, W.: Paulus, in: K.H. Rengstorf (Hg.), Das Paulusbild in der neueren deutschen Forschung, WdF 24, 1964,1–97
Ziesler, J.A.: The Meaning of Righteousness in Paul, NTS.MS 20, 1972
Zimmerli, W.: Alttestamentliche Prophetie und Apokalyptik auf dem Wege zur „Rechtfertigung des Gottlosen“, in: J. Friedrich u.a. (Hg.), Rechtfertigung. FS E. Käsemann, Tübingen/Göttingen 1976 575–592

– : Grundriß der alttestamentlichen Theologie, ThW 3, 1972
– : „Heiligkeit“ nach dem sogenannten Heiligkeitsgesetz, VT 30, 1980, 493–512
– : „Leben“ und „Tod“ im Buch des Propheten Ezechiel, in: ders., Gottes Offenbarung. Gesammelte Aufsätze, ThB 19, ^{2}1963, 178–191

Wenn nicht anders angegeben, sind die Bibelzitate selbst übersetzt oder aus:

- Lutherbibel, revidierter Text 1984, © 1985 Deutsche Bibelgesellschaft, Stuttgart.
- Einheitsübersetzung der Heiligen Schrift, © 1980 Katholische Bibelanstalt, Stuttgart.

Bibelstellenregister

Kursiv gedruckte Seitenzahlen weisen auf eine ausführlichere Behandlung der Stelle hin.